新媒体·新传播·新运营 系列丛书

直播销售与主播素养

AIGC+

微课版

刘东风 王红梅◎主编

陆兰华 党蓓蕾◎副主编

人民邮电出版社

北京

图书在版编目（CIP）数据

直播销售与主播素养：AIGC+微课版 / 刘东风，王红梅主编. -- 2 版. -- 北京：人民邮电出版社，2025.（新媒体·新传播·新运营系列丛书）. -- ISBN 978-7-115-67587-3

Ⅰ. F713.365.2

中国国家版本馆 CIP 数据核字第 2025UZ7573 号

内 容 提 要

在数字经济蓬勃发展的时代背景下，直播已成为连接供需两端、激发市场活力的关键渠道。本书构建了一套系统的主播能力升级与职业素养知识体系，涵盖了直播行业概述，主播心态管理，主播形象管理，主播语言表达能力培养，主播人文、AI 素养与团队意识培养，直播内容策划，直播销售话术设计，主播应变能力培养，直播复盘与数据分析，直播合规与风险防范等内容，并融入了应用 AIGC 工具赋能直播的方法，以助力主播完成从流量运营到价值深耕的转型。

本书顺应了直播电商行业的快速发展状况，对接了新职业"互联网营销师"国家职业技能标准和"直播销售员"工种技能要求，不仅可以作为高等院校电子商务、网络营销与直播电商等专业的教材，也适合想从事或正在从事直播销售相关岗位的人员阅读，还可以作为直播机构、MCN 机构的培训教材。

◆ 主　　编　刘东风　王红梅
　　副 主 编　陆兰华　党蓓蕾
　　责任编辑　连震月
　　责任印制　王　郁　彭志环

◆ 人民邮电出版社出版发行　　北京市丰台区成寿寺路 11 号
　　邮编　100164　　电子邮件　315@ptpress.com.cn
　　网址　https://www.ptpress.com.cn
　　三河市祥达印刷包装有限公司印刷

◆ 开本：787×1092　1/16
　　印张：13.75　　　　　　　　2025 年 8 月第 2 版
　　字数：333 千字　　　　　　2025 年 9 月河北第 2 次印刷

定价：56.00 元

读者服务热线：(010)81055256　印装质量热线：(010)81055316
反盗版热线：(010)81055315

前 言

　　党的二十大明确提出要"加快发展数字经济，促进数字经济和实体经济深度融合"。直播作为数字经济浪潮中的代表业态，不仅重构了"人、货、场"的连接方式，还成为拉动消费增长、助力乡村振兴、推动产业升级的重要引擎。而主播作为直播活动的核心枢纽，其专业技能和素养对于个人职业发展、行业进步及社会文化的传播都具有不可忽视的重要意义。

　　面对数字经济时代的变革浪潮，主播群体亟须完成从"流量驱动"到"价值驱动"的跃迁。党的二十大强调"人才是第一资源"，明确要求完善人才战略布局，加快建设世界重要人才中心和创新高地。这就要求主播不仅要掌握直播内容策划、直播销售话术设计、直播复盘与数据分析等直播专业技能，还要具备良好的心态管理能力、形象管理能力、语言表达能力、人文素养及团队协作能力等职业素养。与此同时，人工智能生成内容（AIGC）技术正深刻改变着内容生产模式，从智能生成直播脚本、商品讲解话术到智能分析直播数据，AIGC 技术赋能已成为提升直播效能的关键变量。主播若不能及时掌握 AIGC 工具的应用逻辑，将难以适应内容生产智能化、传播形态多元化的行业趋势。

　　为了紧跟直播行业发展态势，更好地满足当前时代背景下主播行业对直播销售、主播素养，以及 AIGC 工具应用相关知识的需求，我们精心推出了本书《直播销售与主播素养（AIGC 版+微课版）（第 2 版）》，与第 1 版相比，本次改版主要修订内容如下。

- 采用项目任务式，坚持理论与实践并重。每个项目都通过"引导案例"模块引入相关理论知识，并在项目最后设置了"项目实训"模块。该模块包括"实训背景""实训要求""实训思路"等内容，以实训背景介绍为引入，让读者在实训要求的指导下，参考实训思路进行操作，最终完成实训要求。读者在学习理论知识后，能够通过实践巩固所学内容，学以致用，强化自身应用所学知识进行实践的能力。

- 在深度研究直播行业新变化、新规则的基础上，对上一版中相对陈旧的内容进行了全面更新，并新增了主播人文、AI 素养与团队意识培养等内容，内容更新颖，更能适应当前市场环境下直播活动的需求。

- AIGC 技术是新质生产力的典型代表，本版教材新增了 AIGC 工具应用的内容，讲解了应用 AIGC 工具赋能直播活动的方法，可以帮助读者深入理解 AIGC 技术，掌握应用 AIGC 工具提高工作效率的方法。
- 以落实立德树人为根本任务，新增了"素养目标"和"学思融合"等思政元素，致力于培养兼具工具理性与价值理性的高素养创新人才。

与第 1 版相比，本版教材的内容更加新颖、与时俱进；体例设置更注重理论与实践的结合，突出时代性、实用性和科学性；更有利于教师的课堂教学和学生对知识的吸收。

本书提供了丰富的立体化教学资源，包括微课视频、PPT 课件、教学大纲、教案、课程标准等，教师可以登录人邮教育社区（www.ryjiaoyu.com）搜索本书书名下载教学资源。

由于编者水平有限，书中难免存在不足之处，敬请广大读者批评指正。

编　者

2025 年 7 月

目 录

项目一
直播行业概述

学习目标

知识目标
➤ 掌握直播的特点、内容表现形式与变现模式。
➤ 掌握直播的基本流程与运营团队岗位及其职责。
➤ 了解 AIGC 的概念和功能，以及直播行业常用的 AIGC 工具。
➤ 掌握 AIGC 工具提示词的设计策略。
➤ 了解主播的核心能力要求。

能力目标
➤ 能够根据直播主题选择合适的直播内容表现形式。
➤ 能够针对具体应用场景设计 AIGC 工具提示词并生成相应的内容。
➤ 能够依据主播的核心能力要求提高自身的直播能力。

素养目标
培养行业认同感和责任感，正确认识直播行业对社会经济的推动作用。

引导案例

职业化转型，主播的未来之路

扫码看视频

近年来，直播电商发展迅速，但虚假宣传、价格欺诈、低俗带货等问题频发，严重损害了消费者权益。这些问题凸显了重构直播生态的紧迫性，尤其需要推动网络主播职业化、专业化与规范化发展。

当前，直播行业入行门槛低，主播素质参差不齐。一方面，低门槛吸引了大量从业者涌入；另一方面，多数主播缺乏专业培训，收入水平普遍不高。即便如此，仍有不少人愿意长期从事主播职业。此外，直播平台过度追逐流量，助长了部分主播传播低俗内容或涉足灰色地带的行为。为抢夺流量，部分主播以低俗、恶搞等内容博取关注，导致"劣币驱逐良币"，加剧了行业生态的混乱。

主播不仅承担直播带货任务，还需负责团队管理、供应链品控和售后保障等职责，需具备精细化管理能力和责任意识。2024年7月31日，网络主播被正式列为新职业，标志着行业进入职业化和规范化转型阶段。

推进网络主播职业化，并非否定"草根逆袭"，而是建立"低门槛进入＋高专业成长"的晋升通道——正如人社部对新职业的定义：网络主播是"连接生产端与消费端的价值传递者"，需兼具销售技能、品控意识与文化素养。

只有直播从"流量赌博"转向"职业长跑"，方能破解"头部暴富，腰部挣扎"的失衡生态。未来，职业化将成为主播行业的隐形门槛。唯有让合规者获得长期回报、消费者重拾信任，直播行业方能行稳致远。

案例讨论： 直播行业入行门槛低对行业生态有何影响？

随着传统流量红利的逐渐消失，以直播为表现形式的内容营销全面爆发，直播与电商实现深度融合，催生出直播电商这一新兴商业模式。2020年，人力资源和社会保障部等部门发布互联网营销师新职业信息，并在该职业下增设"直播销售员"工种，从此网络主播成为正式工种。作为直播电商的主角，网络主播要了解直播行业及直播变现模式，掌握核心能力，并不断精进，从而在直播电商领域实现长远发展。

任务一 初识直播行业

网络直播是随着移动互联网等技术发展诞生的新兴业态，是指网络主播通过互联网和手机或计算机等直播工具，在直播平台上同步进行实况播送的内容服务形态。自2016年行业兴起以来，直播平台数量及用户规模均呈现井喷式增长。在国家文化政策支持、网络基础设施完善、移动宽带普及加速、视频技术日趋成熟及资本助推等利好因素的推动下，直播行业正持续高速发展。

一、直播的特点

作为一种新兴的信息传播方式，直播正在深刻改变着传统的营销模式和电商生态。它不仅为品牌或商品提供了全新的营销渠道和推广方式，还为用户带来了更加便捷、高效、有趣的购物体验。与传统媒体相比，直播具有以下 4 个特点。

1. 即时互动性

直播打破了时间与空间的限制，让用户能够实时参与直播过程，与主播进行互动交流。在直播过程中，这种即时互动性得到充分利用，形成了独特的营销优势。主播可以通过直播间的弹幕、评论等功能，即时获取用户的反馈和需求，进而调整营销策略，实现精准营销。同时，用户也能通过互动表达自己的意见和看法，增强参与感和归属感，从而加深对品牌或商品的认知与信任。

2. 场景化与沉浸式体验

直播注重场景化与沉浸式体验。主播通常会根据商品特点和营销目标设计独特的直播场景和互动环节，如户外直播、工厂探访等，让用户仿佛置身于真实的购物环境中。同时，直播平台也提供了丰富的互动功能，如虚拟试妆、虚拟试衣等，让用户在享受沉浸式体验的同时，也能更加直观地了解商品的特点和优势。

3. 个性化与定制化

直播充分利用了大数据和人工智能技术，实现了个性化与定制化服务。直播平台通过分析用户的浏览历史、购买记录等数据，能够精准地推送符合其兴趣和需求的直播内容。主播也能根据用户的反馈和需求，灵活调整直播内容和商品推荐，实现个性化营销。这种个性化与定制化服务既提升了用户的观看体验，又提高了营销效率和转化率。

4. 高效传播与病毒式营销

直播具有高效传播和病毒式营销的特点。在直播过程中，用户可以通过分享链接、转发朋友圈等方式，将直播内容快速传播给更多人。这种传播方式不仅扩大了直播的受众范围，还能形成病毒式营销效应，使品牌或商品可以在短时间内获得大量曝光和关注。

二、直播的内容表现形式与变现模式

早期直播的表现形式比较单一，通常由主播在直播间依次介绍商品，以吸引用户购买。随着各平台逐步降低直播门槛、用户对直播的认可度提高，以及各类政策的支持，直播行业得到了快速发展，直播的内容表现形式与变现模式也向着多元化的方向发展。

1. 直播的内容表现形式

随着直播行业的发展，直播的内容表现形式越来越丰富，目前比较常见的有以下 8 种。

（1）商品分享式直播

商品分享式直播（见图 1-1）是指主播在直播间里向用户分享和推荐商品，或者由用户在直播间的评论区留言，告诉主播自己需要的商品，然后主播按照用户的需求推荐并讲解相应的商品，整个直播的内容就是主播讲解并展示商品。

（2）产地直播

产地直播（见图 1-2）是指主播在商品的原产地、生产车间等场地进行直播，向用户展示商品真实的生产环境、生产过程等场景，从而吸引用户购买。产地直播比较适合食品、农产品、生鲜类商品的直播，这样能让用户直面商品的产地，增强用户对商品的信任感。

（3）供应链基地直播

供应链基地直播是指主播到供应链基地进行直播。很多供应链基地是由专业的直播机构建立的，能够为主播提供直播间、直播商品等。供应链基地通常用于自身旗下主播开展直播，或者租给外界主播、商家进行直播。在供应链比较完善的基地，主播可以根据自身需求挑选商品，并在其提供的直播场地中进行直播。

供应链基地搭建的直播间和配置的直播设备大多比较专业，所以直播画面效果比较理想。此外，供应链基地提供的商品通常是经过供应链运营方筛选的，并且会在淘宝、抖音、快手、京东等众多主流电商平台上架。主播在基地选好商品后，在直播时将商品链接导入自己的直播间即可。因为这些商品都是经过仔细筛选的，所以比较符合直播间用户的需求。同时，基地提供的商品款式非常丰富，主播不用担心缺少直播商品。

一般情况下，在供应链基地进行直播时，主播把商品销售出去后，供应链基地运营方会从中抽取一部分提成作为基地服务费。

（4）砍价式直播

砍价式直播是指主播在直播中向用户分析商品的优缺点，并告诉用户商品大概的价格，待有用户提出购买意向后，主播再向货主砍价，为用户争取更优惠的价格，价格协商一致后即可成交。

（5）特价抢购式直播

特价抢购式直播是指主播与企业/品牌商合作，在直播中通过特价抢购的方式向用户推荐商品，以吸引用户购买。

（6）知识、技巧分享式直播

知识、技巧分享式直播是指主播以授课的方式在直播中分享一些有价值的知识或技巧，如提升英语口语能力的技巧、化妆技巧、甜点制作技巧、运动健身技巧等，主播在分享的过程中会推广一些商品，如图1-3所示。这样既能让用户通过观看直播学习到某些知识或技巧，又能让用户感受到主播的专业性，提升用户对主播推荐商品的信任度。

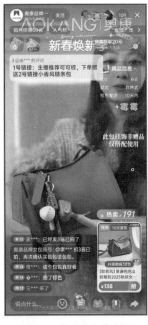  

图1-1　商品分享式直播　　　　图1-2　产地直播　　　　图1-3　知识、技巧分享式直播

（7）开箱测评式直播

开箱测评式直播是指主播在直播中拆箱并介绍箱子里面的商品。在这类直播中，主播需要在开箱后如实、客观地描述商品的特点和商品使用体验，让用户真实、全面地了解商品的功能、性能等，从而达到推广商品的目的。

（8）展示日常式直播

在展示日常式直播中，吃饭、购物等日常生活中的活动可以作为宣传个人形象的直播内容。同样，企业也可以通过主播直播企业的日常活动来进行品牌宣传。企业的日常活动包括新品研发的过程、商品生产的过程、领导开会的场景，以及员工的工作环境、工作状态等。对于企业中的从业人员来说，这些事情稀松平常，但对于直播间里的用户来说，这些事情属于企业运营中的"机密"，对他们有着非常大的吸引力，因此展示企业的日常活动也是一种吸引用户注意力的直播营销方式。

2. 直播的变现模式

直播常见的变现模式有以下 5 种。

（1）赞赏模式

赞赏模式是直播平台中常见的变现模式。用户在直播平台上付费充值，购买各种虚拟道具或礼物赠送给主播，以此激励主播产出优质内容。直播平台将虚拟礼物兑换成虚拟金币，主播可对虚拟金币进行提现，直播平台会参与抽成。

如果主播隶属于某个直播公会，则由直播公会与直播平台统一结算，主播获得的是工资薪酬和部分抽成。这种模式常用于秀场直播、游戏直播、电商直播等。

（2）广告模式

主播知名度提高后，会为自身直播间带来巨大流量，这一点是广告主非常看重的，因此他们会委托主播宣传产品或服务，主播则收取推广费用。直播平台也可以在 App（如 Banner、直播广告图等位置）、直播间或直播礼物中植入广告，为广告主宣传产品或服务，并按照展示量/点击量结算费用。这种模式常用于游戏直播、电商直播等。

（3）会员增值服务模式

在会员增值服务模式中，会员可以分为会员主播和会员用户两类。主播和用户付费成为会员后，可以获得专属特权。

① 会员主播

直播间可以开放更多功能权限，如添加场控、提高聊天室人员上限、开通私密直播间等；可以获得身份特权，如尊贵勋章、升级提速、首页推荐等。

② 会员用户

会员用户可以获得功能特权，如个性点赞、特权礼物、隐身入场等；可以获得身份特权，如头像美化、会员标识、入场特效等；可以获得内容特权，如观看指定付费内容。其他特权可根据直播间特点进行定制。

（4）内容付费模式

内容付费模式下，用户观看直播需要付费，由主播设置入场费用，直播平台和主播分成。内容付费模式可以分为按场次收费、按分钟收费等，以便主播合理选择直播方式，增加自己的直播收入。付费直播的内容质量相对较高，可以有效地吸引用户并留存用户。

（5）电商导购模式

这种模式主要用于电商直播。主播可以自己经营店铺，利用直播吸引人气；或者某店铺委托主播推广，主播负责在直播时推广店铺商品，以此吸引顾客。用户在观看直播时可以直接挑选购买商品，最终直播平台和主播/店铺分成。

三、直播的基本流程

要想保证直播顺利进行，直播运营团队就要在开始直播前规划和设计直播的整体流程。直播的基本流程如下。

1. 明确直播目标

直播绝不能"闭门造车"，而要围绕商家的营销目标来展开，从而给商家带来实际效益。直播运营团队在开始直播前要明确直播目标，如进行品牌宣传、为活动造势、销售商品等。

直播目标要能够用具体的语言清楚地说明，切忌笼统，而且要以数量化或行为化的方式呈现出来，以一组明确的数据作为标准，衡量其是否达标。此外，直播目标要切合实际，可以通过努力实现，且要与商家的其他营销目标相关，能够在特定的时间内完成。

2. 筹备直播

直播运营团队在直播前要做好各项筹备工作，包括的事项如表1-1所示。

表1-1 筹备直播

筹备直播	说明
选择直播场地	根据直播活动的需要选择合适的直播场地，并对直播场地进行适当布置，为直播活动创造良好的直播环境。直播场地分为室外场地（如公园、广场、景区、游乐场、商品生产基地等）和室内场地（如店铺、办公室、咖啡馆等）
筹备和调试设备	将直播要使用到的手机、摄像头、灯光、网络等设备调试好，避免设备发生故障，影响直播活动的顺利进行
准备直播物料	直播物料包括直播商品样品、直播中需要用到的素材（如直播封面图、直播标题、直播间贴片、直播脚本等）、辅助工具（包括线下商品照片、做趣味实验要用到的工具、道具板、手机、平板电脑、电子大屏、计算器等）
主播自身准备	在开播前，主播要熟悉直播流程和商品详细信息；调整好自己的状态，态度积极、情绪饱满地面对用户

3. 进行直播宣传

要想取得良好的直播效果，直播运营团队要在直播开始前对直播活动进行宣传。需注意的是，宣传不应单纯追求在线观看人数，而应追求在线目标用户观看人数。因此，直播宣传要有针对性，以精准吸引目标用户进入直播间。

直播运营团队要选择合适的宣传平台，通过分析目标用户的网络使用习惯，选择在其活跃度较高的平台发布直播预告。同时，采用的宣传形式也要与平台的特性相匹配。例如，在微博可以采用"文字＋图片"（见图1-4）或"文字＋视频"（见图1-5）的形式；在微信朋友圈、微信公众号等平台可以推送九宫格图片、信息长图；在短视频平台可以通过短视频的形式预告直播活动。

图 1-4　"文字+图片"的形式预告直播　　图 1-5　"文字+视频"的形式预告直播

4. 执行直播活动

直播活动的执行可以分解为以下 3 个环节。

- 直播开场：通过开场互动让用户了解本场直播的主题、内容等，使用户对本场直播产生兴趣，并停留在直播间。
- 直播过程：借助营销话术、发红包、发优惠券、才艺表演等，进一步加深用户对本场直播的兴趣，让用户长时间停留在直播间，并产生购买行为。
- 直播收尾：向用户表示感谢，预告下场直播的内容，并引导用户关注直播间，促使普通用户转化为忠实粉丝；引导用户在其他媒体平台上分享本场直播或本场直播中推荐的商品。

5. 直播的二次传播

直播的结束并不意味着整个直播工作的完结，直播运营团队还要对直播视频进行编辑和处理，通过短视频、社交媒体等平台进行二次传播，最大限度地扩大直播的影响力。

直播的二次传播方式有视频传播和软文传播两种。视频传播是指在直播结束后，通过视频的形式分享直播活动的现场情况，包括录制直播视频画面、截取直播精彩片段等。

软文传播是指将直播活动的细节撰写成软文并发布在相关媒体平台上，用图文的形式向用户分享直播内容。直播运营团队撰写直播软文时，可以将分享行业资讯、提炼观点、分享主播经历、分享体验和分享直播心得等作为切入口。

6. 直播复盘

直播复盘是指直播运营团队在直播结束后回顾本次直播，评判本次直播的效果，找出存在的问题，总结经验教训，为之后的直播提供参考，以提升下次直播的效果。

直播复盘包括直播过程复盘和直播数据复盘。

直播过程复盘需要清晰地了解直播过程中每种岗位的职责是否执行到位，在有人缺席的情况下是否有人补位，出现突发情况时是否按照预案执行等。通过自我总结、团队讨论等方式对直播过程进行分析后，直播运营团队可以把总结的内容整理成经验手册，为后续直播提供参考。

直播数据复盘是利用直播中形成的客观数据对直播进行复盘，这些数据可以反映直播的真实情况。需要关注的数据有直播间累计观看人数、平均在线人数、人气峰值、平均停留时长、累计订单量和成交额、带货转化率等。

四、直播电商产业链构成

从直播电商产业链布局来看，上游为商品供给方，包括工厂、品牌商、批发商、经销商、零售商等；中游为直播内容提供方，包括直播平台、多频道网络服务（Multi-Channel Network，MCN）机构和主播；下游为需求端，即消费者。此外，还有技术服务方、支付服务方、物流服务方、数据工具服务方等其他业务支持方为直播电商提供支持。各个环节紧密配合，共同推动直播电商生态的完善与发展。直播电商产业链运作如图1-6所示。

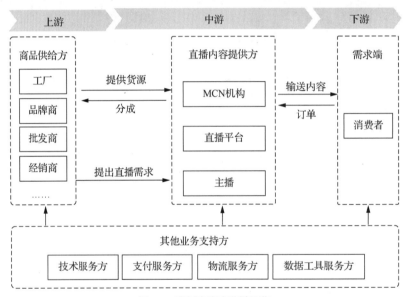

图1-6 直播电商产业链运作

1. 商品供给方

商品供给方是直播电商中商品的提供者。商品供给方可以通过与主播合作、自建直播间或与MCN机构合作进行商品推广和销售。商品供给方的商品质量、服务水平直接影响着消费者的购物体验。

2. MCN机构

MCN机构能为主播提供孵化、培训、运营、供应链等全方位服务，是连接主播、商品提供方和直播平台的重要桥梁。

3. 直播平台

直播平台是直播的载体和基础设施提供者，其负责提供直播场景服务、商品交易服务等。直播平台主要分为电商平台、内容平台和社交平台3类。电商平台，如淘宝直播、京东直播等，拥有庞大的用户基础和成熟的电商体系；内容平台，如抖音、快手等，拥有强大的流量优势和社交属性；社交平台，如微信视频号、小程序等，主要依托于社交关系链进行传播。

4. 主播

主播是直播电商领域的核心驱动力，主要负责商品的展示、讲解和推广，是连接品牌方和消费者的桥梁。主播的类型多样，包括专业电商主播、"网红"/自媒体主播、商家员工、名人、企业家/总裁、政府部门工作人员、主持人、虚拟数字人等。

5. 消费者

消费者是直播电商的最终服务对象，他们通过直播平台观看直播、购买商品。消费者的需求和偏好直接影响着直播电商的发展方向。

6. 其他业务支持方

其他业务支持方为直播电商提供技术、支付、物流、数据分析等服务，保障商品的顺畅流通和交易的安全进行。其中，技术服务方为直播电商提供技术支持，云计算技术为直播电商提供强大的计算和存储能力；大数据技术对消费者行为数据进行分析，为消费者推荐个性化的商品和内容；人工智能技术应用于智能客服、智能推荐等场景，不仅能提升消费者体验，还能提高服务效率。银行、支付宝等支付服务方为直播电商商品交易的资金流通提供支持。各个物流服务商为直播电商商品的流通提供物流保障。蝉妈妈、飞瓜数据等数据工具服务方为直播电商提供数据分析、营销推广等服务。

五、直播运营团队岗位及其职责

一个完整、成熟的直播运营团队大致由 7～9 种岗位组成，每一种岗位工作人员的基本职能各不相同。

1. 主播

主播主要负责在直播间向用户提供商品信息，引导用户购买商品，同时在直播期间调动用户的情绪，以维持直播间的热度。

在直播开始前，主播要协助团队成员选品，提前了解品牌和商品信息，确认直播场地，确认直播中互动活动的时间和方式。

在直播过程中，主播要详细讲解商品，试穿、试用商品，介绍直播间的优惠活动，为用户发放福利，与用户进行互动，活跃直播间的氛围，还要回答用户提出的问题，并引导用户关注和分享直播间。

直播结束后，主播应处理订单，与团队成员一起进行直播复盘，为下一场直播做准备。主播要进一步提高自己的曝光度，增强个人的 IP 感，以增强粉丝的黏性。

2. 副播/助理

副播主要负责协助主播直播，与主播配合，如说明直播间的规则，介绍促销活动，补充主播没有提到的商品卖点，引导用户关注直播间等。

在直播开始前，副播要了解合作商家的商品和品牌信息，与团队成员共同确认优惠券的发放方式和发放时间，并进行直播测试，确认直播期间需要用到的商品和道具全部到位。

在直播过程中，副播要集中注意力，时刻跟进主播的节奏，按照主播的节奏发放优惠券，更新商品链接，同时试用商品，认真回答直播间用户的问题。

直播结束后，副播也要与主播一样，与团队成员一起进行直播复盘，协助主播处理订单，为下一场直播做准备。

助理主要负责直播间的各种琐事，如传递即将售卖的商品，准备直播时要使用的道具、优惠卡片、手稿，给主播做提示等。在规模小的直播运营团队中，助理的职责也由副播承担。

3. 场控

场控的主要职责是协助主播把控直播间氛围，引导粉丝互动，处理直播间出现的突发状况等，其对主播的直播节奏有着直接的影响。

在直播开始前，场控要熟悉直播脚本，了解上架福利款、"爆款"等商品及抽奖活动的时间，还要了解推广商品的性能、参数、销售活动等，以免在直播时"翻车"，还要进行相关的软硬件调试等。

在直播过程中，场控要了解粉丝对商品的诉求，快速过滤弹幕区关于购买和售后的评论，确保整个直播间保持良好互动，并提醒主播及时回复粉丝，防止主播偏离话题太久。

场控要实时关注直播间人气和弹幕的变化情况。例如，直播间流量减少、在线人数降低，这时场控就要提醒主播上架福利款，或者通过抽奖留住用户；而当直播间流量持续增加时，则可以提醒主播主推直播间"爆款"，以提高流量转化率和商品转化率。

4. 直播策划人员

直播策划人员的主要职责包括策划直播间优惠活动，设计直播间粉丝分层规则和粉丝福利，策划直播平台排位赛直播活动，策划直播间引流方案，撰写直播活动规划脚本，设计直播话术，搭建并设计直播间场景，筹备直播道具等。

5. 运营人员

运营人员的职责主要包括分解直播营销任务，规划直播商品品类，规划直播商品上架顺序，规划直播商品陈列方式，分析直播数据，调试直播设备和直播软件，保障直播视觉效果，上架商品链接，配合主播发放优惠券等。

6. 招商人员

招商人员也叫商品运营人员，主要负责对接供应链，联系商家进行合作，并根据团队挑选出来的类目想办法争取到优质且高佣金的商品。招商人员要严格把控商品质量，剔除假冒伪劣商品，建立优质的供应链。

如果直播运营团队的实力比较雄厚，有知名主播，很多商家就会主动上门寻求合作，这时招商人员就有更大的议价能力，只需负责筛选商品，把控质量。

如果直播运营团队的实力较弱，主播知名度较低，招商人员就要想办法从多个渠道联系商家，宣传自己的团队，举出直播案例及数据，说服商家建立品牌合作。

如果是商家自播或供应链自播，招商人员主要负责对接达人主播，推进直播的各种事项。如果商家品牌实力雄厚，商品的知名度很高，品控也很好，此时只需把商品加入精选联盟并设定合理的佣金比例，很多主播便会主动寻求合作。

7. 数据分析人员

数据分析人员的主要职责是收集、分析数据，并针对发现的问题提出优化建议。优秀的数据分析人员不会仅凭直播间的流量高低来调整预算，而是会通过串联各运营节点数据，为直播策划提供全局性的优化建议。

8. 设备管控和跟播人员

要保证直播顺利进行，设备管控人员是必不可少的。直播运营团队一般要使用空间较大的直播间进行直播，视频录制时要使用摄像机，还需配置评论展示屏幕。一旦遇到故障，出现黑屏、无法听到声音、无法进行直播推流等情况，设备管控和跟播人员就需要依靠经验和能力尽快解决问题，保证直播继续进行下去。

9. 客服

客服主要负责回答用户的咨询，既可以在直播间的公屏上以文字形式做出解答，活跃直播间的气氛，引导用户关注和下单，又可以在后台处理各种售前问题和售后问题。

具体来说，客服的岗位职责包括：熟悉商品信息，洞悉用户的需求，掌握合适的沟通策略，向用户准确地描述商品的优势；热情、耐心地解答用户提出的各类商品问题，不能向用户发泄情绪，也不能拒绝回答问题；当遇到恶意的用户且无法与之交流时，要向同事或直播平台求助；为商品做好备注，确认之后向打单人员核实，以免出错。

> 📖 **学思融合**
>
> 直播电商作为数字经济的重要组成部分，通过创新的内容传播方式，不仅丰富了人们的文化生活，还促进了商品销售、知识传播和信息交流，对社会经济的发展起到了不可忽视的推动作用。基于此，每位从业者都应自觉承担起提高直播内容质量、维护行业生态、促进文化多样性的责任，共同推动直播电商行业向更高质量、更高水平发展。

任务二 初识 AIGC

随着人工智能技术的不断发展，其应用场景不断拓展，尤其是人工智能生成内容（Artificial Intelligence Generated Content，AIGC）展现出广泛的应用潜力，从创意设计、文本撰写到音视频生成，其应用边界正不断拓宽。

一、AIGC 的概念和功能

从技术层面来说，AIGC 是指基于生成对抗网络、大型预训练模型等人工智能技术方法，通过对已有数据的学习和识别，以适当的泛化能力生成相关内容的技术。通俗来讲，AIGC 是一种利用 AI 工具生成图片、文字、视频等内容的技术。例如，在 AIGC 工具中输入相关指令，即可生成与之匹配的文本、图像、音视频等。

当前，AIGC 工具的功能主要体现在文本生成与分析、图像生成与分析、音频生成与分析、视频生成与分析、代码生成等场景，具体如表 1-2 所示。

表 1-2 AIGC 工具的功能

功能		具体体现
文本生成 与分析	文本生成	① 生成各种类型的文本内容，如新闻报道、小说、诗歌、散文等
		② 对文本进行翻译、摘要、润色、风格转换等操作
		③ 在智能客服、知识问答系统等场景中，根据对用户问题的理解生成回答
	文本分析	对文本进行情感分析、主题提取、关键词提取等操作

（续表）

功能		具体体现
图像生成 与分析	图像生成	① 生成各种风格的绘画作品，如油画、水墨画、卡通画、海报、插画等 ② 对现有图像进行编辑和修复，例如去除图像中的瑕疵、修复损坏的照片、对图像进行风格转换等 ③ 生成虚拟场景，如自然景观、城市建筑、室内环境等
	图像分析	对图像进行目标检测、图像分类、图像分割等操作
音频生成 与分析	音频生成	① 生成音乐、语音、音效等各种形式的音频内容 ② 对音频进行降噪、剪辑、混音等操作
	音频分析	对音频进行语音识别、音乐信息检索等操作
视频生成 与分析	视频生成	① 生成动画、短视频、电影预告片等各种形式的视频内容 ② 对视频进行剪辑、特效添加、字幕生成等操作 ③ 创建虚拟人物并生成其说话、动作等视频内容
	视频分析	对视频进行目标跟踪、行为识别、场景理解等操作
代码生成		① 生成基础的代码框架和逻辑 ② 对已有的代码进行分析，找出其中的问题并提供优化建议，同时可根据上下文自动补全代码 ③ 将一种编程语言的代码转换为另一种编程语言的代码

二、AIGC 在直播行业的应用场景

AIGC 技术的出现为直播行业带来了新的机遇和挑战。在直播行业中，AIGC 技术的应用场景如表 1-3 所示。

表 1-3　AIGC 在直播行业的应用场景

应用场景	说明
虚拟主播	利用 AIGC 技术生成虚拟形象，替代真人主播进行直播带货
智能客服	利用 AIGC 技术生成智能客服机器人，解答用户咨询、处理订单问题等
个性化推荐	利用 AIGC 技术分析用户行为和偏好，为用户推荐个性化的商品和直播内容
内容创作	利用 AIGC 技术自动生成直播脚本、直播话术、营销文案等内容

三、直播行业常用的 AIGC 工具

凭借强大的功能特性，AIGC 工具在各行各业的应用日益广泛，有效地提高了内容生产和运营的效率。下面介绍几款直播领域常用的 AIGC 工具。

1. DeepSeek

DeepSeek 是由国内团队开发的多场景 AIGC 工具，它融合了自然语言处理与深度学习技术，为用户提供了全面且强大的功能支持。其功能特点如下。

① 智能对话：通过自然语言对话，快速解答用户的问题。

② 文本生成：文章、故事、诗歌、社交媒体内容、营销文案等文本创作，文本摘要生成，多语言翻译，文本简化，表格、列表生成，代码注释等。

③ 语义理解：语义分析，如语义解析、情感分析、意图识别、实体提取；文本分类，如生成主题标签、检测垃圾内容等；知识推理，如解答数学、常识推理等逻辑问题，分析事件的因果关联性等。

④ 代码编辑：生成代码，如根据需求生成代码片段，自动补全代码并生成注释；调试代码，如分析代码错误并提出修复建议，生成代码性能优化提示；处理技术文档，如生成 API 文档，解释代码库和生成示例等。

⑤ 常规绘图：生成组织框架图、图标等矢量图，以及折线图、柱状图、饼图、散点图、雷达图等图表。

DeepSeek 有以下 3 种模式。

● 基础模式（DeepSeek-V3）：DeepSeek 的通用模型，高效便捷，适用于规范性任务。

● 深度思考模式（DeepSeek-R1）：DeepSeek 的推理模型，擅长复杂推理和深度分析任务，如数理逻辑推理、编程代码分析，更适用于开放性任务。

● 联网搜索模式：支持按需检索网页信息。

图 1-7 所示为 DeepSeek 基础模式（DeepSeek-V3）页面。基于 DeepSeek 的功能特点，直播运营团队可以使用 DeepSeek 生成直播营销活动策划方案、直播脚本、直播话术、直播营销文案和直播数据分析报告等。

图 1-7 DeepSeek 基础模式（DeepSeek-V3）页面

2. 文心一言

文心一言是百度研发的人工智能大语言模型工具，它依托文心系列大模型的核心能力，具备强大的知识理解和运用能力。图 1-8 所示为文心一言首页。

文心一言的功能特点如下。

① 智能对话：与用户进行对话互动，理解用户的意图和需求，并给出恰当的回应。

② 知识问答：回答历史、科学、文化、娱乐、体育等多领域的问题，为用户提供详细的解答。

③ 辅助创作：支持生成诗歌、小说、新闻、电子邮件、商业文案等；支持语句提取与改写、文章优化。

图1-8　文心一言首页

④ 知识推理和数学计算：进行逻辑推理、上下文推理，以及解决算术运算、代数问题、几何问题等各种数学问题。

⑤ 语义理解：词性分析，识别文章中每个单词的词性，如动词、名词、形容词等，帮助用户了解每个单词的语法特点；情感分析，对整篇文章的情感进行分析，并给出情感得分，帮助用户更好地掌握内容的情感属性；语气检测，识别文本中的语气，如肯定、否定、疑问等，并根据语气的向度提供相应的措辞建议。

⑥ 多模态生成：支持图像、音频等多种模态内容的生成，能够根据用户提供的文字描述生成相应的图片或画作。

直播运营团队可以使用文心一言生成直播营销文案、直播营销活动策划方案、直播脚本、直播话术、直播数据分析报告等。

3. 豆包

豆包是字节跳动依托豆包大模型推出的人工智能工具，图1-9所示为豆包首页。

图1-9　豆包首页

豆包的功能特点如下。

① 信息搜索：支持实时资讯整合检索。

② 文本生成：支持各类文本创作，如宣传文案、诗歌、故事、报告、总结汇报等。

③ 图像生成与处理：生成各类风格的图像，支持智能抠图、擦除、区域重绘、扩图等。

④ 智能阅读：自动识别并提炼文本中的关键信息，生成简洁明了的总结内容。

⑤ 智能编程：生成代码，并附带代码解释。当代码中出现错误时，豆包能够排查并提供修复方案，还能提供代码优化建议，帮助用户提高代码质量。

⑥ 语音通话：支持语音输入识别。用户可通过语音提问或获取信息。

直播运营团队可以使用豆包生成营销图片、营销文案、营销活动策划方案、直播话术、直播脚本、直播数据分析报告等。

4. Kimi

Kimi 是由北京月之暗面科技有限公司推出的一款智能助手，其功能特点如下。

① 长文本处理：支持 200 万字级文本输入/输出，能够处理长篇文献、报告、合同等。

② 多语言对话：擅长中英文对话，能够理解和回应用户的各种语言需求。

③ 文件处理：支持 PDF、Word、Excel、PPT、TXT 等多种格式文件的解析。

④ 信息搜索：具备联网检索能力，并结合最新的搜索结果提供信息。

图 1-10 所示为 Kimi 首页。直播运营团队可以使用 Kimi 生成直播营销活动文案、营销活动策划方案、直播话术、直播脚本、直播数据分析报告、工作 PPT 等。

图 1-10　Kimi 首页

5. 文心一格

文心一格是百度依托飞桨、文心大模型技术推出的 AI 艺术与创意辅助平台。文心一格的功能特点如下。

① 图片生成：根据文本描述生成油画、动漫风、印象派、卡通风、写实风等各类艺术风格的图片，并支持用户对生成的图片进行二次编辑，如涂抹不满意的部分、叠加图片等。

② 艺术字生成：生成个性化的艺术字。

③ 图片扩展：将图片进行放大或缩小，同时保持图片的清晰度。

④ 图片变高清：提高图片清晰度。

⑤ 智能抠图：一键抠图、替换背景，生成无损透明背景图及不同底色的证件照。

⑥ 图片叠加：支持两张图片融合叠加，生成新图片同时具备两张图片的特征。

图 1-11 所示为文心一格首页。直播运营团队可以使用文心一格创作直播商品图、直播封面图、直播宣传海报等。

图 1-11　文心一格首页

6. 即梦 AI

即梦 AI 是抖音旗下的图片视频创作工具，支持通过自然语言或图片输入生成高质量的图片及视频。即梦 AI 的功能特点如下。

（1）图片生成

① 文生图：根据用户输入的关键词或文字描述生成相应的图片，可生成超现实场景、人物肖像等多样风格的作品。

② 图生图：根据用户上传的图片生成具有不同风格的新图片，支持背景替换、风格转换、人物姿势保持等创意改造操作。

③ 智能画布：支持本地素材上传，用户可在画布上自由拼接，并进行分图层 AI 生成、AI 扩图、局部重绘、局部消除等操作，在同一画布上实现多元素的无缝拼接，确保 AI 绘画的创作风格统一和谐。

（2）视频生成

① 多种生成模式：支持输入单图或两张图片作为首帧和尾帧直接生成视频，也可结合提示词描述生成视频，还能通过输入纯文本的视频描述生成视频。

② 故事创作模式：支持一站式生成故事分镜、镜头组织管理、编辑等功能，其中故事分镜支持图生视频、文生视频、文生图、图生图等多种方式创作分镜画面，用户可以在时间轨道管理分镜画面，编辑预览故事成片效果。

③ AI 编辑能力：具备 AI 对口型功能，可以为生成视频中的人物配音并匹配口型，提供多种音色选择，用户也可上传自己的配音；有镜头控制能力，提供镜头放大、推远、旋转、水平移动、上下移动等多种运镜选择；还具备速度控制能力，提供正常、快速、慢速 3 种运动速度选项。

（3）音乐生成

即梦 AI 支持通过输入文本描述生成各种风格的音乐，如人声歌曲、纯音乐。

图 1-12 所示为即梦 AI 首页。直播运营团队可以使用即梦 AI 创作直播商品图、直播封面图、直播引流短视频，制作直播切片等。

图 1-12 即梦 AI 首页

7. 腾讯智影

腾讯智影是一款云端智能视频创作工具，它无须下载，用户可通过 PC 端浏览器直接访问。腾讯智影的功能特点如下。

① 视频剪辑：提供专业易用的视频剪辑器，支持在浏览器中进行视频多轨道剪辑。用户可以添加特效与转场、素材、关键帧、动画、蒙版，以及进行变速、倒放、镜像、画面调节等操作。

② 素材库资源：拥有丰富的素材库资源，包括各种视频片段、背景音乐、特效声音、图片和动画等。

③ 文本配音：支持文本转语音，提供近百种仿真声线，涵盖视频配音、新闻播报、内容朗诵等多种场景。

④ 数字人播报：用户输入文本并选择人物形象后，即可生成数字人播报视频。支持多种风格的人物形象和自定义背景设置，适用于新闻播报、教学课件制作等众多场景。

⑤ 自动字幕识别：用户可以上传视频或音频，系统会自动生成中英文字幕。用户可以上传字幕与音视频文件，系统会自动完成匹配。

⑥ 智能横转竖：能将横屏内容智能转化为竖屏内容，算法自动追踪画面主体，保证横屏转化为竖屏后不影响观看，大幅提高转换的效率和质量。

⑦ 智能去水印：利用 AI 技术智能识别视频中的水印并快速进行去除，帮助用户获得更干净、专业的视频画面。

⑧ AI 视频生成：用户输入文本或选择模板，AI 算法会自动匹配合适的背景音乐、画面风格等元素，快速生成视频。

⑨ AI 视频翻译：支持多语种的视频内容翻译，包括字幕翻译和语音翻译。

⑩ AI 智能审校：提供内容原创性检测、合规审核等功能，确保视频内容的质量和合法性，帮助用户避免内容风险。

图 1-13 所示为腾讯智影首页。直播运营团队可以使用腾讯智影创作直播商品图、直播封面图、直播引流短视频，实施数字人直播等。

图 1-13　腾讯智影首页

四、AIGC 工具提示词的设计策略

提示词（Prompt）是指用户在与 AIGC 工具沟通过程中，输入的用于引导 AIGC 工具生成特定内容或执行特定任务的文本信息。简单来说，提示词就是给 AIGC 工具下达的命令。高质量的提示词能够显著提高 AIGC 工具生成内容的质量。

1. 提示词设计的要点

为了提高提示词的有效性，让 AIGC 工具生成的内容更加符合自己的需求，用户在设计提示词时需要把握以下要点。

（1）确定任务类型

用户要清晰地界定希望 AIGC 工具完成的任务类型，是生成一篇营销文案、创作一幅特定风格的绘画、进行代码编写，还是对某个专业问题进行解答等。不同的任务类型需要不同的提示词导向。

（2）针对不同任务设计提示词

针对不同任务需使用不同的关键词。例如，针对新闻稿生成任务，可以这样设计提示词，如"写一篇关于××公司发布最新产品的新闻稿，内容涵盖主要功能、市场反应和预期销量"。对于图像生成任务，提示词需要包含具体的视觉描述和细节，例如，"生成一张未来城市的夜景插画，画面要包含摩天大楼、霓虹灯和飞行汽车"；同时，可以使用画质提升提示词，如"超高清""视网膜屏""高质量"等，以提高图像的生成质量。针对音频生成任务，可以使用描述声音类型和氛围的关键词，如"自然音效""背景音乐"等。

（3）逻辑清晰连贯

提示词本身要具备清晰的逻辑，避免出现前后矛盾或表述混乱的情况。当需要 AIGC 工具进行问题分析时，要按照合理的逻辑顺序提出问题，如先阐述现象，再提出疑问，以此引导 AIGC 工具逐步进行解答。

（4）合理使用引导词与限定词

使用恰当的引导词来指示 AIGC 工具执行特定操作或按特定方向思考，如"分析""比较""阐述""创作""设计"等，从而让 AIGC 工具清晰知晓需要执行的行为，例如"分析一下直播电商和传统电商在商品展示方面的差异"。

利用限定词来界定输出的范围和条件，例如"在 200 字以内""只考虑国内市场""以青少年为目标受众"等，使 AIGC 工具的输出更符合预期。

（5）控制提示词的长度

用户要控制提示词的长度，以确保生成内容的准确性。因此，在设计提示词时，要避免在其中嵌套过多复杂信息，保持提示词内容的简洁性。对于较为复杂的任务，用户可以分步骤设计提示词。

（6）进行测试与优化

在正式使用提示词前，用户可以先进行初步测试，观察 AIGC 工具的输出结果是否大致符合需求。如果出现偏差，用户需分析是提示词的哪部分导致了问题。

在操作过程中，用户要根据输出结果，对提示词进行针对性调整和优化。如果 AIGC 工具生成的内容过于宽泛，就需要增加更具体的限定词；如果生成的内容缺乏深度，就需要进一步明确要求或补充更多背景信息。

有效的提示词往往需要经过多轮测试和优化才能达到最佳效果，用户不要期望一次就能设计出完美的提示词，而要不断根据反馈进行改进。

2. 提示词设计框架

设计 AIGC 工具提示词是一项需要不断学习和实践的技能，用户在设计提示词时可以采用表 1-4 所示的提示词设计框架并结合自身需求进行灵活运用，从而提高 AIGC 工具输出内容的质量。

表 1-4　提示词设计框架

框架名称	框架要素	要素说明	提示词示例
三段式	身份	你是谁，你自己有哪些背景，你想让 AIGC 工具以什么身份来实施任务	身份：你是一位擅长数据分析和用户心理研究的直播运营人员
	任务	你的目标是什么，是写文案、生成图像，还是生成音频	任务：为格力的"双 11"大促活动策划直播带货方案
	要求	你对于任务有什么具体要求	要求：方案需基于历史数据和用户画像，分析目标用户群体的消费习惯和偏好，设计吸引用户眼球的直播主题和促销活动，并制定详细的直播脚本和应急预案，最终目标是实现销售额突破和用户增长
四步法	身份	你是谁，你赋予 AIGC 工具的身份是什么	身份：数据分析师
	任务	要解决什么问题	任务：分析直播主播行业的市场前景
	细节	具体的限制条件是什么，如任务背景、时间限制、场景限制、禁忌等	细节：①需要包含市场规模、近 3 年增长率、不同层级主播竞争者信息；②数据来源要权威（引用权威机构报告或政府公开数据）；③至少列举 5 条驱动行业发展的因素；④使用 SWOT 框架总结结论
	格式	想要什么形式的结果，如表格、口语化等	格式：报告采用结构化标题，如"市场规模""竞争格局""SWOT 分析"；每个部分的核心观点采用短句的格式；重点部分添加黄色背景色标记

（续表）

框架名称	框架要素	要素说明	提示词示例
六元素法	背景	介绍与任务相关的背景信息	背景：我正在为一家美妆品牌策划直播活动，品牌名叫"花漾年华"
	目标	明确说明具体的任务需求	目的：生成一份详细的直播营销活动策划方案，目标是通过直播展示商品，提升品牌知名度和增强粉丝黏性
	风格	指明希望 AIGC 工具输出的风格，可以是具体的人名、具体的流派或某类写作风格	风格：模仿"完美日记"品牌的直播风格，注重时尚感和实用性结合
	语气	指明输出内容应采用的语气，如正式、诙谐、温馨等	语气：轻松愉悦，具有感染力
	受众	指明输出内容面向的受众，如儿童、年轻女性、入门学习者等	受众：主要吸引年轻女性，特别是美妆爱好者和追求时尚潮流的人群
	输出	规定输出内容的具体形式，如列表、专业分析报告等形式	输出：一份详细的直播营销活动策划方案，包括活动主题、产品介绍、互动环节、宣传文案等
APE 框架	行动（Action）	你希望 AIGC 工具完成什么任务	行动：设计互动性强、吸引力高的直播环节和活动
	目的（Purpose）	向 AIGC 工具说明任务的目标	目的：增强用户的参与感和黏性，提高直播间的活跃度，增加观看时长
	期望（Expectation）	任务的具体要求和细节	期望：①包含 5 种互动性强的活动；②每项活动时长不超过 5 分钟；③附带活动的具体操作方法
COAST 框架	背景（Context）	介绍与任务相关的背景信息	背景：美妆品牌彩棠计划在"双 11"期间开展一场新品发布直播活动，目标受众为 18~35 岁的年轻女性
	目的（Objective）	介绍任务的目的	目的：提升品牌知名度，促进新品销售，增强用户黏性
	行动（Action）	说明任务目标	行动：策划一场互动性强、内容丰富的直播活动
	方案（Scenario）	说明任务的相关限制条件	方案：直播时间为 11 月 10 日 20:00—22:00，平台选择为淘宝直播
	任务（Task）	说明任务的具体要求	任务：设计直播流程脚本（含商品介绍、互动环节、福利发放等），撰写直播预热文案和宣传海报，制定直播数据监测和效果评估方案

五、AIGC 工具的使用规范

AIGC 工具的快速发展为内容创作带来了前所未有的便利，但同时也引发了一系列伦理和社会问题。在使用 AIGC 工具时，用户必须树立正确的价值观，遵守相关规范，以确保技术的良性发展。

1. 尊重知识产权

使用 AIGC 工具时，用户必须严格遵守知识产权相关法律法规，不能简单地将 AIGC 工具生成的内容当作自己的原创作品，尤其是当这些内容模仿或借鉴了受版权保护的作品时，更需谨慎对待。例如，如果 AIGC 工具生成了一幅模仿知名画家风格的画作，用户不能将其直接作为原创作品进行售卖，因为这可能侵犯了画家的版权。

2. 保证内容真实性

AIGC 工具生成的内容可能存在错误或偏差，用户应保持批判性思维，对信息进行核实和验证，避免传播虚假信息。当 AIGC 工具生成的内容涉及新闻报道、科普知识等事实性信息时，用户有责任核实这些内容的真实性。用户不能使用 AIGC 工具生成或传播没有根据的虚假信息，以免误导他人或造成不良影响。

3. 保持独立性思考

用户应该将 AIGC 工具作为辅助学习和工作的工具，不能让其替代自己的思考和分析。用户要认识到 AIGC 工具的局限性，避免产生过度依赖，始终保持对人类创造力和判断力的尊重。

4. 注意保护数据隐私

用户在使用 AIGC 工具时，对于自己输入的个人数据及可能涉及的他人数据，要注意保护其隐私和安全；不能利用 AIGC 工具收集、泄露或滥用他人的个人信息。此外，用户要选择安全可靠的 AIGC 平台，避免使用来路不明的工具，防止数据泄露和滥用。

5. 遵守工具使用要求

用户要仔细阅读 AIGC 工具的使用说明书和相关指南，了解其功能、适用范围和限制条件等。例如，某些 AIGC 绘画工具对生成图片的商业用途有所限制，用户不得超出规定范围使用。

用户要遵守与 AIGC 工具平台签订的用户协议，这些协议可能包括使用频率限制、服务终止条件等内容。此外，要关注 AIGC 工具的更新信息和相关通知，及时了解工具的变化和新要求。同时，如果在使用过程中发现问题或有改进建议，应及时向平台反馈，以促进工具的优化。

AIGC 工具是一把双刃剑，合理使用可带来便利，滥用则可能造成危害。用户应树立正确的价值观，遵守相关规范，将 AIGC 工具作为学习和工作的辅助手段，而非替代品。同时，应积极参与 AIGC 技术的伦理讨论和规范制定，为构建负责任的人工智能未来贡献力量。

任务三 初识主播职业

主播是指在互联网节目或活动中，负责参与一系列策划、编辑、录制、制作、用户互动等工作，并亲自担当主持工作的人。由此可以看出，主播需要掌握的核心能力有很多。主播如今已成为一个被普遍认可的职业，且成长路径明确，各个企业也明确了其考核体系和晋升考核方式，这就进一步要求主播努力提升自己的能力。

一、主播的类型

随着直播电商的火爆发展，主播的类型越来越多，主要包括专业电商主播、"网红"/自媒体主播、商家员工、名人、企业家/总裁、政府部门工作人员、主持人、虚拟数字人。这 8 类主播在直播效用、直播带货优势、直播带货劣势、流量来源、货品来源等方面的对比如表 1-5 所示。

表 1-5　不同类型主播的对比

主播类型	直播效用	直播带货优势	直播带货劣势	流量来源	货品来源
专业电商主播	主要销售商品，流量较小的主播产生的品宣效果较弱，流量较大的主播产生的品宣效果较强	① 专业度高 ② 商品转化率较高	直播商品种类繁杂，有些主播的售后服务难以保障	原始流量平台支持，积累沉淀粉丝	以品牌商供货为主，一些流量较大、能力较强的主播会自建供应链
"网红"/自媒体主播	以销售商品为主	① 镜头感较强 ② 有较强的影响力	① 通常对直播商品不太了解 ② 缺乏专业的直播技能	自身拥有一定数量的忠实粉丝	以品牌商供货为主，一些流量较大、能力较强的主播拥有成熟的供应链
商家员工	以销售商品为主，基本上不会产生品宣效果	① 依托品牌知名度，品牌有一定的忠实用户 ② 直播场次多 ③ 熟悉直播商品	① 专业度不高 ② 商品转化率不稳定	主要依靠品牌积累的忠实用户	以品牌商或工厂直供为主
名人	能对品牌起到很好的宣传作用，提升品牌知名度	① 自带流量，具有一定的影响力 ② 有利于形成品牌背书 ③ 粉丝忠诚度较高	① 通常对直播商品缺乏详细的了解，缺乏专业的直播技能 ② 商品转化率不稳定	以自身粉丝为主	以品牌商直供为主
企业家/总裁	形成品牌背书，提升用户对品牌的信任度	① 具有一定的知名度，自带流量，容易让人信服 ② 对直播商品比较了解 ③ 具有较大的话语权，可以决定商品的优惠力度	缺乏镜头感和专业的直播技能	主要依靠品牌积累的忠实用户	以自有品牌供货为主
政府部门工作人员	在销售商品的同时也能起到宣传推广品牌的作用	① 具有较强的社会公信力，用户信任度较高 ② 具有较强的号召力	① 缺乏镜头感和专业的直播技能 ② 对直播商品缺乏专业的了解	以某个地域或产品产地的粉丝为主	产品产地直供或品牌商直供

（续表）

主播类型	直播效用	直播带货优势	直播带货劣势	流量来源	货品来源
主持人	能依靠自身的影响力对品牌起到良好的宣传作用	具有镜头感，掌握专业的播音技巧	通常对商品缺乏详细的了解	以自身粉丝为主	以品牌商供货为主
虚拟数字人	主要是销售商品，提升用户互动体验，帮助品牌降低直播营销的成本	① 不受时间和空间的限制，可以 24 小时不间断工作 ② 与真人相比，失误率较低 ③ 可以通过数据驱动和算法构建，实现"千人千面"的个性化直播带货场景	① 缺乏真实性和亲和力 ② 对商品的讲解缺乏体验感	主要依靠品牌积累的忠实用户	以品牌商供货为主

在直播电商领域，主播具有双重属性：一是渠道属性，即销售商品；二是媒体属性，即为商品做广告，宣传推广品牌。从渠道属性的角度来看，这 8 类主播从弱到强依次为商家员工、虚拟数字人、政府部门工作人员、企业家/总裁、主持人、"网红"/自媒体主播、专业电商主播、名人；从媒体属性的角度来看，这 8 类主播从弱到强依次为商家员工、虚拟数字人、政府部门工作人员、主持人、专业电商主播、"网红"/自媒体主播、企业家/总裁、名人。

二、主播的来源

在直播电商领域，主播的来源主要有 4 个，即校企合作、内部转岗、社会招聘和机构合作。主播的来源及其优缺点如表 1-6 所示。

表 1-6　主播的来源及其优缺点

来源	说明	优点	缺点
校企合作	企业可以与各类学校合作，直接接收条件相匹配的实习生进行孵化，将其培养成主播	数量庞大，且因为没有工作经验和直播经验，要求的薪酬较低	不稳定，依赖孵化，因此对企业的独立孵化能力有较高要求
内部转岗	制定岗位调整措施，进行人员的内部转岗，例如从前台、客服、销售等岗位转到主播岗位	稳定性高，这些已经在企业工作一段时间的员工对企业的认同感和归属感较强；薪资合理	数量较少，企业人员数量是有限的，如果需要的主播数量较少，内部转岗更合适，但如果需要的主播数量很多，内部转岗就只能作为增加主播的补充手段；依赖孵化，因为转岗而来的主播的专业程度较低，需要企业进行孵化，有一个成长的过程

（续表）

来源	说明	优点	缺点
社会招聘	新增岗位需求，通过人事体系进行社会招聘，选用有经验的成熟主播、想要从事主播行业的新人	主播有工作经验，可以直接进入工作节奏，效率高	人员素质参差不齐，薪资要求较高，且一旦发现主播不合适，就需要更换，这会增加企业的成本，消耗资源
机构合作	企业与各类主播培训机构合作，选择经过培训且适合自己的主播进行直播	数量多，可以直接进行直播	薪资要求高且不太稳定

三、主播的核心能力要求

一名主播要想成功地进行直播，必须拥有专业的能力。一般来说，优秀的主播应当具备以下核心能力。

1. 商品讲解能力

所谓"做一行，懂一行"，要想成为一名专业的主播，就要充分了解商品，具备熟练、高效的商品推荐和"种草"能力。这就要求主播有一定的镜头感，知道如何在镜头前呈现商品的最佳状态，充分展现商品外观，突出优势，激发用户的购买欲望。同时，主播还需具备良好的语言表达能力，在讲解商品时发音准确、语速适中、感染力强，且语言逻辑清晰、技巧娴熟。只有具备较高的专业度，主播才能获得用户的信任，而这种信任正是引导用户产生购买行为的核心驱动力。

2. 形象管理能力

主播需要五官端正，具备良好的外形气质，不一定容貌出众，但要进行自我形象管理。直播时，穿着要整洁、得体、自然大方，妆容也要贴合人设，以此给用户留下良好且深刻的印象。

3. 自我学习能力

直播行业竞争激烈，主播不能产生懈怠心理，更不能不思进取，而应当不断学习，提升自我，力求在所属主题领域脱颖而出。

主播要构建系统全面的基本功和跨界知识体系。基本功包括外语能力、计算机操作能力、沟通能力、文字表达能力等；在跨界知识体系方面，主播要学习项目管理、销售预测、网页设计、视频剪辑、摄影、供应链管理等内容，不断提升职业素养，增强自身竞争力。

4. 控场能力

主播要具有强大的控场能力，要一直沿着本期的主题内容来进行直播，避免因用户的热烈讨论而偏离主题。主播要善于调节直播间气氛，调动粉丝积极性，正向引导话题，防止舆论失控引发"翻车"事故。主播要主动引导用户刷屏、点赞，当"转粉"率较低时，要积极引导用户关注自己。同时，主播要能够灵活应对直播中的突发状况，保证直播效果。

5. 亲和力

亲和力是拉近与用户距离的一种重要因素，对形成良好的第一印象有促进作用。如果主播在直播时一脸阴沉，对用户爱理不理，就很难赢得用户的认可。具有亲和力的主播能够让用户本能地想要靠近，并积极参与互动。不管用户最终是否购买，至少活跃了直播间的氛围，也能吸引更多的用户进入直播间。

6. 人设塑造能力

主播要掌握人设塑造能力，进行自我定位，把自己标签化。主播要匹配一些便于传播、易于记忆的标签，并在直播过程中固化自己的言行，如使用具有自我特色的话术、直播风格等。时间久了，用户就会记住这些言行所展现的标签化特征。这样一来，主播不仅能展现出差异化，提高辨识度，还能彰显独特的人格魅力。

7. 心理承受能力

主播要具有强大的心理承受能力，在直播间看到用户的负面评论时应保持平和的心态，理智、冷静地应对。另外，在直播效益、直播效果不理想时，主播不能气馁，要快速调整好心态，疏导负面情绪，做好自我反思，以提升自己。

四、主播的薪资类型

目前，直播行业主流的主播薪资类型有 4 种，即小时制、提成制、供货制和混合制。

1. 小时制

小时制是指按照主播的直播时长进行计费。由于各地情况不同，主播按小时结算的费用很难有统一标准。以杭州为例，目前主播的小时结算费用一般为 80～200 元。此外，主播的能力和影响力不同，其获得的小时结算费用也不同。

2. 提成制

提成制是指按照实际的商品销售额给主播计算提成，这种方式能充分体现主播的能力。在以销售为导向的直播场次中，提成制能有效激励主播，促使其更好地发挥能力，因而受到许多商家和主播的青睐。

3. 供货制

供货制是指商家供货给主播，并以供货价进行结算，主播拥有商品定价权，通过赚取中间差价获利。在这种薪资类型下，主播对商品的把控程度较高，这种方式在自营账号或达人账号中更为流行。

4. 混合制

混合制是指将多种薪资类型按比例组合，例如按照小时给主播计算薪资，同时给予其一定的提成奖励。

针对以上 4 种薪资类型，主播要选择适合自己的类型。不同薪资类型的匹配方案如表 1-7 所示。

表 1-7 不同薪资类型的匹配方案

薪资类型	优点	缺点	适配阶段	适配类型
小时制	结算简单	试错成本高，无激励	冷启动期、稳定期	品牌直播
提成制	能者多得，强激励	对用人单位要求高，招聘难度大	增长期、稳定期	品牌直播、自运营直播
供货制	成本把控能力强，强激励	对用人单位要求高，招聘难度大	增长期、稳定期	自运营直播、达人直播
混合制	自由组合，灵活多变	结算体系复杂，磨合时间长	全阶段	全类型

五、主播的成长路径

以在抖音平台的发展为例，专业主播的成长路径分为 3 个阶段：初阶、中阶和高阶。

主播的初阶能力包括行业基础、主播形象打造、账号打造、短视频运营、拍摄剪辑、直播运营等，如表 1-8 所示。

表 1-8　初阶能力

初阶能力	具体能力
行业基础	行业认知与应用能力、职业认知与基本素养、互联网信息获取能力
主播形象打造	主播职业心态建立、主播形象包装能力、主播声音训练方法、主播人设定位能力
账号打造	抖音产品了解与应用、账号开启与信息设定、账号定位与包装能力
短视频运营	短视频素材库的建立、短视频选题策划能力、短视频脚本制作能力、短视频流量获取能力
拍摄剪辑	拍摄器材使用能力、基础剪辑软件应用能力
直播运营	直播功能认知与应用、直播流程与运营规范掌握、直播间场景搭建、直播话术运用

主播的中阶能力包括超级 IP 打造、直播变现、粉丝运营、流量获取、数据运营等，如表 1-9 所示。

表 1-9　中阶能力

中阶能力	具体能力
超级 IP 打造	直播行业洞察力打造、创意人设挖掘与塑造
直播变现	直播变现主流模式认知、抖音小店注册与使用、直播选品技巧运用、直播间转化话术运用、直播销售规则掌握
粉丝运营	账号"涨粉"与转化能力、粉丝运营与维护能力、粉丝需求分析能力
流量获取	账号流量获取能力、流量矩阵打造能力
数据运营	账号后台数据认知、账号数据分析能力、行业数据分析能力

主播的高阶能力包括投放能力、产品运营、合作运营和行业洞察等，如表 1-10 所示。

表 1-10　高阶能力

高阶能力	具体能力
投放能力	投放产品认知与应用能力、投放目标解析与操作能力、投放效果追踪与评估能力
产品运营	产品布局与价格组合能力、直播选品技巧与品控能力、商品售后服务的认知与应用
合作运营	直播运营团队搭建与管理能力、商业合作策划与拓展能力、签约与辨别能力
行业洞察	行业洞察与分析能力、热门行业直播方法论运用能力

2021 年 11 月 25 日，国家相关部门正式向社会颁布了《互联网营销师国家职业技能标准（2021 年版）》（以下简称《标准》）。《标准》对互联网营销师的职业活动范围、工作内容、技能要求和知识水平做了明确规定。根据《标准》，直播销售员工种分为五级/初级工、四级/中级工、三级/高级工、二级/技师、一级/高级技师 5 个等级，每个等级的技能要求和相关知识要求依次递进，高级别涵盖低级别的要求，具体如表 1-11 所示。

表 1-11　直播销售员工种职业基本标准（部分）

职业等级	职业功能	工作内容	技能要求	相关知识要求
五级/初级工	工作准备	宣传准备	① 能搜集产品图文素材 ② 能使用网络搜索工具核实、整理产品素材信息 ③ 能发布产品图文信息预告	① 产品图文素材搜集方法 ② 网络搜索工具使用方法 ③ 产品图文信息发布技巧
		设备、软件和材料准备	① 能连接硬件设备 ② 能下载安装直播软件 ③ 能根据直播计划选择道具、场地	① 硬件安装调试方法 ② 软件下载安装方法 ③ 直播样品搜集方法 ④ 道具、场地选择方法
		风险评估	① 能提出断网、断电等简单故障的解决方法 ② 能判断营销过程中法律、法规风险	① 断网、断电等故障的解决方法 ② 营销过程中法律、法规的风险判断方法
	直播营销	直播预演	① 能将产品特性整理成直播脚本 ② 能根据直播脚本进行直播彩排	① 直播脚本编写方法 ② 直播彩排方案制定方法
		直播销售	① 能介绍销售产品的基本特性及卖点 ② 能对销售产品进行展示 ③ 能引导用户下单	① 销售产品特性及卖点的介绍技巧 ② 销售产品的展示方法 ③ 引导用户下单的技巧
	售后与复盘	售后	① 能查询产品的发货进度 ② 能处理用户反馈的问题	① 发货进度查询方法 ② 投诉问题的处理方法
		复盘	① 能采集营销数据 ② 能统计营销数据	① 数据采集方法 ② 统计软件使用方法
四级/中级工	工作准备	宣传准备	① 能制作产品专属宣传素材 ② 能执行跨平台宣传计划	① 素材搜集计划的制订方法 ② 数据监控方案的主要内容 ③ 音视频转码的方法
		设备、软件和材料准备	① 能制订样品（道具）搭配计划 ② 能制定出镜者形象方案	① 样品库的盘点方法 ② 样品（道具）的搭配方法 ③ 出镜者形象方案的制定方法 ④ 设备搭建与联调的方法
		风险评估	① 能评估团队协作风险 ② 能制订并执行风险应对计划	① 团队协作风险的预判方法 ② 风险应对计划的制订方法
	直播营销	直播预演	① 能编写团队协作的直播脚本 ② 能根据直播脚本测试营销流程	① 团队协作的直播脚本编写要求 ② 营销流程的测试方法
		直播售卖	① 能使用营销话术介绍产品特点 ② 能介绍平台优惠及产品折扣信息	① 营销话术的表达技巧 ② 平台优惠及产品折扣的介绍方法
	售后与复盘	售后	① 能分析和汇总异常数据 ② 能建立售后标准工作流程	① 异常数据的分析和汇总方法 ② 售后标准工作流程的主要内容
		复盘	① 能对售前预测数据进行复核 ② 能通过复盘提出营销方案的优化建议	① 数据复核方法 ② 营销方案优化方法

（续表）

职业 等级	职业 功能	工作 内容	技能要求	相关知识要求
三级/ 高级工	工作 准备	宣传 准备	① 能建立第三方宣传供应商资源库 ② 能计算预热投入产出比 ③ 能协调引流资源并扩大宣传渠道	① 第三方宣传供应商资源库的建立方法 ② 投入产出比的测算方法
		设备、 软件 和材料 准备	① 能根据营销计划选购硬件设备 ② 能制订道具采购计划	① 出入库管理制度的建立办法 ② 设备采购要求 ③ 道具采购要求 ④ 设备检测方法
		风险 评估	① 能制定风险管理奖惩制度 ② 能评估风险防控方案的时效性	① 风险管理奖惩制度的主要内容 ② 风险防控方案的评估方法
	直播 营销	直播 预演	① 能组织团队进行直播预演 ② 能根据预演效果调整营销方案	① 团队配合技巧 ② 营销方案的调整方法
		直播 销售	① 能对个人情绪进行控制管理 ② 能调动直播间气氛 ③ 能根据用户反馈实时调整直播策略	① 个人情绪管控技巧 ② 直播间气氛调动技巧 ③ 直播策略的调整原则
	售后与 复盘	售后	① 能使用智能交互系统回复用户信息 ② 能撰写售后工作报告	① 智能交互系统的使用方法 ② 售后工作报告主要内容和撰写技巧
		复盘	① 能制定数据维度和分析标准 ② 能制定数据采集操作流程	① 数据维度和分析标准的制定方法 ② 数据采集操作流程的制定方法
二级/ 技师	直播 营销	营销 策划	① 能制定主题直播间搭建方案 ② 能制定个人品牌方案	① 直播间搭建技巧 ② 个人品牌塑造方法
		直播 规划	① 能设定直播销售周期目标 ② 能建立直播销售规范流程	① 销售目标编制方法 ② 直播流程操作步骤
	团队 管理	团队 架构 设置	① 能制定团队考核标准 ② 能解决跨部门协作的问题	① 考核标准设计方法 ② 协作沟通技巧
		团队 文化 建设	① 能建立员工的评价体系 ② 能建立员工相互评价机制	① 评价体系建立方法 ② 互评机制建立方法
	培训 指导	培训	① 能制订培训计划 ② 能编写培训讲义 ③ 能讲授专业基础知识和技能要求	① 培训计划的编写方法 ② 培训讲义的编写方法 ③ 培训教学与组织技巧
		指导	① 能指导三级/高级工及以下级别人员工作 ② 能制定培训指导规范	① 专业技能指导方法 ② 培训指导规范编写方法

（续表）

职业等级	职业功能	工作内容	技能要求	相关知识要求
一级/高级技师	直播营销	营销计划	① 能制订多媒介传播计划 ② 能对营销效果进行评估	① 媒介传播的方法 ② 营销效果的评估方法
		直播规划	① 能制定直播用户管理方案 ② 能制订提高用户购买率的计划	① 用户管理的方法 ② 提高购买率的方法
	团队管理	团队架构设置	① 能根据业务需求搭建团队 ② 能根据业务方向调整团队分工	① 团队架构的搭建方法 ② 团队分工的调整方法
		团队文化建设	① 能建立团队文化理念 ② 能制定团队管理规范	① 文化理念建立方法 ② 团队管理规范的制定方法
	培训指导	培训	① 能组织开展培训教学工作 ② 能建立培训考评体系	① 培训教学工作的要求与技巧 ② 考评体系的建立方法
		指导	① 能指导二级/技师及以下级别人员工作 ② 能评估培训效果	① 专业技能指导的考评方法 ② 培训效果的评估方法

六、主播的考核体系与晋升考核方式

主播考核是构建健康直播生态的关键环节，对于提高行业整体水平、释放行业价值具有重要意义。有效的主播考核不仅能够筛选优质内容创作者，提高直播平台内容质量，还能引导主播规范自身行为，树立正确的价值导向。

科学合理地设定考核指标，可以激励主播不断提升专业技能，创作更优质的内容，进而吸引更多用户，形成良性循环。同时，考核体系还能为平台提供数据支撑，帮助平台精准识别优质主播，优化资源配置，实现平台与主播的共赢。

1. 主播的考核体系

主播的考核体系分为日常考核和月度考核。

（1）日常考核

日常考核分为播前、播中和播后3个阶段。

播前的上播检查主要包括3项内容，如表1-12所示。

表1-12 上播检查表

上播检查事项	具体内容
仪容仪表	是否有精致的妆容及与直播类目相匹配的着装和造型。良好的仪容仪表是对镜头前观众的尊重，也是对主播的基础要求
脚本熟悉度	主播是否明确本场直播的目标，是否了解直播商品，是否熟悉与直播相关的活动，如连麦等的要求，是否明确本场直播的各项利益点
主播状态	主播是否已经准备好直播，情绪是否饱满，上播后能否稳定进行直播

播中的考核维度主要有粉丝互动、脚本执行、营销技巧、语速节奏、错误率、肢体动作等。表1-13所示为执行考核示例，只要没有触犯该表所示禁忌事项，即可得满分。

表 1-13　执行考核表示例

事项	陈某	李某	张某	赵某	王某
迟到（15分）	15	0	……	……	……
讲解不清（10分）	10	10	……	……	……
长时间不说话（5分）	5	5	……	……	……
仪容仪表不当（5分）	5	5	……	……	……
直播期间无眼神互动（5分）	5	5	……	……	……
直播期间无故离岗（10分）	0	10	……	……	……
不当行为（10分）	10	10	……	……	……
遭到商家投诉（30分）	30	30	……	……	……
未欢迎（10分）	0	10	……	……	……
总得分	80	85	……	……	……
质检日期	3-9	3-10	……	……	……

播后的考核事项如表 1-14 所示，主要考核维度有数据复盘、状态复盘、脚本复盘、货品整理归档、下场直播准备等。

表 1-14　下播结案表

考核维度	说明
数据复盘	对本场直播的在线停留时长、停留人数、销售额、观看人次、转化率等数据进行复盘，检视直播目标的完成情况，找到问题，并提出解决方案
状态复盘	对本场直播的主播状态进行复盘，尤其是"种草"时的状态和销售时的状态，并结合直播数据寻找优化空间
脚本复盘	检视脚本执行率，看主播是否完美执行了直播脚本。脚本执行率可以反映脚本的可执行性和主播执行脚本的能力
货品整理归档	整理本场直播的场地，与团队一起将货品整理归档，确认样品等各项无误
下场直播准备	明确下场直播的时间，确认撰写脚本等工作完成的时间节点，提前进行布局

（2）月度考核

月度考核的维度主要有业务、态度、行政、专业技能、沟通协调能力等方面。表 1-15 所示为主播月度考核表示例，每个考核项目的满分都是 4 分，1 分为完全不，2 分为偶尔，3 分为经常，4 分为持续掌握，每个考核维度都有若干考核项目，先给各项打分，然后计算累计分值得出月度考核结果。

表 1-15　主播月度考核表示例

考核维度	考核项目	分值	打分
业务	熟悉店铺后台数据收集操作，零差错	4分	
	准确整理好直播数据统计，零差错	4分	
	收发产品样品，核对清单和产品样品，零差错	4分	
	整理好产品清单及直播排序，整理好脚本，完成率100%	4分	
	与商家沟通及时，直播间零事故	4分	

（续表）

考核维度	考核项目	分值	打分
态度	肯学习，勤动手，用心登记，零差错、零事故	4分	
	清晰介绍产品	4分	
	与商家或运营人员沟通时讲究方式方法，零投诉	4分	
	及时解决并反馈直播间的一切问题，服务至上，零事故	4分	
行政	不迟到，不早退，不旷工	4分	
	维持直播间卫生，没有脏乱差现象	4分	
	直播间产品样品清点核对清晰，不丢件，不错放	4分	
	与招商人员衔接准确，商家需求交接清晰	4分	
	在工作状态中保持正能量并传递给团队成员	4分	
专业技能	协助美工制作直播贴片，设计好直播间文案	4分	
	准备产品样品，核对优惠信息	4分	
	下直播之后整理好产品样品，摆设零差错	4分	
	进行直播间优惠核对、产品信息介绍，讲清楚直播间的优惠方案并进行演示	4分	
	做好数据复盘，理解数据意义，整理数据复盘报告，准确率100%	4分	
沟通协调能力	安排好直播间产品样品陈列	4分	
	与商家对接好产品样品周期及更换时间，零差错	4分	
	调整好团队状态，高效完成	4分	
	及时处理直播间紧急事件，零投诉	4分	

2. 主播的晋升考核方式

常见的主播晋升考核方式是配比考核方式，即面试、笔试和日常考核各占一定比例的考核方式。面试主要考核主播的现场应变能力，笔试主要考核主播对数据的理解能力，以及对直播平台规则的了解程度；日常考核也是晋升的重要考核方面，可体现主播的稳定性，因为量变产生质变，如果该主播每场直播都能做到十分出色，那他晋升的可能性会非常大。表 1-16 所示为主播晋升考核表示例。

表 1-16 主播晋升考核表示例

考核维度		考核项目	分值	打分
考核组评审打分	形象	自信、爱笑、有魅力	1分	
		精神状态稳定	1分	
		亲和力强，注意形象	1分	
		了解粉丝需求，引导粉丝，关心粉丝	1分	
		关心组员，相互提醒	1分	

（续表）

考核维度		考核项目	分值	打分
考核组评审打分	专业知识（不可提前告知）	在专业知识中充分体现自己的想法，给粉丝出谋划策	1分	
		结合产品玩法和体验介绍产品的专业知识	1分	
		抽一个产品讲解其专业知识，并且可以带新人，教其讲解模型	1分	
		说出10个关于行业的专业名词	1分	
		挑选任意3款产品，介绍其专业知识	1分	
	产品熟悉能力（随机抽取产品，10~30分钟准备时间）	背诵产品详情	1分	
		介绍产品的特点	1分	
		讲清楚产品的使用人群	1分	
		提炼产品的5个重点关键词	1分	
		流利介绍以上4项信息，并将产品的优惠信息完全说对	1分	
	语言表达能力	简单明了地用3句话讲清楚店铺优惠，并教会粉丝领取优惠券	2分	
		一句话讲清楚产品的特点，让粉丝清楚了解	2分	
		从不同角度介绍同类产品，创新有趣	2分	
		讲清楚直播间的优惠政策并进行演示	2分	
		说出应对"黑粉"的3句话	2分	
	自我学习态度	对不懂的问题，自己会去查找资料	1分	
		对不懂的问题，自己会去咨询其他人	1分	
		对不懂的问题，自己会摸索思考	1分	
直接领导考核	日常表现评分	没有迟到、早退、旷工行为	5分	
		团队从未出现直播事故	5分	
		和团队成员搭档配合，可以和副播合理分工	5分	
		对店铺产品关注度高，利用空闲时间熟悉产品	5分	
		对粉丝负责，为粉丝考虑，协助团队成员完成各种幕后工作	5分	

项目实训：主播直播风格和能力分析

1. 实训背景

主播作为直播内容的创造者和传播者，其直播风格和个人能力直接影响用户的观看体验、粉丝黏性及商业合作机会。然而，在直播行业蓬勃发展的背后，逐渐显现诸多问题。例如，部分主播缺乏鲜明的直播风格，难以在激烈的竞争中脱颖而出；部分主播能力水平参差不齐，无法满足用户的需求与期望。因此，对主播直播风格和能力展开分析尤为重要。

深入研究的主播直播风格和能力，可以帮助主播更好地认识自己的优势和不足，从而有针对性地进行改进和提升；同时，也能为直播平台提供参考，优化主播的管理和培养机制，推动整个直播行业健康、可持续地发展。

2. 实训要求

以小组为单位，收集不同领域主播的直播数据，分析主播直播内容的特点，如话题选择、语言表达、互动方式、节目效果等，以及主播在直播中展现出的专业技能、情绪管理、应变能力等。基于收集到的数据和分析结果，识别并分析每位主播的直播风格，并探讨这些风格如何吸引特定类型的用户。

3. 实训思路

（1）确定研究对象

各小组根据自身兴趣和研究方向，从不同直播平台中选择 5 名具有代表性的主播作为研究对象。

（2）收集相关资料

主播基本信息收集：对所选主播的基本信息进行收集和整理，包括主播的姓名、直播平台、直播领域、粉丝数量等。

直播视频资料收集：通过直播平台、视频网站等渠道收集所选主播的直播视频片段。视频片段应涵盖不同时间段和不同主题的直播内容，以全面了解主播的直播风格和能力表现。

用户反馈资料收集：收集用户在直播评论区、社交媒体等平台上对主播的评价和反馈信息，了解用户对主播的喜好和不满之处。

直播数据资料收集：从直播平台获取所选主播直播的相关数据，如观看人数、互动率等，为分析主播的影响力和商业价值提供数据支持。

（3）分析直播风格

风格分类：根据主播的语言表达方式、行为举止、内容主题等特征，将主播的直播风格分为不同的类型，如幽默风趣型、专业严谨型、亲切自然型等。

风格特点分析：分析每种直播风格的特点和优势，探讨主播是如何通过语言、表情、动作等手段来塑造和展现自己的直播风格的。

风格形成原因分析：研究主播直播风格形成的原因，包括个人性格、成长经历、教育背景、行业环境等因素对主播风格的影响。

（4）分析主播能力

语言表达能力分析：观察主播在直播过程中的语言表达是否清晰、流畅、准确，是否具有感染力和说服力；分析主播的语速、语调、用词等方面的特点，评估其语言表达能力的水平。

互动能力分析：考察主播与用户之间的互动情况，如是否积极回应用户的提问和留言，能否调动用户的积极性和参与度；分析主播的互动方式和技巧，评估其互动能力的强弱。

专业知识水平分析：根据主播的直播领域，评估其在专业知识方面的掌握程度和应用能力；考察主播能否准确、深入地讲解相关知识，能否提供有价值的信息和建议。

应变能力分析：关注主播在直播过程中遇到突发情况时的应对能力，如设备故障、用户刁难等；分析主播的应变策略和处理方式，评估其应变能力的高低。

（5）撰写分析报告与汇报

各小组根据实训过程中的研究成果，撰写详细的主播直播风格和能力分析报告。

项目二
主播心态管理

学习目标

知识目标
➤ 掌握主播必备的心理素质和增强心理素质的策略。
➤ 掌握主播进行压力自我诊断的方法和管理压力的策略。
➤ 掌握主播管理情绪的策略。

能力目标
➤ 能够采取有效措施增强自身心理素质。
➤ 能够采取有效的方法做好压力管理。
➤ 能够采取有效措施做好情绪管理。

素养目标
培养坚韧不拔、乐观向上的心理品质，以积极的心态应对职业生涯中的挑战。

引导案例

主播必修课：直播中的情绪管理

　　未未是一名美妆主播，她凭借甜美的形象和专业的美妆知识，吸引了众多用户的关注。然而，在一次直播中，未未却因情绪失控而遭遇挫折。

扫码看视频

　　这场直播计划推荐一款热门口红，未未在直播前进行了精心准备，从产品的成分、色号、质地等方面做了详细的功课，还准备了试色环节，希望能吸引更多用户购买。直播一开始，未未热情地向用户介绍这款口红，展示其包装和质地，直播间的人气也逐渐上升。

　　然而，随着直播推行，一些用户开始在弹幕上发表负面评论。有的用户质疑这款口红价格过高，认为性价比不高；有的用户则表示对这个品牌不太信任，担心质量存在问题。这些评论逐渐影响了未未的情绪，她开始感到烦躁和不满。

　　当又一名用户质疑时，未未的情绪终于爆发。她强硬地回怼道："你们这些人真是不懂得欣赏好的东西，这款口红是国际大牌，质量和效果绝对没问题，你们就是太挑剔了！"她还指责用户不懂得珍惜她的努力，甚至称一些用户为"杠精"，故意找茬。

　　未未的强硬回怼立刻在直播间引发轩然大波。一些用户觉得受到冒犯，纷纷在评论区反驳她，直播间陷入激烈的争论中。原本和谐的氛围被彻底破坏，许多用户失去购买欲望，甚至一些忠实粉丝也对未未的态度感到失望，选择离开直播间。

　　随着负面情绪的不断发酵，直播间人气急剧下降，原本热闹的场景变得冷冷清清。未未意识到自己的错误，试图缓和气氛，但已经无法挽回局面。她感到非常懊悔和沮丧，这场直播最终提前结束，草草收场。

　　案例讨论： 主播在直播过程中情绪失控、强硬回怼用户会对直播效果产生哪些具体影响？主播应如何控制自己的情绪？

　　随着新媒体技术的快速发展，越来越多的人看到直播带来的红利，纷纷加入直播行业大军。然而，在日新月异的直播行业中，面对流量的起起伏伏，主播很容易迷失自我，迷失初心。因此，练就强大的心理素质成为主播的必备能力。

任务一　主播的心理素质

　　心理素质是人的整体素质的组成部分，它以自然素质为基础，是在后天环境、教育、实践活动等因素的影响下逐步形成、发展起来的。心理素质是先天禀赋与后天培养的结合体，是情绪内核的外在表现。

一、主播必备的心理素质

　　主播是直播间的主导者，决定了直播间的直播内容和发展走向，并通过与粉丝互动来调节直播间的氛围，从而推动直播顺利进行。一个人要想成为一名合格的主播，就必须具备强大的心理素质。主播必备的心理素质主要体现在以下 7 个方面。

1. 自信

如果主播对自己没有信心，就很难获得粉丝的信任，也就很难完成一场完美的直播。主播如果缺乏自信，就会联想到一系列的问题，害怕直播效果不佳或不受用户喜爱，给自身造成惶恐。这些顾虑会成为主播直播的"绊脚石"。

主播在直播时不应有过多的顾虑，只能要求自己少出错，不能要求自己完全不出错。主播即使出现错误也不要惊慌，而应冷静地寻找解决方法。

2. 平和

平和是主播将直播坚持下去的必备心理素质。直播作为一个新兴行业，容易形成各种浮躁的氛围。随着直播流量、数据的起伏变化，主播也很容易心理失衡。因此，主播要有一颗平常心，不怕比较、不怕批评、不怕否定。要想练就一颗平常心，主播要克服以下 7 个心理误区，如表 2-1 所示。

表 2-1　主播要克服的 7 个心理误区

心理误区	说明
好高骛远	刚加入直播公会就想要高底薪、高提成，不考虑自己作为新手主播是否具有这样的价值。很多主播只看到其他主播光鲜亮丽的一面，好高骛远地向他们看齐，其实这些主播光鲜亮丽的背后也有长时间的坚持和努力
急于求成	主播尚未对直播有足够的认知就开始直播工作，想要在短时间内收到打赏、卖出货，因而遭遇挫折
安于现状	有的主播存在"破罐子破摔"的心态，害怕粉丝增多之后流言蜚语变多，或者不愿意被批评和否定，就不愿意做大，甘愿守着少量粉丝慢慢直播，甚至只拿直播的底薪。在激烈竞争的直播行业，不进则退，如果主播不上进，不努力提升自己，终会被粉丝抛弃
高低落差	小平台的大主播转到大平台重新开始，从小主播做起，难免会有心理落差。这时主播要学会安慰自己，既然能在小平台做大，说明自己的能力没问题，只要努力也能在大平台做好，一切只是时间问题
自我感觉良好	主播做出一定的成绩后，会产生自我感觉良好的心理，甚至会将这种心理带到直播中，在粉丝面前展现优越感，这是非常不可取的
急于表现	在竞争中，主播看到同一时期的其他主播做得比自己好，会产生焦虑、烦闷的情绪。为了增加流量，主播开始急于表现自己，失去自己的风格，甚至有的主播为了讨好粉丝突破底线，失去自身价值
不合理要求	当积累了一定的流量时，有的主播会渐渐迷失自己，喜欢与其他大主播做比较，然后向粉丝提出不合理的要求，让粉丝刷流量、刷礼物，或者指使粉丝去其他主播的直播间拉拢观众。这种行为不仅无法帮助主播提升流量，反而可能会导致粉丝流失

3. 含蓄

作为直播间的掌控者，主播可以主导与粉丝的互动，调动粉丝的情绪，但这种体验让部分主播忘了保持含蓄，在直播间直言直语、指手画脚，好像自己真的拥有了"主宰者"的地位。这样强势的主播即使一开始可以吸引一定数量的粉丝，最终粉丝也会逐渐离开。

主播应当有意识地改正自己的缺点，即使无法改正，也要注意隐藏，以免破坏自己在粉丝心中的形象。但是，有些主播有缺点而不自知，反而以为粉丝就是喜欢这样的自己。因此，主播要与粉丝多交流，坦诚询问粉丝自己存在哪些不足，并尽可能做出改进。

4. 尊重

直播的本质可以说是粉丝经济，主播需要粉丝的支持才能成功，但很多主播并没有对粉丝做到一视同仁，他们眼里只有高消费的粉丝，并不重视那些不消费的粉丝。其实，尊重他人是每名优秀主播应具备的基本素养。主播只有尊重每一位粉丝，才能赢得粉丝更多的支持。在与粉丝沟通时，主播要重视并尊重粉丝，尽量满足粉丝的合理需求，让粉丝受益。

5. 宽容

每名主播都期待粉丝拥有包容心，那么主播也要对粉丝抱有一颗宽容的心，即使粉丝说了一些令人不开心的话，主播也可以一笑置之。如果粉丝说的话很过分，主播可以通过将其拉黑、踢出直播间等方式解决问题，不必因为一些粉丝的口无遮拦而大动干戈，与其争论，否则会影响其他粉丝的观看体验。

6. 乐观

每一名新手主播在初期都会经历"无人观看"或"观看人数很少"的情况，这很正常。这时，新手主播要保持乐观心态，尽职尽责、认真地直播。哪怕是自娱自乐，自我消遣，哪怕整个直播间只有自己，没有粉丝，主播也要认真地完成直播。新手主播虽然缺乏专业的直播经验，但要有专业的直播精神，要时刻记得"哪怕直播间里只有自己，也必须保持最佳状态，认真地完成每场直播"。

在直播过程中，主播可以对自己进行积极的心理暗示，对自己说"加油，我能行""太好了，还有救"，克服直播过程中遇到的各种困难。

7. 耐心

一名优秀的主播不仅要具备极强的销售能力和良好的交流能力，还要对粉丝有足够的耐心。在直播过程中，虽然销售的是商品，但服务的是消费者，不管商品质量有多好，情绪服务都是很重要的。主播做好情绪服务的前提就是时刻调整好自己的情绪。

随着电商直播的愈加成熟，人们越来越看重服务，尤其是情绪服务。有时候主播与粉丝之间耐心细致的交流可以带来一种情绪渲染，时间久了，粉丝也会对直播的内容产生耐心。如此一来，主播不仅可以下意识地调整好自己的情绪，还能充分调动和认知粉丝的情绪。因此，主播在直播过程中要以人为本，耐心地与粉丝交流，让情绪服务的效益最大化。

二、主播增强心理素质的策略

不管身处何种行业，强大的心理素质都是人们必须具备的。尤其是当今时代，科技发展迅速，事物更新换代较快，直播作为新兴产业更是如此，主播如果不具备强大的心理素质，很容易被直播行业的大军淘汰。

主播增强心理素质主要有以下几种策略。

1. 培养职业意识

直播是一份需要专业技能和良好素养的职业，良好的职业习惯可以加深主播对直播的认知，促使其积极、正式地准备工作，而邋遢、随意地应付差事则会降低其对职业的认可度。因此，主播要培养自己的职业意识，在开播准备、时间管理、粉丝沟通等方面做到规范化，增加仪式感，以此来增加行为价值。

2. 找准方向

"方向不对，努力白费"，在错误方向上努力比不努力还要可怕。每个人都需要为自己的未来确定方向，直播亦是如此。每一名主播都要有自己的风格，或专注表现田园生活，或专注展示绘画艺术，或专注讨论娱乐趣事等。新手主播要找准方向，找到自身的一两个闪光点，让自身的定位更加鲜明、立体，慢慢实践，做到熟能生巧。找准方向后，主播要坚定信心，学习更好的直播手段，这样坚持下去，自然会有收获。

3. 积极学习

知识就是力量。不断学习新知识、接触新事物，不仅可以扩大主播的知识储备，还能让主播时刻保持敏锐性，随时保持良好的状态来面对每一场直播。人们接触的事物越多，视野越开阔，心理素质就会越好，因为人们接受新事物的能力变强了，对陌生事物不会再有畏惧的心理，从而能增强自信心。

4. 与人沟通

主播要建立和谐的人际关系，积极、主动地与人沟通，尤其是有负面情绪时，要及时与家人、朋友沟通交流，还要学会寻求家人的理解、包容和鼓励。任何时候，家人的包容和鼓励都是人们最强有力的精神寄托。主播要学会通过建立更多的生活寄托来增强心理素质。

5. 规律生活

心理素质是以生理素质为基础的。规律生活不仅对主播的身体有益，还对其心理健康有益。主播完成直播工作不仅需要健康的身体，还需要强大的心理素质作为支撑。尤其是新手主播，高强度的直播工作对其身体和心理都是巨大的挑战。因此，规律生活就显得尤为重要，如适当运动、早睡早起、劳逸结合等，这样可以避免用脑过度引起的神经衰弱和思维能力、记忆力减退，也能使主播保持平和的心态，从而减少焦虑。

6. 正视现实

主播要学会正视现实，正确看待自己的处境，为应对挫折做好心理准备，既不盲目乐观，也不消极看待。主播只有在直播中体现出自己的价值，认识到自己是可以为粉丝带来正面价值的，相信自己可以控制生活、改变生活，才有可能掌握自己的发展道路，掌握自己的命运。这样一来，即使在直播过程中出现挫折，如销售数据不理想，主播也能让自己保持一颗平常心，并稳定自己的情绪，冷静地寻找解决问题的对策。

7. 缓解心理压力

主播要掌握缓解心理压力的各种方法，主要包括以下几种。

- 改变情境法：主动脱离引起挫折的情境，通过运动、户外活动的方式放松身心，摆脱挫折感。
- 发泄法：通过倾诉、大声呼喊等发泄情绪的方法释放内心的压抑情绪。
- 升华法：把精力投入更高层次的追求中，以转移对挫折的注意力等。

8. 解放天性

直播是需要在镜头前表演的职业，需要置于大众目光之下，所以主播要有在大众面前表演的能力。主播要解放自己的天性，克服紧张情绪，这样才能自然地在镜头前进行表演，使自己放得开。主播可以通过以下方式进行训练：调整呼吸，缓解紧张，放松心态；提高说话的音量；锻炼口齿的灵活性和吐字的清晰度；锻炼说话的音调；练习和陌生人说话，当众模拟各种动物的叫声或动作，训练当众讲话的能力。

9. 掌握心理健康知识

主播学习并掌握一定的心理健康知识，不仅能够增强对自身的了解，还能使其成为调节自我情绪的理论武器。因此，主播要主动地通过书籍、杂志、广播、网络、视频等途径接受心理健康教育，了解心理问题的根源，掌握消除心理障碍的方法与技巧，进而达到心理平衡，提高自身的心理素质。

📖 **学思融合**

坚韧不拔、乐观向上的心理品质是职业生涯中不可或缺的宝贵财富。在职业生涯中，即便遭遇挫折与失败，我们也不要轻言放弃。我们要学会从失败中汲取教训，保持乐观的心态，相信每一次挫折都是成长的契机，与此同时，积极维护良好的人际关系，主动与同事、朋友分享经验、互相鼓励。我们要以乐观向上的心态，勇敢地迎接每一个挑战，不断实现自我成长与突破。

任务二　主播的压力管理

压力是心理压力源和心理压力反应共同构成的一种认知和行为体验过程，有"紧张""强调"等含义。"压力会影响人们的身心健康"这一观点已得到社会广泛认可。每名主播都应正确认知压力，明白存在压力是正常现象。随着直播行业的迅速发展，主播面临高强度的工作状态，难免会产生各种各样的压力，因此压力管理成为每一名主播的必修课。

一、主播的压力来源

心理压力是个体的一种综合性心理状态，表现为认知、情绪、行为3种基本心理成分的有机结合。这种心理状态在主播直播过程中持续存在且直观可见，对直播效果有着重要影响。压力分为外部压力和内部压力。

1. 外部压力

外部压力包括工作压力、家庭压力、社会压力和环境压力。

工作压力主要来自业绩考核、客户的高要求及职业发展的不顺畅等，而且每场直播的数据变动也会给主播带来心理负担。例如，某主播坦言，"弹幕助手"成了她每天最大的压力来源。直播时，她面前有两块显示屏，其中一块实时显示直播间的人数，当她看到人数一直下降时，内心的焦虑感会持续增强。

主播在生活中扮演着不同的家庭角色，所以家庭压力在所难免。例如，某主播处于人生中的重要阶段（如结婚、生子等），面临经济负担、处理家庭突发情况等压力。

社会压力主要源于职业是否得到大众认可、能否得到大家的尊重，以及是否会因落后而被时代淘汰等。尽管"互联网营销师""直播销售员"已被认定为新职业，但成长空间有限、容易被替代等弊端仍然存在，所以未来的不确定性会导致主播们产生很强的焦虑心理。

环境压力主要是指当下的生活环境是否过于恶劣、拥挤，从而导致安全感丧失。主播的工作特性决定了其作息不规律，大量时间待在室内，与社会有些脱节，这些问题积累到一定程度，会在某个时间点集中爆发，导致主播情绪低落。

2. 内部压力

内部压力有以下两种。

第一种是不能自我肯定。尤其是新手主播，在开始直播时，由于直播数据不理想，且经过几场直播后仍没有明显的改善，自我价值感就会降低，再加上有的人非常在意他人看法，对他人的评论很敏感，从而会产生厌恶自己的情绪，觉得自己做得不够好，这些都是不能自我肯定的表现。

值得注意的是，很多新手主播一开始对直播认知不足，认为直播销售很容易，只要能说会道就会收入很高，但现实与理想的巨大落差给他们带来了巨大的心理压力，他们会质疑自己的选择，一旦工作状况没有好转，就很可能放弃。

第二种是追求完美。为了追求完美，有些主播常牺牲休息时间，导致长期失眠，和家人相处时间减少，长期处于紧张状态。

根据压力带来的影响不同，压力可以分为积极压力和消极压力，不同的压力产生的结果也是截然不同的。

积极压力可以带来动力，使人们更好地工作，更积极主动地解决问题。积极压力常出现在重要期限前完成工作、为团队工作做出贡献、控制局面、开始新的工作、提出激动人心的建议、学习新的技能、解决新问题、处理危机等场景中。

消极压力则会造成精力的损耗，降低生产力，长此以往会影响身体健康，导致脾气变差，进而破坏人际关系。

压力在不同阶段是有变化的，压力管理的目的是让压力处于图2-1所示的曲线的最佳区域，即曲线的最高点。通过图2-1可以发现，工作压力不能过大，人不能过于追求完美，否则压力过大会带来反作用。

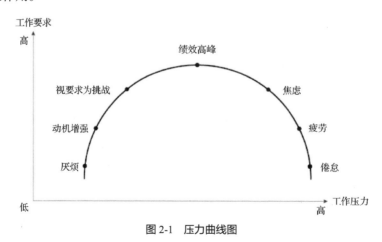

图 2-1　压力曲线图

二、主播压力的自我诊断

要想管理压力，主播首先要了解自己正在承受的压力情况，具体可以通过测试题来进行自我诊断。浏览下面17道题，结合自身状态打分。

（1）觉得手上工作太多，无法应付。

（2）觉得时间不够用，所以要分秒必争，例如过马路时迅速跑过去，走路和说话的节奏很快。

（3）觉得没有时间消遣，终日想着工作。

（4）遇到挫折就很容易发脾气。

（5）担心他人对自己工作表现的评价。

（6）觉得上司和家人都不欣赏自己。

（7）担心自己的经济状况。

（8）有头痛、胃痛、背痛等毛病，难以治愈。

（9）要借烟酒、药物、零食等抑制不安的情绪。

（10）需要借助安眠药入睡。

（11）与家人、朋友、同事相处时，会发脾气。

（12）与人交谈时，会打断对方的话题。

（13）上床后觉得思潮起伏，还有很多事情放心不下。

（14）有太多工作，不能将每件事都做到尽善尽美。

（15）在空闲时轻松一下也会觉得内疚。

（16）做事急躁、任性，事后感到内疚。

（17）觉得自己不应该享乐。

计分方式：从未发生计 0 分，偶尔发生计 1 分，经常发生计 2 分，最后计算总分。

结果解析：

- 10 分及以下：精神压力小，但可能生活缺乏刺激，比较单调沉闷，动力不足。
- 11～15 分：精神压力中等，虽然在某些时候感到压力较大，但仍可应付。
- 16 分及以上：精神压力偏大，需找出压力来源并寻求解决方法。

三、主播管理压力的策略

主播可以从以下几个方面来进行压力管理。

1. 提升个人应对压力的能力

首先，要进行建设性的评估，包括检查自己下意识的想法，判断认知是否合理等。主播要纠正逻辑错误，做出不同的假设，重新考虑关于自己和工作的基本假设，不要盲目焦虑。

其次，要合理地制定计划。主播要设定合理的目标，分出优先次序，细化目标，采取直接行动，这样行动起来压力就没有那么大了。

例如，明确本场直播的主要目的是"吸粉"、增加粉丝的停留时长，还是提高转化率。主播要在不同阶段提出适合相应阶段的合理要求，并将目标进行细化。如果本场直播的目的是"吸粉"，那就要考虑这场直播如何策划、开展哪些活动。随着直播场次的增加，主播越来越熟练，可能直播的主要目的就成了提高转化率。

最后，要进行及时的补救。发现问题后迅速进行补救，这样在开始行动时就能减弱脆弱感，将精力集中于工作，自然也能缓解焦虑情绪。

2. 调节来自外界和内在的要求

在调节外界要求时，主播要提前规划，早做准备。提早进行规划后，主播就可以适当减弱对事物的未知感，缓解因无法掌控而产生的焦虑情绪。虽然很多引起压力的事件难以预料，但对于那些可以事先预估到的情况，应当尽早制定应对策略。

在调节内在要求时，主播要制定合理的目标，不要期望太高；做好情绪管理，提高情商；做好时间管理，让生活井井有条；养成好习惯，发挥习惯的"减压阀"作用；培养意志力，不断发掘自身潜能。

3. 与自己交流

主播在直播中感到压力较大，可能是因为缺乏经验、仓促上阵、预期准备时间过长。此时，主播要尝试与自己交流，分析这些压力出现的原因是什么。

如果是因为缺乏经验，那么主播可以多加练习，或者观摩其他主播的直播，多学习他人身上的优点；如果是因为仓促上阵而导致直播效果不尽如人意，那么主播在下一次直播时就要注意提前准备；如果是因为预期准备时间过长，这时的主播可能是新手主播，前期花费的时间是成熟主播的 2～4 倍，这其实是一个正常现象，此时主播就要思考在做直播准备时是否可以构思一些流程，并将其制度化，以高效地做好直播前的准备工作。

4. 主动与他人交流

主播可以尝试主动与他人交流，不要把想法憋在心里，以免越想越复杂。主播可以与助理、运营人员等团队里的其他人分享、交流现阶段的问题和想法，听听他人的意见。团队里的其他人可能拥有更多的直播经验，他们提供的调整方法或许能给主播带来启发，而且他们的鼓励也能给予主播信心。此外，主播还可以与同行或同阶段的新手主播交流经验，相互鼓励，共同应对压力。

5. 多运动

人在运动时，大脑中会分泌具有调节心理和行为的肽类物质，其中内啡肽被科学家称为"快乐素"，能够使人产生愉悦感。主播可以在闲暇时培养一些运动爱好，丰富生活的同时调节心情。

任务三　主播的情绪管理

情绪管理是指用心理科学的方法有意识地调适、缓解、激发情绪，以保持适当的情绪体验与行为反应，避免或缓解不当情绪与行为反应的实践活动。

一、情绪的基础认知

情绪是对一系列主观认知经验的通称，是人对客观事物的态度体验及相应的行为反应。一般认为，情绪是一种以个体愿望和需要为中介的心理活动。情绪构成理论认为，在情绪产生时，有 5 个基本元素必须在短时间内协调、同步进行，它们分别为认知评估、身体反应、主观感受、情感表达及行动倾向。

1. 认知评估

当个体注意到外界的事件或人物时，认知系统会自动评估其感情色彩，并触发接下来的情绪反应。例如，新手主播在一开始直播时，直播间人数很少，有的新手主播会认为这是一件没有价值感的事，然后会觉得很伤心，这就是认知评估的体现。

2. 身体反应

身体反应是指情绪的生理构成，身体的自动反应使主体适应突发状况。身体出汗、心跳加速、呼吸局促等就是新手主播对上述认知产生的身体反应。

3. 主观感受

主观感受是指人们体验到的主观情感。主播的主观意识察觉到自己身体、心理上的变化，并把这一反应系统称为失落或难过，这就是主观感受。

4. 情感表达

情感表达是指通过面部表情、姿态动作、声音变化等表现出的情绪，这是为了向周围人传达情绪主体对事件的看法和行动意向。例如，上述情形下的主播会抱怨，会很难过，露出一筹莫展的表情，这就是情感表达。主播在直播过程中要注意肢体表达和语调上的差别，因为这些外部表现所体现的情绪会直接传递给粉丝。情绪会"说话"，它能直接影响主播在直播中的发挥，也能感染屏幕之外的粉丝。

5. 行动倾向

情绪会引发相应的动机。例如，悲伤时，人们希望找人倾诉；愤怒时，人们会做出一些平时不会做的行为。

情绪没有好坏之分，但由情绪引发的行为及其后果有好坏之分。因此，情绪可分为积极情绪和消极情绪。积极情绪有助于我们建立和谐的人际关系，促进工作开展，维护身心健康；消极情绪则可能引发冲动行为，造成难以挽回的后果，甚至产生连锁反应。

二、影响情绪的因素

情绪是人的各种感觉、思想和行为的综合心理和生理状态，是对外界刺激所产生的心理反应，以及附带的生理反应，如喜、怒、哀、乐等。情绪是个人的主观体验和感受，一般与心情、气质、性格和性情有关。

情绪的变化受到多种因素的制约，常见的影响因素有认知因素、气质类型和环境刺激等。

1. 认知因素

认知因素在情绪体验中是一个非常重要的因素。面对相同的情境，如果做出的认知评价不同，人们就会产生不同的情绪体验。

美国心理学家埃利斯创建的情绪 ABC 理论认为，激发事件 A（Activating event）只是引发情绪和行为后果 C（Consequence）的间接原因，其直接原因是由个体对激发事件 A 的认知和评价而产生的信念 B（Belief），这一信念是个体对激发事件不正确认知和评价所产生的不合理信念。

埃利斯认为，正是人们常有的一些不合理信念导致情绪困扰，长此以往便会产生情绪障碍。例如，两个同时开播的新手主播，直播结果都是数据很差，这的确是件不顺心的事。但其中一人将这件事当作对自己的考验，做出良好的认知评价，从而产生积极的情绪体验，并努力做好之后的直播准备工作，克服困难；另一人则认为自己很倒霉，可能不适合做直播，做出消极的认知评价，进而产生消极的情绪体验，而这更不利于改善直播效果，最后其甚至会自暴自弃。

客观事件不以人的意志为转移，但我们可以控制主观信念。尽管我们无法避免所有的不合理信念，但可以充分认识其存在，尽量减少它对我们的负面影响。

不合理信念具有以下3个特征。

（1）绝对化要求

绝对化要求是指人们常常以自己的意愿为出发点，认为某事物必定发生或不发生的想法，常常表现为将"希望""想要"等绝对化为"必须""应该""一定要"等。

例如，"今晚直播我必须使销售额达到5万元""今晚直播间人数一定要比昨天多"等。这种绝对化要求之所以不合理，是因为每一客观事物都有其自身的发展规律，不可能以个人的意志为转移，而且一个人不可能在每件事上都获得成功，其周围的人或事物的表现及发展也不会依他的意愿来改变。因此，当某些事物的发展与其绝对化要求相悖时，个人就会感到难以接受和适应，从而极易陷入情绪困扰之中。

（2）过分概括化

过分概括化是一种以偏概全的不合理思维方式，具体体现在人们对自己或他人的不合理评价上，以某一件或某几件事来评价自己或他人的整体价值。例如，有些主播在遭受失败后，会认为自己一无是处、毫无价值，这种片面的自我否定往往会导致自暴自弃、自责等不良情绪。我们要认识到"金无足赤，人无完人"，每个人都有犯错误的可能性。

（3）糟糕至极

持有糟糕至极观念的人，一旦一件不好的事情发生，就会认为自己将会迎来最糟糕的结局和后果。这种想法是非理性的，因为对任何一件事情来说，都可能有更坏的情况发生，所以没有一件事情可被定义为糟糕至极。

如果一个人坚持这种"糟糕至极"的信念，那么当他遇到更糟糕的事情时，就会陷入不良的情绪体验之中，并且一蹶不振。其实，当一切已成事实时，人们要努力接受现实，尽可能地改变这种状况，实在无法改变时，则要学会在这种状况下生活下去。

2. 气质类型

气质是人典型的、稳定的心理特点，主要表现在情绪体验的强弱、快慢，表现的隐显及动作的敏感或迟钝等方面，它是高级神经活动类型的外部表现。人的气质类型有4种，不同气质的人，其情绪表现特点各不相同。

（1）胆汁质

胆汁质的气质特点为直率热情、精力旺盛、表里如一、性格刚强，但暴躁易怒、脾气急、易感情用事，容易冲动。这种气质类型的人情绪兴奋性高、感情强烈、易于激昂、脾气急躁、情绪体验的波动性较大。

（2）多血质

多血质的气质特点为活泼好动、反应迅速、热爱交际、能说会道、适应性强，但稳定性差、缺少耐性，具有明显的外向倾向，粗枝大叶。这种气质类型的人情感丰富、反应灵活、灵敏，待人接物乐观热情，情绪易变，但在面临各种应激情境时具有很强的自我调节能力。

（3）黏液质

黏液质的气质特点为感受性低而耐受性高、内倾性明显、外部表现少、不随意反应、情绪兴奋性较低、反应速度慢而稳定，在日常生活中表现为心平气和、不易激动、情绪不外露、行动迟缓、冷静而踏实、自制力强而易于固执。

（4）抑郁质

抑郁质的气质特点为具有较高的感受性和较低的敏捷性，容易形成思想敏锐、细心、想象力丰富、情绪深刻等品质，但也容易形成多疑、孤僻、忧闷、怯懦等特点。这种气质类型的人心理反应速度慢、情绪压抑、多愁善感、感情脆弱、内心深层情感体验强烈。

气质对情绪的影响并非完全不可改变，每个人都可以塑造自己的个性、磨炼意志、充分发挥气质的积极方面、克服自身弱点，从而不断完善自己。

3. 环境刺激

环境刺激对人的情绪影响同样不容忽视。生物钟、大自然的变化、颜色刺激、生理周期、饮食、音乐、衣着等都会对情绪产生影响。

在企业雇员的十大激励因素排名中，良好的工作环境排在第五位。多项研究表明，良好的工作环境应该包含开阔通风的空间设计、色彩丰富的艺术品、丰富的植物和宽大的窗户等要素。尤其是绿色植物和花朵，观看它们有助于从压力状态中恢复。

三、主播管理情绪的策略

如今直播行业发展十分迅速，市场要求日益提高，竞争压力越来越大。主播们不得不努力提升自己，时刻保持一种高强度的工作状态，时间一长难免会产生各种各样的情绪问题。如果不及时处理，随着情绪问题的积累和转化，它们可能会在意想不到的情况下爆发出来。因此，情绪管理不是一味地压抑情绪，而是疏导和化解情绪。情绪管理能够直接影响一场直播的效果，间接影响转化率、流量和粉丝数量。主播在管理情绪时可以运用以下策略。

1. 察觉情绪

主播要察觉自己的情绪，知道自己当下的情绪状态，不管是难过、悲伤、愤怒，还是委屈，这些情绪都是正常的，产生这些情绪并非自己的过错，不需要压抑，而是要正视它、接受它，并正确地表达感受。

有许多人认为人不应该有情绪，所以他们不肯承认自己有负面情绪，但人不可能没有情绪，一味地压抑情绪反而会带来不好的结果。学会察觉自己的情绪，是情绪管理的第一步。

2. 分析情绪

分析情绪产生的原因，问自己"我为什么会有这样的情绪"。例如，直播间人气低，主播觉得委屈、失落，认为自己做的事没有价值。此时，主播可以和团队其他成员一起查看后台数据并进行分析：有观众进入直播间，但留存率很低，这可能是因为内容质量不行、互动太少、画面不好看、背景音嘈杂、与观众打招呼不够热情、直播动作僵硬、语速太快、节奏拖沓，给观众留下不专业的印象。

主播可以假设自己是一名观众，思考进入直播间后会不会想要马上划走，能停留多长时间，以及划走的原因是什么。主播可以按照这种倒推方式分析问题，从而找出原因。

又如，主播直播了一段时间后，觉得每天都很累，对直播提不起兴趣。我们来分析这种情况产生的原因：可能是因为太累了；也可能是因为数据没有明显变化，主播开始焦虑，从而缺乏价值感。

很多主播喜欢隐藏自己内心的真实想法，有时甚至习惯欺骗自己，而反问可以让自己的内心无从隐藏，促使自己正面、积极地解决情绪问题。只有清楚地知道自己情绪的起源和深层原因，主播才能更快速地消除负面情绪。

3. 调整情绪

针对情绪产生的原因，如果只是太累，那么可以给自己放一天假，或者好好睡一觉，通过放松的方式缓解情绪；如果是觉得缺乏价值感，则可以这样暗示自己：直播后台数据没有变化是正常的，这个阶段我必须熬过去，我的直播内容没有问题，我的表达没有问题，只是时间问题；或者可以给自己创造价值感，激励自己，如奖励自己礼物等。

主播还可以通过复盘、与团队成员交流的方式找出问题所在，继而找到对应的解决办法，这样就会产生一种"拨开云雾见天日"的感觉，从而能在一定程度上有效地缓解自己的情绪。

深呼吸也是调整情绪的有效方法。当负面情绪产生时，用手感受紊乱的气息，深吸一口气冲散紊乱的气息，使其井然有序，然后深呼一口气，循环几次，情绪就能平静下来。

主播可以静下心来，重新审视自己，调整自己的心态，将对抗的逆反心理转变成虚心接受的态度，倾听多方的意见，这样才更容易明辨是非，做出理性的判断。主播可以向质疑自己的人提问，确认关键信息的准确性及自己是否完全理解，弄明白他们到底想表达什么，为什么要说这些，以"是否对直播目标有益"为判断准则，不要暗自揣摩他们是否在针对自己。每个人的评价都有各自不同的出发点，主播可尝试从新的立场看待问题，这样也许会有不一样的感悟。如果确认对方的批评是正确、有益的，就不要犹豫，应该马上采取行动。

项目实训：探讨心态对直播的影响与心态管理策略

1. 实训背景

在直播行业中，主播的心态直接影响其表现和直播效果。良好的心态有助于提高互动质量和内容输出质量，而消极心态可能导致直播效果不佳，甚至影响职业发展。因此，探讨心态对主播的影响及如何管理心态，对提升主播表现和职业素养具有重要意义。

2. 实训要求

通过案例分析或访谈，探讨心态对主播直播表现的具体影响，总结主播管理心态的有效策略。

3. 实训思路

（1）主播调研与分析

收集并分析不同主播的直播视频、社交媒体动态、访谈记录等，识别心态变化的迹象。

设计问卷或访谈大纲，针对主播进行调研，了解他们在直播过程中心态的变化及其对表现的影响，遇到的心态问题及应对方法。

选取具有代表性的主播案例，对其直播过程进行详细观察和分析，结合访谈和问卷数据，深入探讨心态对主播表现的具体影响。

（2）心态管理策略的制定

根据分析结果，从个人层面（如时间管理、情绪调节技巧）、团队层面（建立支持系统、定期心理辅导）及平台层面（完善反馈机制、提供培训资源）提出策略建议。

创新性地考虑技术辅助手段，如AI情绪监测、智能提醒系统等在心态管理中的应用。

（3）报告总结与反思

撰写实训报告，详细记录实训过程、遇到的问题、解决方案及最终成果。

项目三
主播形象管理

学习目标

知识目标

➢ 掌握塑造主播人设的方法。

➢ 掌握做好主播形象管理的策略。

➢ 掌握培养和提高主播镜头感的方法。

➢ 掌握直播间场景搭建、设计直播画面构图和设置直播间灯光的策略。

能力目标

➢ 能够根据具体情景塑造主播人设。

➢ 能够根据主播人设和直播主题设计主播的妆容、发型和着装。

➢ 能够采用合适的方法培养和提高自身镜头感。

➢ 能够根据直播主题搭建直播间场景和灯光。

素养目标

培养严谨、认真的工作态度，精心设计直播间场景，为用户创造优质的直播体验。

引导案例

珂拉琪，以潮色美学彰显品牌魅力

珂拉琪是一个充满活力和创新的中国彩妆品牌，其坚持"潮色美学家"的品牌定位，主张用创新多元潮色打造全新唇妆与潮流妆容。品牌以追求个性、充满冒险精神、敢爱敢言的潮酷年轻用户为主要受众人群，其产品设计、包装及营销策略均契合年轻用户的审美偏好。在抖音平台上，账号"珂拉琪 colorkey 官方旗舰店"通过有效直播带动了商品销量，提升了品牌影响力。

扫码看视频

（1）直播间装修潮流、时尚

珂拉琪直播间的装修采用潮流、时尚的装修风格，高度契合品牌定位。直播间背景通常带有显著的品牌 Logo，以及相关的活动宣传挂件，这些元素既强化了品牌形象，又吸引了用户的注意力，如图 3-1 所示。

图 3-1　直播间装修

直播间通常采用珂拉琪品牌标志性的色彩搭配，如鲜艳的红、蓝、紫等。这些色彩能够营造出时尚、活力的氛围，符合年轻用户的审美偏好。

此外，直播间内的布局比较合理，活动主题展示区、主播区域、商品展示区等区域划分清晰，便于用户观看与互动。同时，直播间内的灯光、背景等也经过精心设计，营造出一种时尚、潮流的氛围。

（2）主播形象时尚，镜头感强

主播妆容清新自然，发型整洁利落，着装风格潮酷，这些都与珂拉琪的品牌形象及目标用户群体高度契合。主播对商品有着深刻的了解，能够详细介绍各款商品的特点、成分、功效等。

直播过程中，主播表情自然，会积极地通过镜头与用户进行眼神交流，向用户传递出友好、亲切的信息。同时，主播还会自然地运用肢体语言辅助展示商品。面对用户提问，主播会积极地做出回应，主动为用户展示试色效果。这些做法有助于拉近与用户的距离，提升用户的观看体验。

案例讨论：直播间的装修与主播的形象是如何影响直播间用户的购买决策的？

主播要经常出镜，成功的主播除了拥有出色的直播技能外，还要有出色的人格魅力。人格魅力来源于主播对自己的定义，简单来说，就是观众对主播的外貌、穿衣打扮、性格等方面的固有印象。主播要想让自己的直播更讨喜，就需要进行人设塑造，持续强化自身的定位。而人设的成功塑造少不了形象管理、镜头感的培养和直播画面的构建。

任务一　主播人设的塑造

人设是指人物设定。主播人设的塑造要结合用户的喜好，根据市场需求与个人发展方向打造特定形象。塑造的主播人设可以让用户在脑海中迅速形成一个既定的印象或标签，进而关注主播，成为主播的粉丝。

一、直播账号的打造

主播人设的塑造是系统化的工作，直播账号的打造是其中一个十分重要的环节。直播账号的打造需要从以下 4 个方面进行。

1. 账号昵称

账号昵称要求通俗易懂、突出人设、避免重复、彰显个性，不仅要体现个人特点，还要足够好记，让用户能脱口而出。账号昵称的字数最好不超过 5 个字，因为太长的名字不容易被用户记牢。同时，账号昵称要避免出现多音字，以免让用户产生困扰。例如，抖音账号昵称"家味美食"，简单易记，不复杂，与账号定位相符，主要输出制作美食和厨具推介类内容。

主播也可以按照"名称＋类目关键词＋核心突出点"这一公式来设置账号昵称，如抖音账号昵称"阿蔡美食雕刻"，就是由"阿蔡"（名称）、"美食"（类目关键词）、"雕刻"（核心突出点）组成的。其中"雕刻"强调了阿蔡的美食细分领域，其美食制作过程观感较好，艺术性较强，可吸引对刀工感兴趣的用户前来观看。

另外，一旦确定好账号昵称，一般情况下不要更换，且要保持多平台账号昵称统一，从而强化用户的记忆。

2. 账号头像

账号头像要求图像清晰、主体突出、与账号定位一致。主播可以根据实际情况使用本人照片、内容角色照片或由账号昵称设计而成的照片。

3. 账号简介

账号简介可以体现账号的定位，简单的一句话就可以说明该账号侧重哪个方向。例如，"×××专注于互联网营销、社群裂变、粉丝维护、带货技巧……每周二、周四、周六晚8点准时开播，带给你不一样的互联网运营思维！"此账号简介描述详细、精准，既说明了账号侧重的方向，又公示了直播的时间和频率，可以大大提升用户对该账号的认知。

4. 主播素材

在一些直播平台上，用户在点击主播的账号后可以看到更加完整的界面，包括直播列表、主播文章等，这些都是主播素材的组成内容。主播可以将人气较高的直播片段、粉丝喜欢的主播照片放在显眼位置，让用户容易看到精华内容，一旦他们觉得内容足够新鲜、有趣、有价值，就会点击关注，成为主播的粉丝。

二、打造主播人设的策略

合适的人设定位可以帮助主播从激烈的直播竞争中脱颖而出，因为基于人设定位形成的个人品牌代表着个人的信誉和口碑，可以提高个人的知名度和认可度，更好地获得用户的信任。目前，主播的人设类型主要分为4种，如表3-1所示。

表3-1　主播的人设类型

人设类型	说明	特点
专家人设	专家人设可以利用权威效应来提高新用户对自己的信任度。主播要持续地进行专业内容的输出，强化用户的认知	专家人设门槛较高，一般需要机构或职称认证，并有专业技术支持，所以很难批量复制。此外，专家人设可以在短时间内获得用户信赖，更容易促成转化
达人人设	达人人设需要在一个垂直领域做精做深，切忌在多个领域跳转	达人人设对专业背书的要求不高，但需要前期运营，建立人设的难度较大，需要丰富的内容为人设做铺垫
低价人设	低价人设主要强调推介的商品性价比高，物美价廉，用让利来吸引用户	低价人设分为两种：一是背靠货源地，用原产地现货、没有中间商等优势来强调产品的物美价廉；二是背后有强大的供应链支持，可以打通链路中的各个环节，能最大限度地让利给用户
励志人设	励志人设通过直播聊天向用户介绍个人成长经历，输出价值观，并得到用户的认同。这种人设与用户之间的情感连接会吸引有相同或相似经历的用户，用户在这个"大家庭"中抱团取暖，又进一步加深了这层情感连接	励志人设很容易与用户建立深层的情感认同，这种人设的重点在于对人有情有义，对粉丝怀有一片赤诚之心，对弱势群体充满爱心，对不良现象重拳出击。这种人设与用户的情感连接一旦形成就很难被打破，粉丝黏性非常强，粉丝会形成惯性，在从众效应的影响下购买产品，直播转化率较高

了解了主播的人设类型后，主播可以根据自身条件确定自己的人设类型。以上人设类型涵盖的范围比较广泛，在明确人设时，主播还要从以下几个方面入手找到更精确的人设定位。

1. 明确细分领域

主播要进入合适的细分领域，找到适合自己的发展方向，首先要分析自己的才华，找到能够尽情施展才华的领域，这样才能更快地成功；或者看自己在哪一领域积累了足够多的专业知识和经验，达到了较高的水平。主播在打造人设时一般都要投入大量的时间和精力，而投入的时间和精力越多，获得的影响力也就越大。

主播还可以对行业内竞争对手及其直播间粉丝的需求进行分析，找到适合自己的细分领域进行深耕，努力做到最好，最大化地展现自身优势，从而逐渐扩大自己的影响力。

2. 明确人设定位

主播的人设定位可以从 5 个维度来进行，如表 3-2 所示。

表 3-2 主播的人设定位

人设定位维度	说明	以美妆主播为例
我是谁	确定身份，如发起人、创始人、传播者、联合创始人等；确定形象，使形象统一，提高识别性；直播间的名字要与主题呼应，信息明确	我是一名美妆店店员，销售经验丰富，待人热情诚恳，个人形象落落大方，平时喜欢使用口红，它可以让自己更有精神和活力
面对谁	观众群体的地域、年龄、性格、偏好、收入状况、消费能力	面对追求改善气色、喜欢时尚的年轻女性观众
提供什么	突出自己的核心竞争力，如质优价廉	提供美妆店内的招牌美妆产品，价格不高，是店内的畅销款
什么地方	电商类，如淘宝、京东、拼多多等；短视频类，如抖音、快手等；线下类，如供应链基地、实体店等	在美妆店内直播，推荐的产品在各大电商平台上架销售，同时线下的美妆店也同步销售
解决什么问题	解决用户的痛点需求，提供品质好货	满足年轻女性群体对美的追求

3. 拟定合适的名字

一个合适的名字有助于主播获得用户的关注，被用户记住。主播拟定的名字应朗朗上口，简单易记，不存在歧义，最好用中文，字数不要太多，以 5 个字以内为宜，同时名字要与自己的细分领域相关，能够引发用户联想，从而吸引一批具有黏性的粉丝群体。

4. 塑造良好的形象

主播要内外兼修，塑造良好的外在形象和内在形象。例如，主播可以请设计师根据自己的气质为自己设计合适的外在形象。主播在拥有了良好的外在形象后，要在直播中展现优雅的言谈举止，保持微笑，克制不良情绪。主播要想长远发展，就要拥有正确的价值观，为网络带来正能量。主播如果不注重维护自己的正面形象，不仅会受到用户的抵制，还有可能被直播平台封禁。

5. 给自己贴标签

人设是标签的组合，贴标签可以完善主播的人设。主播要为自己贴上与众不同的且对自己有利的标签，从而吸引更多粉丝，深化粉丝对主播人设的认知。主播要把握标签差异化的原则，如果某些人使用了某个标签，主播就要在打造同类标签时花费更多精力，需要分析自身与其他主播的差异性，以差异性为出发点确定自己的标签。

标签的维度主要有外表、性格、兴趣、职业、语言和品类等，如表 3-3 所示。

表 3-3 标签的维度

标签维度	说明	举例
外表	形象特征、穿着风格	某主播总是穿一件橘黄色的上衣，穿衣风格是固定的，可以给粉丝一个联想记忆点
性格	语言风格、情绪状态	很多主播在拍摄短视频时，一开始普遍是情绪激烈的，为的是尽快抓住粉丝的眼球

（续表）

标签维度	说明	举例
兴趣	兴趣特长、特殊偏好	体育、音乐、影视
职业	个人专业、工作行业	化妆师、房屋装修设计师、服装设计师等
语言	口头禅、语调语速	具有个人特色的直播话术，视频开头或结尾的金句等可以在粉丝心里增加一个语言记忆点
品类	产品偏好、产品价格	专注美妆领域、性价比高

6. 正确选品

选对商品对于塑造主播人设来说也尤为重要，合适的商品对主播人设的塑造具有强化作用。主播要选择符合自身定位、契合自身人设的商品，并且愿意将其分享给用户，这样做能够为人设的打造锦上添花。

7. 多渠道渲染人设

主播要在多个渠道全面渲染自己的人设，积累一定数量的基础粉丝，这样可以更好地完成直播的启动工作。常见的渠道包括微信公众号、微博、抖音、快手、视频号等，主播可以在这些平台上发布视频和文案，吸引这些平台的用户关注，然后导流到直播间。

任务二　主播的形象管理

很多新手主播在形象认知上存在一个误区，那就是过分在意自己的容貌。其实，主播不一定要有多漂亮、多帅气，而是要大方地展现出自信的一面，让别人看到自己的闪光点，通过自身的优势来吸引粉丝。

主播形象是其气质、容貌、谈吐、特点的总和，包括穿搭、配饰、妆容和背景等方面。主播要认真对待各个细节，使直播间整体风格保持统一，给人舒适的感觉。

一、主播形象管理的原则

主播形象管理要遵循以下 3 个原则。

1. 以直播定位为基础

主播是直播间的核心，所以主播的形象就是账号的代表，也是所销售产品、所宣传品牌的代表。因此，在打造主播形象时要考虑直播定位，主要需要考虑以下几个方面。

- 这场直播的核心目标用户群是谁？
- 这场直播要向用户传递什么样的理念？
- 直播销售产品的属性是什么？

例如，本场直播的目标用户是年龄在 35 岁以上的、独立且有一定经济基础的女性，那么主播的形象、谈吐、举止也应该体现知性和独立的一面。

2. 与直播间统一风格

从用户的观看感受来看，主播和直播间是一个整体，所以主播的形象要与直播间风格和色调相统一。不管是销售哪个品类的产品，主播都要注意这一点。两者风格的统一体现在以下几个方面。

- 主播形象要与品牌或产品的风格统一。例如，如果品牌或产品的主要色调是红色，主播就可以选择红色系的服装和配饰。
- 主播形象要适应节气和热点。如果是在春节直播，主播就可以把直播间的主题色设置为红色，这样不仅能让用户感受到春节的喜庆氛围，还能让用户一眼感知到这场直播是在做春节专场活动。

3. 遵守直播间的规则和规范

主播开展直播活动应遵守相关法律法规、部门规章、规范性文件、行业公约的规定，坚持正确导向，弘扬社会主义核心价值观，遵循公序良俗，传递社会正能量，保证直播内容积极健康、向上向善，营造绿色、健康、文明、有序的直播及互动环境。

直播平台会根据相关规范对违规主播进行处罚。对于发生一级违规的主播，直播平台会永久封禁主播账号或永久封禁开播权限。一级违规在着装上的体现是穿着国家机关人员的制服、军警人员制服或其他政治敏感服饰进行直播。

直播内容中含有以下信息或直播过程中存在以下情形的，会构成二级违规。

- 带有性暗示、性挑逗、低俗趣味的内容。
- 含有荒诞、惊悚、影响社会和谐的内容。

对于发生二级违规的主播，直播平台有权根据主播的违规情节严重程度给予警告、断播或封禁开播权限一天到永久的处罚。

直播内容中含有以下信息或直播过程中存在以下情形的，会构成三级违规。

- 着装暴露、低俗，妆容夸张、恐怖、恶俗、不雅。
- 在直播过程中做出危害生命健康的行为。
- 通过展示联系方式、链接等形式引导用户私下交易或导流至其他平台进行交易。
- 穿着、佩戴不适宜直播的衣物、配饰或敏感服饰。

对于发生三级违规的主播，直播平台有权根据主播的违规情节严重程度给予警告、断播或封禁开播权限一天到一周不等的处罚。

二、主播妆容的打造

直播是面向用户的，在当今高清的直播画面中，人的脸部缺陷会清晰展现，而适当化妆可以修正脸部缺陷，美化自己，使自己显得很有精神，这是对自己和用户的尊重。

主播妆容的打造原则有3点：一是可以适度开启美颜功能；二是选择清新简约风格的妆容；三是避免选择过于夸张的妆容，应选择突出自身特点且适合直播风格的妆容。

化妆主要包括以下9个步骤。

1. 妆前准备

妆前准备包括束发、洁肤和护肤。束发是指用发带、毛巾等将头发束起或包起，最好再披上一条围巾，以防止在化妆时弄脏头发或衣服，同时避免头发妨碍化妆。这样能使脸部轮廓更加清晰和明净，便于有针对性地化妆。

洁肤是指清洁肌肤，用清洁霜、洗面奶等清洁面部的污垢和油脂，有条件的还可以用洁肤水清除面部皮屑，再涂上滋润的化妆水。

护肤是指妆前的基础护肤，一般是在洗完脸后，用化妆棉蘸上爽肤水或柔肤水涂抹在脸上，然后涂抹精华液，接着涂抹乳液或乳霜。由于面部肌肤每日都要经受风吹日晒，因此建议主播每天早晚各进行一次护肤。

2. 上隔离霜

隔离霜不仅可以在化妆品和皮肤之间形成一层保护层，防止粉底堵塞毛孔、伤害皮肤，还可以保护皮肤免受空气污染物的侵害，同时起到防晒、防辐射和调整皮肤颜色的作用。

3. 上粉

上粉又称打底，即给皮肤上基础底色，目的是调整皮肤的颜色。很多人认为粉底厚一点儿可以掩盖皮肤的很多问题，如皱纹、斑等，但粉底太厚会让整个人看上去没有血色，面部缺少光泽度，显得不真实、不健康。

主播最好根据自己的肤色选择遮盖度中高的粉底，让肤色自然、无瑕疵。一般来说，深色粉底涂抹于额头侧方（太阳穴上）、鼻翼两侧、咬肌处；浅色粉底涂抹于眉骨、眼侧下、鼻梁处。

4. 画眉毛

画眉毛（见图 3-2）又称描眉，是根据原来的眉形用眉笔加深颜色，或者根据脸型对眉毛进行适当修饰。眉笔的颜色要根据自身的发色进行选择，一般选择灰色、棕色。主播可以根据自己的脸型确定想要的眉形，先用眉笔画出基本的轮廓，然后用眉粉或眉膏进行填充。眉形的长度应尽量使眉毛的尾端与嘴角的连线正好经过眼角。

5. 画眼影

眼影（见图 3-3）可以使眼皮显色明显，突出眼球，让眼睛看起来更加明亮和传神，打造出立体效果。

画眼影常用三色眼影，步骤如下：眼影由浅到深分为 3 层，第一层是在眼窝上涂抹阴影色眼影打底，不要过厚、过宽；第二层是在 1/2 上眼皮部分使用第二色系过渡色，晕染刚刚涂好的眼影；第三层是在最靠近睫毛部分使用深色眼影。以上 3 层要过渡自然，界限模糊。

图 3-2　画眉毛　　　　　　　　　图 3-3　画眼影

眼影的色系大致分为暖色系和冷色系。暖色系的眼影比较适合凹陷眼，即眼皮的皮下脂肪较少的眼睛，因为暖色系是让人感觉膨胀的色系，容易显肿，所以"肿眼泡"的主播不要选择暖色系眼影，但可以选择比较偏冷色系的暖色系眼影，如冷粉色、冷橘色等，还可以加强眼影颜色的渲染，也就是加重眼影的颜色。冷色系的眼影比较适合"肿眼泡"的主播，因为冷色系在视觉上有收缩的效果。

6. 画眼线

眼线是眼妆的"点睛之笔"，可以让眼睛自然放大，使眼睛变得迷人、有魅力。主播可以用黑色眼线液笔紧贴睫毛细细地勾画出眼线轮廓，到了眼尾部分，眼线向上提起并稍微超出眼角部分，让眼角瞬间上翘，充满俏皮感，如图3-4所示。

图3-4　画眼线

画眼线时，上下眼线不能一样浓，不管眼睛大小和形状如何，一概描一圈，这样会使小眼睛显得更小，大眼睛显得生硬，给人不易靠近的感觉。小眼睛的下眼睑的眼线要尽量画得淡一些，或者不画。画眼线的重点要放在上眼睑，越往眼尾方向，眼线越要画得明显，眼角处的眼线向下延伸一点儿效果会更好。

7. 修饰睫毛

修饰睫毛首先要选择适合自己的睫毛膏，因为不同的睫毛膏刷头通常会呈现不同的效果，例如两头粗、中间也粗的刷头有使睫毛变得浓密的效果，适合睫毛本身较长但比较稀疏的主播使用。

首先要做的是夹睫毛（见图3-5），改善睫毛下塌，使睫毛最大限度地上卷，而上卷的睫毛可以在视觉上减轻眼部浮肿。使用睫毛夹在睫毛根部、45°角、90°角的3个位置各夹一次，用力时夹头不能移动，夹完之后不要立刻松开，而要停留几秒，使睫毛的卷翘感维持得更持久。

接下来是上睫毛打底膏。现在市面上出售的睫毛打底膏大多含有纤维，可以瞬时增长睫毛。睫毛打底膏可以延长睫毛膏的带妆时间，避免出现"熊猫眼"的情况，而且其中含有的睫毛养护成分可以最大限度地避免脆弱的睫毛受伤害。等到睫毛打底膏干透之后，主播可以再用睫毛夹轻轻夹一下睫毛，为卷翘的睫毛加上"双保险"。

下一步是刷睫毛（见图3-6），取适量睫毛膏，由睫毛根部开始向上重复刷，睫毛根部要多刷几次，以使基底更稳固，创造出如眼线般自然的内眼线，让双眼轮廓更突出。

图3-5　夹睫毛

图3-6　刷睫毛

等睫毛膏干透之后，再次拿出睫毛夹轻轻夹一下睫毛。至此，睫毛修饰工作就完成了。

8. 上腮红

腮红又称胭脂，是指涂敷于面颊颧骨部位，以呈现健康红润气色及突出面部立体感的化妆品。腮红一般分为粉状、膏状、水状。人们一般使用粉状腮红，因其更易掌握。最简单的画法是在笑肌处扫上腮红，由外向内以打圈的方式涂抹。粉色系的腮红适合皮肤白皙的人，橘色系的腮红适合皮肤偏黄的人，棕色系的腮红适合皮肤暗沉的人。

9. 涂唇彩

唇彩是唇部用化妆品，直接涂抹于唇上或涂抹于口红上，可以赋予嘴唇光泽。唇彩通常是液体状或柔软的固体状，具有磨砂、闪光光泽或金属质感。

在涂唇彩之前要先用唇笔描出唇形，唇角要画得细一些，画出唇峰，然后从唇两边往中间涂，注意涂抹均匀，不能超出用唇笔画出的唇形，如图 3-7 所示。

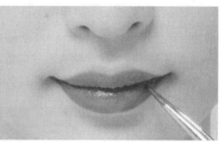

图 3-7　涂唇彩

当然，主播上镜的妆容与日常妆容是有一定区别的。上镜之后，人的五官会被压缩，整体上显得不是很立体，所以上镜妆容的重点在于打造妆容的立体感。主播可以在底妆部分选择比自己肤色浅一个色号的粉底液，这样会让皮肤在镜头面前显得更白皙；尽量不要选择红色、橘色等暖色系的眼影或饱和度特别高的眼影，因为这些颜色会让眼睛在上镜后显得很臃肿；除了脸部外，出镜时露出的颈部和肩膀的肤色要尽量和脸部的肤色一致，因为镜头对色彩的差异非常敏感。

另外，男主播也要化妆，至少要涂粉底，不然一打光，在镜头前的整张脸都会显得没有气色。男主播要选择比自己肤色深半个色号或一个色号的粉底液，还要修眉、画眉，让自己显得更有精神。

如果直播时间较长，且天气过热或过于干燥，体力消耗大，容易疲劳、出汗，妆面容易出问题，就要选择防水化妆品，不然直播久了面部容易显脏。

三、主播发型的设计

主播设计发型的目的是保证仪容美，而仪容美要体现出整体的协调美，所以主播的发型设计要与自己的脸型相称。

1. 圆形脸

圆形脸面部肌肉丰满，线条圆润，额部的发际线较低，下颌不长，脸面的长与宽几乎相等，两颧之间是最宽的部分。圆形脸给人以年轻、活泼的感觉，看起来很可爱。

　　圆形脸的主播在选择发型时应该增加发顶的高度，让头顶略蓬松，使脸型稍微拉长；两侧略收紧，向椭圆形脸方向修饰，同时露出额头，使脸部看起来更瘦长；侧分头发，梳理垂直向下的发型，直发的纵向线条可以在视觉上减小圆脸的宽度。

　　2. 三角形脸

　　三角形脸分为正三角形脸和倒三角形脸。表 3-4 所示为这两种三角形脸的特点及与其相搭配的发型。

表 3-4　三角形脸的特点及其搭配的发型

类型	特点	相搭配的发型
正三角形脸	额头窄、两腮宽、上小下大，给人以持重、稳健的感觉	顶部收紧、圆润，稍微遮盖略窄的额头，而头两侧的头发要蓬松一些，线条要柔和，遮住过宽的两腮，最大限度地修正上小下大的正三角形形状
倒三角形脸	额头宽、两腮窄，脸部轮廓呈倒三角形，给人以瘦小、灵敏的感觉	头发应长及肩部。若两颊过宽，头两侧的头发可以自然垂下，稍微遮盖两颊，使两颊不至于太明显。顶部头发应加高并收紧，前额可以采用中分方式略遮住额角，两侧头发应略蓬松，以减弱上大下小的倒三角形感觉

　　3. 方形脸

　　方形脸的前额较方，与颧骨和腮边一样宽，且有腮骨，面部呈现方正感，线条较生硬，缺少柔和感。

　　方形脸的主播可以选择自然柔和的发型来中和生硬的线条，弱化脸部的方正感。方形脸的主播比较适合"包脸"的发型，且要学会用头发修饰和遮盖两颊。

　　4. 长形脸

　　长形脸脸部过长，前额发际线较高，下颌较宽、较长。长形脸的主播适合剪刘海，如空气刘海儿、齐刘海儿、偏分刘海儿等，可以让额头看起来短得多，并减小脸部线条的长度。长形脸的主播适合留蓬松一些的发型，使头发略带波浪形，以使脸部轮廓有椭圆感。

　　5. 椭圆形脸

　　椭圆形脸又称"鸭蛋脸"，属于标准脸型，其前额宽于下颌，并从颧骨位置适度地收窄为微尖的卵形下颌。这种脸型留长发和短发均可，但发型不宜过于复杂，应自然简单，尽可能把脸部显现出来，以突出脸型的协调。

　　椭圆形脸的女主播可以根据身高来选择发型：160 厘米以下的女主播最好留短发或锁骨发（不长不短、刚好在锁骨位置，极易打理，可以很好地修饰脸型）；160~170 厘米的女主播可以尝试锁骨发或中长发；170 厘米以上的女主播可以随意选择头发的长度。

　　6. 菱形脸

　　菱形脸是指整个脸型的上半部为正三角形形状，下半部为倒三角形形状，上额部和下颌部都很狭小，颧骨部位较宽，给人以灵巧的感觉。

　　适合菱形脸女主播的发型有锁骨发、Lob 头、Wob 头、水波纹等。

　　Lob 头是指长波波头，长度标准是发尾在下巴和肩膀之间，该发型延续了 20 世纪 90 年代就开始流行的波波头的丰盈饱满感，又具有现代流行的蓬松弧度，整体造型自然，就像是刚睡醒时呈现的发型。

Wob头是在Lob头的长度上，将头发烫出微卷的弧度，使头发具有如波浪般起伏的纹路。Wob头的修颜、瘦脸效果非常明显。

水波纹是一种卷发，但其纹路没有什么规则，看起来自然随意，十分洒脱。

菱形脸的女主播可以尝试偏分发型，不要剪齐刘海儿，否则脸部看起来会很方。

四、主播着装的设计

着装的关键在于搭配得体。运用好着装的色彩搭配，不仅可以修正和掩饰身材的不足，还能强调和突出主播的优点。

主播着装的颜色搭配可以分为4种，分别为同类色搭配、近似色搭配、强烈对比颜色搭配、补色搭配等，如表3-5所示。

表3-5　主播着装的颜色搭配类型

颜色搭配类型	说明	举例	效果
同类色搭配	深浅、明暗不同的两种同一类的颜色相配	青色配天蓝色、墨绿色配浅绿色、咖啡色配米色、深红色配浅红色	同类色搭配的服装显得柔和文雅，粉红色系的搭配可以让主播看上去柔和很多
近似色搭配	两种比较接近的颜色相配	红色与橙红色或紫红色相配、黄色与草绿色或橙黄色相配	绿色和嫩黄色的搭配会给观众一种春天的感觉，整体感觉非常清新
强烈对比颜色搭配	两种相隔较远的颜色相配	黑色、白色、红色与其他颜色搭配	黑色、白色为无色系，与哪种颜色搭配都不会出现太大问题。同一种颜色与白色搭配时会显得明亮，与黑色搭配时会显得昏暗
补色搭配	两种相对的颜色相配	红色与绿色、青色与橙色、黑色与白色等搭配	补色搭配能形成鲜明的对比，可以取得很好的效果。黑白搭配是永远的经典，庄重大气

服装颜色搭配可以分为以下几种情况。

● 褐色上衣：搭配颜色偏向于亮色和暖色的衣裙，以白色为最佳。

● 黑色上衣：搭配白色衣裙。

● 米色上衣：下身的搭配要点亮肤色，如白色衣裙等。

● 白色下装：白色可与任何颜色搭配，但要想获得巧妙的搭配效果，需要费一番心思。象牙白长裤可与浅色休闲衫搭配；白色百褶裙可与淡粉色毛衣搭配，给人以温柔飘逸的感觉；白色下装可与带条纹的淡黄色上衣搭配，这是柔和色的最佳组合；象牙白长裤可与淡紫色西装、纯白色衬衣搭配，充分彰显个性。

● 白色上衣：上身穿白色休闲衫，下身穿红色窄裙，显得热情潇洒，有强烈的对比效果。

● 蓝色上衣：蓝色具有紧缩身材的效果，极富魅力。蓝色外套搭配灰色褶裙，再配上葡萄酒色衬衫和花格袜，充分彰显个性，使整个人变得明快起来；蓝色外套和蓝色背心搭配细条纹灰色长裤，呈现出素雅的风格，细条纹可柔和蓝色与灰色之间的强烈对比，增添优雅气质。

- 蓝色下装：上身穿淡紫色毛衣，下身穿深蓝色窄裙，即使没有华丽的图案，也能自然流露出成熟的韵味；蓝色外套和及膝的蓝色裙子相搭配，再用白衬衣、白袜子和白鞋做点缀，透出一种轻盈感。
- 紫色服饰：紫色裙子可以搭配金色或驼色的腰带，这种亮色调会给人眼前一亮的感觉；如果是紫色的细肩衫或棉布衫，下身的牛仔裤则要配上驼色或金色的宽皮带。如果主播的肤色比较暗，最好不要选择灰蓝色、紫色等颜色的服饰。

任务三　主播镜头感的培养和提高

镜头感是主播与观众建立连接、传递情感和提升内容吸引力的关键因素。良好的镜头感不仅能增强直播的视觉效果，还能让观众感受到主播的真诚与魅力，从而提高互动率，增强粉丝黏性。

一、主播镜头感的体现

无论是眼神的交流、表情的掌控，还是肢体语言的运用，都是镜头感的重要组成部分。概括来说，主播的镜头感分为以下 3 种。

1. 对象感

对象感是指主播应当设想和感觉到对象的存在和对象的反应，要从感觉上意识到对象的心理、要求、愿望和情绪等，并由此调动自己的思想感情，进而表情达意，传达直播节目的精神实质。

有些主播在进行直播时面部表情呆滞、僵硬、不自然，语言表达平淡、呆板，没有起伏，或者说话速度快得像自言自语，或者无目的地拖沓，使观众听了没有任何兴趣，难以接受。这些问题的症结就在于主播缺乏对象感。主播不知道对谁说话，内心没有着落，没有对象感，也就激发不出强烈的表达欲望。

主播对直播对象的设想可以从性别、年龄、职业、人数等方面进行，也可以从环境、心理、素养、气氛等方面加以把握。

主播不仅要设想对象的一般情况和个性要求，还要掌握好传播者和接收者的关系。主播和观众之间是平等的朋友式关系，主播既不可居高临下，也不能迎合媚俗。主播只有与观众形成平等、友好、融洽、真诚、坦诚的沟通关系，才能实现感情交流，使观众对其产生认同感和亲近感。

2. 表演感

在具备对象感之后，要形成在这种假定情况下的镜头感，主播还需具备表演感。主播实际上是在面对镜头说话，但其内心的感觉和神态表情必须是假定面对观众说话，这时要假定观众不是在另一端的手机屏幕前观看直播，而是在主播的面前观看直播。

主播既要做到"心中有人"，又要做到"目中有人"，这两点对主播来说是重要假定。因为任何假定条件下的创作都离不开表演艺术，所以主播在直播中要不同程度地借助表演。主播的这种表演应适度，且和本人及直播节目融为一体。

3. 新鲜感

新鲜感就是要使观众鲜明地感觉到主播所描述的是他们关心或感兴趣的新鲜事物，从而吸引观众的注意力。要想观众感受到新鲜感，主播就要使自己保持新鲜感。

主播对直播和自身都应秉持"喜新厌旧"的意识，保持在镜头前表达自我的欲望和创作的热情。因此，主播在每次直播时都要寻找新鲜内容。只有抓住直播的新鲜点，才能合理地安排重点，确定基调，引发自己的情感，调动播讲愿望，进而在镜头前展现出新鲜感。

二、培养和提高镜头感的方法

对于新手主播来说，下列技巧可以在培养和提高镜头感方面起到立竿见影的效果。

1. 镜子练习

主播可以采用镜子练习或自拍的方式来练习镜头感。主播可以找到一面比较大的镜子，通过镜子来清楚地观察自己的脸，找到最适合自己的表情和角度，然后对着镜子练习举手投足、语言表达，了解自己面对镜子是一个什么样的状态，有没有微笑，有没有做一些平时没有注意到的细节动作，如摸下巴、撩头发等。主播更好地了解了自己的这些优缺点，面对镜头时才会更加自信和从容。

2. 目光技巧练习

很多主播在直播时不知道应该看向哪里。有的主播认为直播时应该看着镜头，这样观众才会有被注视的感觉，才有互动感；有的主播认为直播时应该看手机屏幕，这样才能看到直播画面，知道粉丝们都说了什么，便于与粉丝互动。

其实主播可以各取优势，利用看向镜头的时候，向粉丝传达一些信息；利用看着手机屏幕的时候，了解整个直播间目前处于什么状态，产品细节有没有展示到位。这两种方式可以交替进行。目光技巧练习可以增强主播的自信，使主播看起来落落大方。

3. 巧用道具

如果刚开始直播的时候主播有些紧张、不自然，两只手不知道放在哪里，可以借助一些道具，如书、饮料、抱枕、玩具、产品等，这样既可以缓解自身的紧张感，又有可能会成为直播间的一个记忆点。

4. 设置背景

直播间的背景不能太杂，颜色不能过于丰富，如果使用小碎花或格子等花纹背景，主播很容易被淹没在背景里，更别说展现镜头感了。如果背景是窗帘，则尽量选择纯色和浅色的窗帘，这样看起来更精简，视觉效果更开阔。直播间的背景要做到干净、整洁、不花哨、不凌乱。

5. 与观众互动

无论直播间只有一个人还是有很多人，主播都不要忘记和观众进行积极的互动，每个观众都是自己的"流量种子"。主播积极地与观众互动不仅可以转移自己的注意力，还能让自己的表达更自然，这也是抓住流量的一个保证。

主播在直播前可以准备一些小游戏、小活动和话题。根据对粉丝的了解，主播可以有针对性地为粉丝准备一些他们感兴趣的话题与活动，并在直播热场时充分利用起来。

6. 勤练习、多直播

刚开始直播时，主播很可能会产生紧张情绪。当完成了第一次、第二次、第三次直播后，主播就会逐渐适应直播节奏，发挥也会越来越稳定，直播过程也会越来越流畅，同时也能熟练处理直播中遇到的一些问题。

任务四　直播画面的构建

直播画面的呈现效果对主播的形象影响很大，如果直播画面构建不合理，就会破坏主播的镜头形象。例如，打光不合理会造成画面模糊，观众难以看清主播的形象，这时即便主播说得再好，也会影响观众的观看体验，直播效果也难以得到保证。

一、直播间场景搭建

直播间的场景搭建主要分为场地和背景两部分。场景构成了直播发生的环境，也是直播的魅力因素之一。

1. 场地

不同的直播主题对直播空间的要求不同。有的直播主题需要大空间，要求布局大气；有的直播主题只需要一个小场地就能完成，场地太空旷反而会稀释现场感。

一般来说，如果是美妆类、美食类、小型生活用品类直播，选择 $8m^2$ 的小场地即可，这类产品体积不大，需要向观众展示细节；如果是穿搭、服装类或家用电器类、大型生活用品类直播，则要选择 $15m^2$ 以上的场地，因为这类产品距离镜头较远，空间需求大，需要一定的纵深感。

直播间的空间大小要控制在 $8m^2$～$40m^2$，个人主播的场地标准为 $8m^2$～$15m^2$，团队直播的场地标准为 $20m^2$～$40m^2$。

许多直播间面临面积小、空间窄的问题，可通过以下两个技巧在视觉上使空间变大，从而提升直播效果。

（1）主播站在对角线上

主播可以运用对角线构图技巧，利用对角线进行空间造型。站在房间的对角线上正对镜头，可以使画面获得良好的纵深效果和立体效果，同时主播身后的环境线条也会在一定程度上进行呼应，引导观众的视线，让画面看起来更有动感、更有活力，且能突出主体。

（2）在主播身后摆放物品

在主播身后适当、有序地摆放一些物品，如沙发、衣架等，将整个直播间切割为前、中、后 3 个部分，从视觉上强化景深效果，增加直播间的纵深感。物品的摆放要有层次感，形成次第延伸的效果，避免堆砌在同一空间截面上。

2. 背景

背景是直播间的重要组成部分，很多观众进入直播间产生的第一印象往往是直播间背景营造出来的。直播背景可以彰显直播主题，衬托主播的气质，营造直播风格。

直播间的风格包括颜色上的冷暖色调、物品摆放的疏密、光线呈现的柔和或冷峻等，这些都是为了突出主播和直播主题。根据主播和直播主题的不同，直播间的背景设置可以呈现出简约大方、甜美可爱、成熟稳重、虚拟背景等各种风格，如表 3-6 所示。

表 3-6　直播间背景风格类型

风格类型	说明
简约大方	以浅色或纯色为主，看起来更精简，视觉效果也更开阔，适用于突出产品、衬托产品作用的直播主题。有的直播间的背景屏会呈现产品或公司介绍，显得很有说服力
甜美可爱	以暖色为主，视觉上更突出个性，定位更清晰

（续表）

风格类型	说明
成熟稳重	以纯色或深色为主，视觉上更沉稳，直播主题更清晰，适用于话题比较有深度、状态较为严肃的直播主题
虚拟背景	使用城市全景图或街道动图，以增加直播间的纵深感、空间感和高级感

在节日期间，直播间的背景设计重在营造氛围，主播可以在直播间挂一些节日相关的周边产品，同时主播的妆容和服装也应配合节日气氛，以此吸引观众，提高直播间的人气。主播还可以在背景墙上挂上 LED 灯，丰富背景的内容，同时补充光源。

如果直播间推荐单一产品或开展单一主题的直播活动，主播可以直接以该产品或主题的大图片作为背景，突出该产品的某些特质或渲染该主题的特色。

二、直播画面构图设计

合适的直播画面构图能够让观众产生"主播是在跟我一个人说话"的感觉。而有的直播间画面构图不合理，会直接影响观众的观看体验。

例如，有的直播间构建了场景，但采用 16 ∶ 9 的横屏构图，距离感太强，使观众感觉像是在看电视访谈节目，产品呈现也模糊不清；有的直播间主播距离屏幕太近，观众甚至能看清主播的黑头、鼻孔，导致压迫感很强；有的直播间主播距离镜头太远，甚至坐在沙发上玩手机，这样的距离在现实交流中也不合理，如图 3-8 所示。此外，主播也不要距离墙壁太近，否则容易造成压抑感，让人感觉不舒服，主播距离墙壁应该在 1.5 米以上。

主播应当位于在直播画面的中心位置。主播的位置设置要遵循一个原则：既要让观众看清主播的脸，又不能距离直播画面太近。因此，主播要与镜头保持一定的距离，注意直播场景的景深、在直播间中的站位和画面的层次感。机位要根据主播展示全身还是半身来确定。如果展示全身，摄像头一般对准主播的肚脐位置；如果展示半身，摄像头对准主播胸口、腋窝下的位置。

合理的直播画面构图（见图 3-9）应是这样的：优先采用竖屏进行直播；画面上方 1/4 留白，用于放置品牌标志或产品贴图；中间部分展示主播半身，占屏幕的 1/2，主播的眼睛看向镜头；下方前景操作台占 1/4，放置主要产品；背景以与产品相关的场景为主，强调简洁、舒适。

图 3-8　主播距离镜头太远

图 3-9　合理的直播画面构图

三、直播间灯光设置

一个好的直播间除了需要适当的场景搭建和合理的画面构图,灯光的设置也是十分重要的。灯光是直播画面的基本要素,需要合理应用以达到理想效果。在直播间中,主播和产品往往处于不同位置。为了建立更好的直播间景深关系,有效展示产品并突出主播,主播可以对直播间的灯光进行设置。

目前,很多主播在直播间布光方面存在诸多问题,主要表现在以下 5 个方面。

● 灯具买了很多,但达不到理想效果。在购买灯具前,主播要先了解直播间的空间大小、光线强弱、主要自然光源等,根据实际情况选购合适的灯具。

● 光线过硬,脸部反光或过曝。主播应尽量选择面积较大的光源,通过调节距离或灯的亮度来达到理想效果,解决光线过硬的问题。

● 主体不突出,画面缺乏层次感。直播间的光线分为主光和辅光,主播要用主光打亮主体大部分轮廓,再用辅光补充主光不足的部分。

● 环境光源复杂,不知从哪里打光。主播应尽量关闭或屏蔽其他光源,在主光源下进行直播,避免其他光源干扰。

● 灯具布置良好,但色彩还原度较低。主播应考虑灯具的显色指数和质量问题,如存在质量问题,要及时更换。

主播在为自己的直播间布光时,可以参考以下方法。

1. **选择软光**

软光是相对于硬光而言的。硬光是指光线产生的阴影轮廓鲜明,反差高,明晰而浓重;软光是指光线产生的阴影轮廓渐变,反差低,柔和且不明快,又称散射光、柔光。

硬光有很强的方向性,能让拍摄对象产生鲜明的明暗对比,更好地表现质感,往往给人刚毅、富有生气的感觉。软光没有明显的方向性,适合反映物体的形态和色彩,往往给人轻柔细腻之感,更适合展示产品。因此,在日常的电商直播中,软光更为适用。

2. **主灯选择冷光源的 LED 灯**

直播间的主灯建议选择冷光源的 LED 灯。通常情况下,$10m^2$ 左右的直播间配备 60W～80W 的灯作为主光源即可,条件允许的直播间可以选择灯带,其营造的光线效果更好。

3. **前置补光灯和辅灯选择可调节光源的灯**

直播间前置的补光灯和辅灯建议选择可调节光源的灯,灯的功率可以稍大一些,以便主播在直播过程中自主调节光源强度,获得满意的灯光效果。补光灯要反向照射到正对着主播的墙上,并使用反光板,在一定程度上实现漫反射效果。

4. **根据情况选择冷光或暖光**

最基础的布光主要有冷暖两种选择,具体以哪种光为主,应根据直播间的风格和产品的具体情况来确定。

如果直播风格温暖、自然,那就可以选择暖光。此时主光为冷光,辅光为暖光,两组补光也为暖光,具体的直播间布光设置如图 3-10 所示。冷光会让主播看上去更加白皙,前面的补光稍微加一些暖色,可以使主播的皮肤在白皙的基础上带有一些红晕。

图 3-10　直播间暖光布置

如果主播的直播风格偏正式、严肃，内容的专业性和技术性较强，则可以选择冷光。一般来说，冷光布置的主光为冷光，辅光为暖光，两组补光为冷暖结合且偏冷光，具体的直播间布光设置如图 3-11 所示。

图 3-11　直播间冷光布置

5. 根据需要的造型选择灯光

有的主播五官不够立体，可以采用斜上光来强化脸部轮廓。斜上光是指从主播的头顶左右两侧 45°的斜上方投射的光线，这种光线可以使主播受光较少的一侧脸上呈现出三角形光斑，凸显鼻子的立体感，突出脸部的骨骼结构。

若主播想要瘦脸效果，则可以采用顶光，使自己颧骨、嘴角、鼻子等部位的阴影拉长，让脸部显得瘦长。

> 📖**学思融合**
>
> 直播画面的每一个细节都影响着观众的观看感受，从场景搭建、环境布置到灯光设置，都要追求完美。在布置直播场景时，我们要能够将创意与实用性进行完美的融合，为观众打造一个既美观又富有吸引力的直播画面，从而创造出优质、难忘的直播体验。

项目实训 1：设计汉服主播的人设

1. 实训背景

汉服文化作为中国传统文化的重要组成部分，在直播平台上展现出独特魅力。汉服直播不仅是传播汉服文化的窗口，还吸引了大量对传统文化感兴趣的观众。对汉服主播来说，鲜明的人设能助力汉服主播更好地吸引观众、传播文化，推动汉服产业的发展。

2. 实训要求

明确主播的形象定位、性格特点、语言风格、价值观等，确保人设具有独特性和记忆点。人设要与合作的汉服品牌风格相契合，并且能够满足目标市场的需求，具备商业价值。制定详细的人设实施方案，包括直播内容策划、互动方式等，确保方案在实际直播中能够有效执行。

3. 实训思路

（1）资料收集与分析

收集汉服文化相关资料，整理当下热门汉服主播的特点及观众反馈，分析市场空白与机会；根据市场分析，确定汉服直播的目标受众，研究其年龄、性别、兴趣爱好、消费习惯等特征。

（2）构思人设框架

从形象、性格、语言等方面构思主播人设，如温婉古典风、活泼俏皮风、知识渊博学者风等。

（3）评估与优化

从独特性、吸引力、可行性等方面对初步构思的人设进行评估，并根据评估结果进行优化调整。

（4）制订实施计划

根据人设定位规划直播内容，如汉服穿搭展示、汉服文化知识讲解、汉服制作过程分享等；设计互动游戏、问答环节、粉丝投稿点评等；制订主播人设宣传推广计划，确保人设能够在直播中充分展现，增强观众的参与感和黏性。

项目实训 2：设计不同商品品类主播妆发

1. 实训背景

在直播过程中，主播的形象直接影响观众的观看体验和购买决策。不同商品品类对主播的形象要求各不相同，所以为不同商品品类的主播设计合适的妆发，有助于提升直播效果，提高销售转化率。

2. 实训要求

在深入了解不同商品品类特点和目标受众的基础上，结合主播的面部轮廓、五官比例、肤色和个人气质，设计适合主播且能突出商品特色的妆发。

3. 实训思路

（1）分组与选题

以小组为单位，5 人一组，每组选择一个商品品类作为实训主题，选一位成员扮演主播。

（2）商品品类分析

小组成员分析所选商品品类的特点和目标受众，了解此品类商品对主播形象的要求。

（3）妆发设计

小组根据所选商品品类的特点、目标受众的审美偏好，以及主播的形象特点构思妆发造型，准备所需的化妆品、发型工具和装饰品等，然后为所选主播进行妆发设计，确保造型符合商品品类特点和目标受众期待。

（4）小组互评

进行小组内和班级间的展示与反馈，小组间进行互评，从专业角度和商品推广效果等方面提出意见和建议。

项目四
主播语言表达能力培养

学习目标

知识目标
➢ 掌握主播语言表达的原则。
➢ 掌握主播进行声音训练的方法。
➢ 掌握主播进行口头表达能力训练的方法。
➢ 掌握主播拉近与粉丝之间距离的沟通策略。

能力目标
➢ 能够在语言表达原则的指导下与观众进行沟通。
➢ 能够在声音和口头表达能力训练方法的指导下提高语言表达能力。
➢ 能够灵活运用沟通策略拉近与粉丝之间的距离。

素养目标
培养良好的语言表达能力，在与观众交流中尊重他人，传递正能量。

引导案例

温和陪伴式讲解，打造生活方式直播间

账号"是麦麦麦麦子啊"是小红书平台上的一个专注于时尚女装的账号，该账号主理人在小红书分享穿搭思路，通过优质内容快速吸引了大量粉丝的关注，其直播最大的特点就是温和风直播，陪伴式讲解商品，为观众打造生活方式直播间。

扫码看视频

（1）评论区引流

在直播前，主理人会在笔记的评论区发布直播预告信息，如"朋友们，我们下午六点见"，预告信息的遣词造句尽显亲和，营销感较低，不易引起用户的反感。

（2）温和的直播风格

主理人通常两天开一场直播，其直播风格温和，就像与朋友聊天一样，语速和语调都很温柔，耐心地为观众介绍每一款商品，并根据观众的要求试穿不同颜色的服装。在讲解服装的过程中，主理人会自然地推荐一些与之相配的其他服装。

主理人会时刻关注评论区的信息，当观众提出问题时，主理人会站在观众的角度进行解答。在解答问题的过程中，主理人还会适时地分享一些自己的日常生活，会就服装的搭配、设计、风格等与观众进行聊天，引导观众互动。主理人将观众作为朋友，通过转换角色共情、日常式聊天拉近自己与观众的心理距离。

（3）让观众参与商品的设计

在研发新品时，主理人会询问观众的意见，引导观众在直播间评论区进行评论，然后通过分析评论来挖掘观众的需求，让观众参与到商品的设计中。此外，在新品推出前，主理人就会通过笔记进行分享，提前向观众"种草"，以便带动直播间的销量。

案例讨论：主理人采用温和风直播、与观众共情及日常生活分享等策略，是如何影响观众对商品的认知、情感及购买决策的？

要想实现直播目标，获得较好的直播效果，主播就要表现出良好的语言表达能力，多与粉丝互动，准确、清晰地向粉丝传达自己的看法，并加强自身声音的训练，做到抑扬顿挫、声音饱满，展现出语言的灵活性、层次性，同时找到各种话题，运用各种方法与粉丝交流，拉近与粉丝之间的距离。

任务一　主播语言表达的原则

主播在直播过程中要准确传达自己的观点和看法，使粉丝能够有效接收，这就要求主播的语言表达清晰、易懂，同时有自己的风格。具体来说，主播语言表达要遵循4个原则，分别为吐字清晰、准确，语言通俗易懂，形成自己的沟通风格，表达内容要明确。

一、吐字清晰、准确

吐字清晰、准确是主播在直播过程中进行语言表达的最基本要求。主播只有把每一个字都说清楚，才能让观众听清自己的话，知道自己在讲什么，进而理解并接受自己的观点。

主播在说话时，需要注意以下事项。

1. 发准字音

字音即文字的读音，发准字音是进行准确的语言表达的基本要素。主播只有发准每一个字、词的音，才能准确地传达自己想要表达的意思；如果主播发音不准，很容易造成歧义，导致观众误解。

发准字音最关键的是发准声母、韵母的音，尤其是比较容易混淆的几组声母与韵母的音，如表 4-1 所示。

表 4-1 声母和韵母发音

字音类型	字母	发音方式	举例
平舌音	z、c、s	舌尖平伸，抵住或接近上齿背	自己、测验、隐私
翘舌音	zh、ch、sh	舌尖翘起，接近或接触硬腭最前端	志向、斥责、诗意
唇齿音	f	上齿与下唇内缘接近，唇形向两边展开	父亲、费用、抚摸
舌根音	h	舌头后缩，舌根抬起、和软腭接近，唇舌部位不能接触	护理、绘画、黑夜
舌尖中鼻音	n	舌尖及舌边均上举，顶住上齿龈，气流从鼻腔出来	南北、娘亲、霓虹灯
舌尖中边音	l	舌尖前端上举，气流从舌头两边透出	录屏、栏目、烈日
前鼻韵母	鼻韵母中以-n 为韵尾的韵母（an、en、in、un、ün）	元音发出以后，舌头向前移动，舌尖抬起顶住上齿龈形成阻碍，使气流从鼻腔透出，用鼻辅音 n 作为音节的收尾	安静、嫩芽、滨海、混浊、晕船
后鼻韵母	舌根浊鼻音中以-ng 作为韵尾的韵母（ang、eng、ing、ong）	元音发出后，舌头向后面收缩，舌根抬起顶住软腭，使气流从鼻腔透出，用鼻辅音 ng 收尾	杨梅、耕地、营地、巩固

2. 声调要准

声调是指语言的音调的变化。在现代汉语语音学中，声调是指汉语音节中所固有的、可以区别意义的声音的高低。因此，在普通话中，同样的拼音会因为声调的不同产生不同的语义，这就要求主播在直播过程中注意发准字或词的声调，以免造成歧义，导致观众误解。

3. 不要"吃"字

"吃"字是指人在说某些字或词时发音不全，没有将这些字或词的读音完全说出来，而是将其一带而过，使这些字或词的发音似有若无。例如，一个人问另一个人："最近忙什么呢？"如果在说"什么"二字时发音很低，且说得很快，对方就很容易听成"最近忙呢？"这种情况就属于说话者"吃"字。

在直播的过程中，主播"吃"字不仅会影响观众对直播内容的理解，还会给观众留下说话随意、不稳重的印象。

二、语言通俗易懂

为了让更多的粉丝了解产品的优势，主播的表现要真实、接地气，语言要通俗易懂，让粉丝能够理解其所表达的意思。主播在说话时要尽量使用规范的词语，少用粉丝不熟悉的方言、生僻词或文言词汇。

与典雅庄重、准确精练的书面语相比，口语具有简洁明快、生动活泼的特点。因此，主播要想使自己的表达通俗易懂，最好采用口语化的语言，尤其是大众化的口语，从而贴近生活的本来面目，获得粉丝的认可。主播要选择那些有利于口语表达的词语或句式，双音节和多音节的词语比单音节的词语更容易上口，而且听起来更悦耳。

有的主播在带货时为了展示自己的专业性，经常使用生涩难懂的词汇来介绍产品，粉丝听不懂主播的介绍，就很难判断自己是否需要这款产品，购买这款产品的积极性自然不会很高。

例如，在向粉丝推荐一款香水时，有的主播是这样介绍的："这款香水的香精浓度高达20%，主调是柑橘、檀香、雪松，它们混合成一种非常清新的木质香。"这名主播介绍了很长时间，但香水的销量仍然不高，原因在于主播的介绍语言虽然很专业，但无法让粉丝听懂，粉丝们自然不会下单。

另一名主播在介绍同样一款香水时是这样说的："这款香水是用天然香精调制而成的，留香时间大概为4个小时，香水的味道就像是夏天雨后森林的味道。"这名主播只说了简单的几句话来介绍产品，却引来粉丝纷纷下单，因为这名主播说的话通俗易懂，且富有想象力，可以激发粉丝的联想。

主播只有了解粉丝的需求，并通过平实的语言激发粉丝的购买欲望，才能真正体现其专业的能力。主播在直播时使用通俗易懂的语言，更容易拉近与粉丝的距离，获得粉丝的信任，进而提高直播间的销售额。

三、形成自己的沟通风格

沟通风格是指主播在沟通过程中习惯化的行为方式，与个人特征密切相关。每一种沟通风格都有其潜在的优势，也有其劣势。主播要想获得成功，就要学会扬长避短。

常见的沟通风格有4种，分别是驾驭型、表现型、平易型和分析型。

1. 驾驭型

驾驭型沟通风格的主播注重实效，目标明确。他们一般精力旺盛，做事节奏快，说话直截了当，动作非常有力，很容易向粉丝传递活力感。他们的缺点是有时说话过于直率，显得咄咄逼人，当他们过于关注自己的观点时，很容易忽略粉丝的感受。

2. 表现型

表现型沟通风格的主播性格外向热情，充满生机和魅力。他们喜欢和粉丝交流，并有丰富的想象力，擅长利用表情和肢体语言，很容易把热情传递给粉丝。他们的缺点是容易出现较大的情绪波动，显得不够理性和客观。

3. 平易型

平易型沟通风格的主播具有协作精神，对待粉丝真诚，对粉丝的态度和蔼、有耐心。他们的缺点在于存在过多的回避态度，会让粉丝感到失望。

4. 分析型

分析型沟通风格的主播擅长理智分析，做事严谨、循序渐进，喜欢准确把握的感觉。他们的缺点在于表现得不够主动，不太愿意表露自我情感，也不善于运用情绪和肢体语言来影响粉丝。

如果主播具备全方位的沟通风格，其对外的沟通效率自然会提高很多，销售成功的概率也会增加。另外，主播要想在主要沟通风格的基础上融入更多个人特色，就要从以下几个方面转变思维方式。

● 改变自我标签。主播如果局限于个人已有的标签，就很容易形成单一的直播风格。过分单一化的直播风格虽然很容易在短期内吸引不少粉丝，但也很容易遇到瓶颈，难以吸引新的粉丝，已有粉丝也很难看到主播的创新能力。因此，主播要学会主动改变自我标签，尝试成为与原来不一样的人，形成新的形象。

● 明确原则。如果不明确原则，随着粉丝量的增加，主播的沟通体系会陷入混乱，导致新粉丝不知如何与主播沟通。因此，主播在日常直播中可以和粉丝分享自己对社会、工作和生活的见解，传递基本的价值标准。这不仅可以影响粉丝的价值观，还有助于形成并展现自己的风格。

● 具备营销意识。主播要把粉丝看成自己的客户，把直播看成销售和服务，把直播内容看成产品，然后提炼自己的沟通风格。这就要求主播在直播沟通过程中所做的一切都要为塑造"产品"价值和满足"客户"需求服务。

四、表达内容要明确

在与粉丝沟通的过程中，主播要明确表达内容，不要让粉丝不知所云。要做到这一点，主播要注意以下事项。

1. 清楚地介绍产品或活动规则

在直播销售过程中，主播要清楚地介绍产品的优势和卖点。如果要开展各种活动，主播也要解释清楚活动规则。为了确保粉丝能够理解这些内容，主播要不时地询问粉丝是否存在疑惑。当粉丝提出疑惑后，主播要针对不同问题做出详细的回答。

2. 关注粉丝的想法

主播还要经常关注粉丝的想法，重点关注直播间弹幕中出现的有建设性的想法，站在粉丝的角度思考粉丝的表述，从中发现粉丝的需求，这样在明确粉丝需求后才能有针对性地与粉丝进行明确的沟通。如果主播不了解粉丝的需求，就很容易讲错话，引起粉丝的反感，导致粉丝流失。

3. 话语内容有意义

有些新手主播在刚开始直播时特别紧张，经常不自觉地重复说话。例如，某主播在直播开始时说了一句"今天我要给大家推荐一款性价比超高的洗面奶，××牌的"，但后面实在不知道如何说，就重复了一遍"在这里想给大家推荐一款性价比超高的××牌的洗面奶"。有时主播自己都不知道把同样的一番话重复了多少次，给粉丝带来的体验感非常差。

要想使说出来的话有意义，避免重复，主播要提前储备一些专业名词，围绕产品提前准备一些问题的答案，如"这款洗面奶适合什么肤质？""洗面奶要如何使用？""洗面奶的成分是什么？"等。主播在直播过程中对这些问题进行逐一解答，不仅可以避免语言重复的问题，还能逐渐打消粉丝对产品的疑虑，提高转化率，一举两得。

4. 语言有逻辑和层次感

一般来说，直播间的粉丝除了通过发弹幕与主播进行交流外，就只能单方面地听主播说话了，因此，如果主播说话没有逻辑，缺乏层次感，粉丝会难以接受。有的主播在直播过程中经常使用口头禅，如"嗯""呃""然后"等，这都是因为主播不知道该说什么或者缺少语言逻辑。

要想让语言有逻辑和层次感，主播要努力增加词汇的储备量，多看看他人的直播，尤其是同领域的直播或一些有幽默感的直播。主播要学会提炼语句重点，在说话时适当放慢语速。这样既能给粉丝留出反应时间，又有助于自己在表达过程中思考下一句该说什么。主播可以在直播间运用"三段论"的方式来说话，具体包括推荐产品的原因、产品的优势，最后总结这款产品值得购买。按照这个逻辑基本可以做一个完整的产品推荐。

任务二　主播声音训练

主播的声音有着特殊的力量，不仅能够传达言外之意，还能增强粉丝对主播的好感，拉近主播与粉丝之间的距离。声音是非常复杂的，包括音节、声调、语调、音量、语速、说话气息等多个因素。通过对细分领域的专注练习，主播在丰富声音内容的同时能够增强声音的感染力。

一、主播语音训练

主播在开展语音训练前，应清楚自身发音存在的问题。语音问题主要体现在咬字和吐字上。常见的语音问题有 4 个，如表 4-2 所示。

表 4-2　常见的语音问题

语音问题	说明
字音不准	有的主播的语音经常带有其所在地区的口音。有的主播只掌握了汉语普通话的语音系统，对具体的汉字发音并没有明确对应，所以很容易在发音时出现错误。随时查阅字典是解决字音不准的最简单的方法
吐字无力	有些新手主播常出现唇舌无力、字头不清晰的问题，导致整个发音松散，使观众无法准确听清楚主播说话的内容。主播要结合用气练习声母发音，增强唇舌力量，提高气息力度
吐字含混	这往往是因为韵母发音不准，适当扩大 i、a、u 三个元音在口腔中的三点距离，加强元音对比，可以改善这一状况
吐字不圆润	复合元音韵母发音时加大舌头的活动幅度可增加吐字圆润感，即使是单元音韵母，在发音时，舌头也应在本音位范围内做适当滑动，从而增加字音的流动感。归音不到位及声调幅度过小也会影响吐字圆润

在进行语音训练时，主播要注意以下 4 个方面。

1. 从音节入手正音

正音是指掌握音节正确的发音方法，先从声母、韵母、声调进行分解练习，找到正确的发音部位和方法，随后进行音节的综合练习。

在分解练习中，主播要始终以音节为训练内容，以便在动态的语流中自然、流畅地综合运用。

练习舌尖前音 z、c、s 和舌尖后音 zh、ch、sh、r 时，首先要掌握声母的发音要领：舌尖前音在发音时舌尖应平伸，顶住或接近上齿背；舌尖后音在发音时，舌尖要翘起，接触或接近硬腭前端。

以上训练可以矫正发音部位不准的问题，从而避免在直播沟通中出现明显的错读或误读。

2. 提升听觉能力

发音需要听觉的配合，如果主播的听觉不够敏锐，也会影响其发音的准确性。由于听觉反馈中骨传导的作用，主观和客观的声音感觉有一定的差异，容易导致主播对自身的语音特点产生错觉，以致自我判断失误。

主播要提升听觉能力，提升语音的自我判断能力，进而逐步做到清晰分辨语音在音准、音高、音色、音量上的细微差别，具备对语音的分辨能力，获得学习发音的基本条件。

主播可以使用录音设备，反复审听自己的语音，并做出调整。主播也可以采用互助方式，请团队成员或热心粉丝指出自己的错误发音，纠正骨传导造成的语音偏差。

主播还可以进行朗读短文练习，首先多听标准的示范读音材料，反复跟读，形成标准的听觉感受，然后录制并播放本人的朗读语音，并与示范材料对照，找到存在的错误和不足，进行改正。

3. 方言辨正

目前，很多主播利用东北话、四川话、唐山话等方言为直播增添特色，但很多新手主播并没有很好的方言驾驭能力，也缺乏利用方言进行内容创编的运营团队的支持，所以最稳妥的方法是进行方言辨正。

方言辨正是指辨别和比较方言与普通话语音的异同点，明确语音对应关系，掌握语音对应规律，将方言向标准普通话语音靠拢。在方言辨正的过程中，主播应正确判断自己在语音上的错误和缺陷，有目的地进行正音练习，从而改正错误，克服缺陷。例如，主播可以利用形声字偏旁来类推正确读音，或利用普通话的声韵配合规律进行类推，再配合常用字正音、绕口令、朗读等练习，便可以逐步改掉使用方言的习惯。

4. 加大训练强度

在语音训练中，主播除了在声音上记忆语音外，还要有意识地体会发音时的动作并加强记忆，通过反复练习达到脱口而出的熟练程度。如果主播只是在特定的时间里练习语音，但在直播中依然错误百出，就说明训练效果不佳。

对于那些经常说比较难懂的方言的主播，养成张口就说普通话的习惯是非常重要的。主播要积极主动地加大训练强度，减少使用方言的次数。在坚持一段时间的强化训练后，主播的普通话水平会获得很大的提升。

二、主播音量控制

主播说话的音量决定了其声音能否被观众听到，而这直接影响观众观看直播的体验。要想让观众沉浸在自己的直播中，主播首先要确保观众可以听到自己的声音，但这并不意味着音量越大越好，音量过大也会让观众觉得刺耳和嘈杂。

在控制音量时，主播可以按照以下方法来做。

1. 修正过高音量

有些主播本来嗓门就大，说话的音量很高，但对于观众来说，大嗓门不一定是好事。在高音量的轰炸下，观众可能会产生烦躁感，即使把手机音量调低，还是会感觉不舒服。因此，为了给观众提供更好的体验，嗓门大的主播要修正过高的音量，可以尝试以下方法。

- 试讲训练：在直播前先试讲，不断寻求合适的直播音量，一旦觉得音量合适，就进行多次练习，以固定下来。
- 空间调整：在小空间里直播，如卧室、小房间等，这时就需要根据情况稍微降低音量。

2. 修正过低音量

主播音量过低的原因有很多，有的是本来声音就比较柔弱，有的是为了节省体力而有意控制音量。不管原因如何，主播说话的音量过低会让嗓音显得很柔弱，给人一种无力感，观众听不清楚说话的内容，自然就不愿意在直播间停留。主播可以采用下列方法来修正过低的音量。

- 选择一款好话筒。有的主播不喜欢用话筒直播，但很容易出现声音忽大忽小的问题；有的主播直接戴耳机直播，耳机线上的话筒在衣服上蹭来蹭去，会产生很多噪声。因此，主播要选择一款质量较高的话筒放置在面前，从而保证音量、音色都合适。
- 保持自信，调整呼吸。信心和呼吸是控制音量的重要手段，当主播信心十足、保持正确的呼吸节奏时，音量自然会提高。
- 有意提高音量。在某些特殊的场合，为了表达的需要，主播可以有意提高音量，以提升直播效果。

3. 修正话音颤抖

很多主播在初次直播时，情绪会比较紧张，有时这种紧张情绪会通过话音颤抖表现出来。这很可能让观众觉得主播不够专业，进而降低对整场直播的兴趣。

对于话音颤抖这一情况，主播可以通过不断练习进行修正，在直播时放松情绪，以自信的状态面对观众。有时话音颤抖是姿势和呼吸不正确导致的，主播要分情况进行修正。

主播修正话音颤抖的方法有以下几种。

- 调整姿势。主播可以找到一个舒适的坐姿，否则长时间绷紧的身体肌肉会影响到发音器官，导致话音颤抖。
- 调整呼吸。当发现自己出现话音颤抖的情况时，主播可以在讲话间歇调整呼吸，使用半呵欠的姿势放松发音器官，或者采用一些辅助词语。例如，主播在不说话的时候可以关掉话筒，轻声念出下列字音"含、航、狼、棉、论、龙"或"拿、奶、尼、挪、努"，以放松下巴和喉咙，并用手指轻轻按摩喉咙肌肉，消除紧绷感。
- 语言暗示。主播可以在直播开始前通过语言来给自己进行心理暗示，这在一定程度上可以缓解紧张情绪。主播可以对自己说："我今天准备得很充分，试讲效果也不错，我能行！""偶尔说错几句话也没什么，没必要紧张。"

三、主播语速控制

语速是传递信息的关键，只有让观众听清楚所说的内容，主播才能顺利地传递信息，因此主播要尽量做到吐字清晰、发音清楚、语速适中。语速过快或过慢都不是很好的表达方式。主播语速过快，观众难以跟上主播说话的节奏，会遗漏重要信息，而主播自己也很容易疲惫；主播语速过慢，直播间会显得死气沉沉，观众会逐渐丧失耐心，最终离开直播间。

之所以出现这种问题，很大一部分原因在于主播没有从观众的角度出发，习惯了个人的语速，难以做出改变。有时这也和主播的信心有关，很多语速过快的主播不够自信，脑海中有了某个念头之后会马上一股脑儿地说出来，害怕一时之间不知道说什么，造成冷场而耽误直播，这可能导致这些主播根本没有经过深思熟虑就过快地转换主题。有些语速过慢的主播欠缺表达的勇气，话到嘴边又咽了下去，害怕因某一句话说错而失去观众。

主播要学会控制自己的语速，可以通过以下方法来练习。

1. 练习标准语速

科学研究表明，每分钟说 300 个字让人听起来最舒适，这是标准语速，可以恰到好处地保证沟通对象理解和接收传达的信息。

主播可以进行一个简单的测试，在自己正常直播时进行录音，等直播结束以后，以 1 分钟为时限，看自己在 1 分钟内说了多少个字，与标准语速的差距有多少，等计算出结果后再进行针对性的训练。

意识到自己的语速有问题之后，主播在与他人交谈时要尽量提醒自己放慢语速或加快语速，同时加快或放慢思维运转的速度，长此以往，说话的语速习惯也会自然而然地发生改变。

2. 调整心态

如果主播说话太慢，或者听上去感觉有气无力，可以在直播前想办法激起个人的兴奋情绪，例如回想自己曾经历过的愉快场景，或者设想自己会在直播中遇到有趣的事。

如果主播说话太快，就要先在内心问自己，了解自己语速太快的原因，是因为过于匆忙地给出答案，还是担心观众对自己的话题不感兴趣，主播要根据原因有意识地进行改变。

3. 朗读文章

主播要想尽快调整语速习惯，朗读文章是一个不错的方法。主播可以选择一本自己喜欢的书，选择精华段落来进行朗读训练，在朗读段落时要做到读音准确，字正腔圆，而且不要停顿，要把每个字音都完整地发出来，不能出现语句含混不清的情况。在此基础上，主播要随时注意语速。

语速要根据文字的内容进行调整。如果是情感或情绪比较激动的部分，主播在阅读时应加快速度，而阅读情绪比较缓和的部分则应放慢速度，在整体上保证语速与情绪变化相配合。

如果语速习惯难以在短期内改变，主播就要给自己制订中长期的朗读计划，可以在每天清晨或睡觉前朗读一段优美的文字，同时利用录音笔记录下自己的朗读，以检查自己的朗读状态，找到问题并做出改进。主播还可以找自己的朋友或同事当听众，请他们指出自己在朗读过程中存在的语速问题，然后进行改正。

四、主播说话气息训练

气息是人体发声的动力和基础。人们在说话时，气息的速度、流量、压力的大小与声音的高低、强弱、长短及共鸣情况有直接关系。可以这样说，要想控制声音、驾驭声音，就必须学会控制气息。对主播来说，科学发声可以保证声音圆润饱满，避免长期直播给发声器官带来损害，从而保证发声器官长久健康。合理控制说话的气息是科学发声的重要环节。

主播可以通过以下几种方法来训练自己的说话气息。

1. 简单的气息训练

主播可以通过简单的气息训练体会正确呼吸的方法，将发声的感觉加以固定，这样不仅有利于在直播时与观众沟通，还有利于展示歌唱等才艺。

简单的气息训练方法如下。

两人进行练习时，练习的人在前，辅助的人在后，后者把双手放到前者的后腰处，稍微用力，用双掌按压其后腰部，前者用腰部力量缓慢地将按压在腰部的双手推开。练习的人要把注意力集中在用力的部位，记住该位置肌肉运动的感觉，动作要慢，并进行反复练习。单人练习时，双手在背部交叉，左手摸后腰右部，右手摸后腰左部，肩部放松。

在上述方法的基础上进行练习，保持后腰撑开的感觉，然后做下面的练习：保持兴奋的精神状态；面部保持微笑；仅用鼻子缓慢吸气，同时打开眉心；重复上一步，但要用口鼻同时吸气。

在训练时，动作要慢，感受气息从眉心、鼻子、口 3 点流入撑开的后腰。

2. "字音—气息" 结合训练

通过以上简单的气息训练，主播可以比较容易地找到吸气的感觉，但控制气息的关键是使气息和字音相结合，因此主播有必要进行 "字音—气息" 结合训练，具体方法如下。

发 "ei" 音，感受小腹运动与字音的结合。在初级阶段，发 "ei" 音时要将小腹向内微收，之后要有意识地控制小腹；等到具备初步的控制能力后，要逐渐把注意力从小腹上转移，达到 "全自动" 的效果。这需要反复练习。

从 "ei" 音向单音节词转换时，要注意保持呼吸节奏，一口气一个字，并收一下小腹，然后逐渐把单字变成词语，用同样的方法，一口气一个词，并收一下小腹，最后过渡到短句。

"hei" 音连发，这是更高级别的 "字音—气息" 结合训练。在刚开始练习时，主播可一口气发 3 个 "hei" 音，找到同步感，随着熟练程度逐渐提高，可以一口气发 7~8 个连续的 "hei" 音，发音要扎实、有力。呼出的气流要尽量打在上门齿的齿背，不要用喉咙，弹发要轻巧，有跳跃感。

3. 胸腹联合式呼吸

在生活中，人们的本能呼吸方式为浅呼吸，即只做胸部呼吸。如果长时间使用这种本能的呼吸方式，声带会变得疲乏，声音会变得嘶哑，而胸腹联合式呼吸可以有效地缓解发声疲劳，美化人的声音效果。胸腹联合式呼吸是深呼吸，把空气吸入肺叶底部，即横膈膜处。

在使用胸腹联合式呼吸时，一般是鼻子吸气，把空气吸入横膈膜处，使肋骨向外自然张开，这时腹部有发胀的感觉，随着小腹收缩，气息从小腹深处涌上来，推动声带发音。采用这种方式发出的声音洪亮、持久、有力，能保证整句话的声音饱满圆润。如果一呼气横膈膜就塌瘪，气息会迅速泄掉，声音也就失去了气息的支持，给人的感觉是前强后弱，上气不接下气。

在练习胸腹联合式呼吸时，主播要掌握并熟悉 4 种感觉，即对抗感、支撑感、气柱感和流动感，如表 4-3 所示。

表 4-3　练习胸腹联合式呼吸时要掌握并熟悉的感觉

感觉类型	说明
对抗感	小腹微收，后腰撑住打开，这是两种相互对抗的力量，而这两种力量可以实现对气息的控制

（续表）

感觉类型	说明
支撑感	在呼吸时寻找两肋与后腰被逐渐撑开的感觉，这种感觉可以带动后背逐步舒缓，腰带渐渐绷紧
气柱感	身体保持正直，精神兴奋和积极，找到畅通的感觉，此时会感觉身体内有一股垂直的气柱上下贯通，气柱充盈、饱满、源源不断
流动感	深吸气，并将气息压到腹腔保持数秒，再将气息提到胸腔保持数秒，反复练习，找到气息运动的感觉，在气息一压一提的过程中，可以感受到它的流动感和顺畅感

4. 其他练习

除了以上几种气息训练方法，主播还可以采用以下气息训练方法，综合运用各种气息控制技巧，如表4-4所示。

表4-4　气息训练方法

气息训练方法	练习方法
吸提	在推送气息的同时轻声、快速地数数字，从1数到10，一口气反复数，直到气息不能继续为止，记录自己反复数了多少次
软口盖练习法	闭口打呵欠，即打哈欠时故意不张开嘴巴，而是用鼻子吸气和呼气
压腹数数法	平躺在床上，在腹部压上一摞书，吸足一口气，开始从1往后数。这是对气息输出做强制训练，以达到提高腹肌和横膈膜控气力度的目的。做这个练习时，开始阶段压的书可少些，后逐渐增加，循序渐进
跑步背诗法	平时跑步出现轻微气喘时，可背一首短小的古诗来进行练习。开始训练时可两人配合进行，并肩小跑，一句接一句地背下去。背诵时，要尽量控制，不出现喘息声；一首诗背完后，调节呼吸，然后继续背诵
一口气托住	嘴里反复快速发出"噼里啪啦，噼里啪啦"直到这口气息不能再继续为止时发出"嘭—啪"的断音，然后反复练习
一口气绷足	先慢后快地发出"哈，哈—哈，哈，哈……"，锻炼有爆发力的断音；先慢后快地发出"嘿—厚，嘿—厚……"，直到气息不能再继续为止
偷气换气法	选一篇或一段长句较多的文章或段落，用较快的速度读下去；在气息不足时，运用"偷气"技巧，读后确定最佳换气处。"偷气"是指不要边发声边吸气，而是要用极快的速度，在不为人觉察时吸入部分气流；而换气宜口鼻并用，以鼻为主，掌握时间差，使气流充沛有力

任务三　**主播口头表达能力训练**

主播的口头表达能力是十分重要的，所以主播要想方设法提升自己的口头表达能力。口头表达能力的提升要有章可循，要使用正确的训练方式，包括速读法、复述法、描述法等，来锻炼口齿灵活度、语言组织能力和即兴表达能力，全方位提升语言运用能力。

一、用速读法锻炼口齿灵活度

速读是指快速地朗读，目的是锻炼口齿灵活度，使语音准确、吐字清晰。在速读的过程中，主播要用嘴大声地读出来，而不能只做出嘴形来默读。

速读法的要求如下。

1. 借助美文或演讲词来练习

主播可以借助美文或演讲词等进行速读练习，先借助词典把不认识或不熟悉的字或词查出来，分析并理解作品的主题思想，然后开始朗读。在第一次朗读的时候，速度不要太快，只求准确、标准，之后逐渐加快速度，直到达到设定的速度目标。

2. 保证语音准确、完整

主播在练习的时候要发音准确，吐字清晰，使每个字音都能发完整，这是练习速读的基础。如果主播不把每个字音发完整，一旦速度加快，人们便很难听清楚他说的是什么。因此，主播在练习速读的过程中要兼顾语音、语义的完整性。

3. 多找时间练习

速读法的练习几乎不受时间、地点的约束，不管在何时何地，只要手上有一篇文章即可练习，而且这种练习方法不受人员限制，不需要他人配合，可独立完成。因此，主播要多找时间练习，尽量用业余时间进行速读练习。

4. 及时纠错和改正

主播可以找一位同伴听一听自己的速读练习，让同伴指出自己在速读时出现的问题，或者可以使用录音设备记录自己的速读练习，然后回放录音，以第三方的角度来检查语音问题，例如哪个字的发音不够准确，哪个地方吐字不清晰等。这样一来，主播就能有目的地进行纠正，逐步提升自己的口齿灵活度。

二、用复述法锻炼语言组织能力

复述就是在理解和记忆的基础上，对书面材料进行整理，然后有条理、有中心、有感情地用口头语言将其表达出来。例如，看过某一篇故事以后，把这个故事讲给他人听就是复述的典型代表。复述与背诵不同，背诵要求把原材料准确无误地叙述出来，而复述只需把原材料的大致内容叙述出来即可，不要求原封不动地说出来。因此，复述不但可以锻炼一个人的理解能力和记忆能力，而且可以锻炼其语言组织能力。

复述的方式有很多种，主要包括简要复述、详细复述和创造复述，如表4-5所示。

表4-5 复述的方式

复述方式	说明	操作要领
简要复述	看完一篇材料后，抓住中心和重点，用简明扼要的口头语言把主要内容叙述出来，相当于缩写	阅读几遍材料，厘清写作思路，或者归纳并记住材料的重要内容、主要观点及先后顺序
详细复述	详细复述一般要接近原文，不得随意增减内容，打乱结构，变换人称，只能改变语言风格，也就是把书面语言变为口头语言	阅读几遍材料，弄清楚写作思路；采用先详后略、先繁后简的方式编写段落提纲；画出原文的结构图

复述方式	说明	操作要领
创造复述	在复述时对原材料的形式或内容进行某些调整和补充，如添加自己的看法等，类似于改写或扩写	改变人称复述，如把第一人称变为第三人称；改变结构复述，如把顺叙改为倒叙；增补内容复述，如对原文中叙述不详细的部分通过合理联想、想象进行增补

运用复述法锻炼语言组织能力需要按照以下步骤来进行。

● 找一篇自己喜欢的文章，最好是有故事情节的小说或者结构分明的叙事性散文。像诗歌、抒情性的散文就不太合适，这两类文章适合运用速读法。

● 认真阅读几遍材料，体会作者的写作意图。

● 记住材料的主要观点和重点内容，这一环节采用简要复述。

● 结合自己的思路，给材料添加看法或观点，也可改变材料中主要情节的先后顺序，这一环节采用创造复述。

● 完成前面几步之后，开始用饱满的情感、准确的语言、适中的语调对原材料进行复述。

三、用描述法锻炼即兴表达能力

描述法类似于看图说话或看图写作文，只是描述对象不再局限于书本上的画面，还包括生活中的一些景物、事物和人物，且要求比看图说话描述得更详细一些。简单来说，描述法是把自己看到的景物、事物、人物等用语言表达出来。

描述法没有现成的演讲词、散文、诗歌、故事等材料，练习者要自己去组织语言进行描述。

1. 描述法的步骤

描述法需按以下步骤来进行。

● 选择一幅画或一个景物作为描述对象。

● 观察描述对象。例如，如果练习者要描述"公园的亭子"，就要观察公园的亭子中及其周围有什么（如游人、树木、湖水等）；亭子是什么样的，游人的状态如何；亭子在湖水、游人等的衬托下是什么样的。这些都需要练习者用眼睛去观察，用心去体会，只有这样，练习者的描述才有基础。

● 把描述对象用语言表达出来。此时要抓住描述对象的特点，按顺序描述，注意用词的丰富性和精准性。

2. 描述法的注意事项

在通过描述法锻炼即兴表达能力时，练习者要注意以下两点。

（1）不要说成流水账

练习者要抓住描述对象的特点进行描述，语言清楚明了，有一定的文采，不能把描述内容说成流水账，否则过于平淡，毫无生气。

（2）描述要讲顺序

描述的时候要讲顺序，不能东一句，西一句，以免让人听了之后不知所云。当然，练习者在练习描述法时可以进行联想与想象。例如，当观察到公园的亭子前有一位老奶奶正带着她的孙子在高兴地游玩，可以产生一种联想，如想到自己的奶奶。练习者在描述的时候把这些加进去，可以使描述更充实、更生动。

任务四　拉近与粉丝之间距离的沟通策略

直播作为一种新兴的互动形式，主播与粉丝之间必然要进行互动。如果只是主播自己在那里说话，粉丝们没有任何反应，不发弹幕，不留言，也不点赞，主播直播的积极性就会受挫。要想增加与粉丝之间的互动，主播首先要开动脑筋，想出各种拉近与粉丝之间距离的策略，增加其在粉丝心中的好感度，与粉丝建立友好关系。

一、寻找能引起共鸣的话题

对于新手主播来说，其在直播中最大的问题是不知道找什么话题与粉丝互动，也不清楚如何切入直播内容，所以很容易出现直播间冷场的尴尬局面。出现这种情况，根本原因在于主播没有在直播前做好充分的准备，再加上经验不足，心里有些紧张。

主播在直播的过程中要选择合适且能引起共鸣的话题来切入直播内容，方法如下。

1. 从细节入手

主播可以从一些细节入手寻找话题。观看直播的粉丝对产品存在需求，兴趣度很高，当主播对产品进行全面、详细的介绍，并讲解相关小知识后，可以围绕产品的某一细节与粉丝展开讨论。例如，主播在推荐一款鞋子时，可以与粉丝讨论鞋子与服装的搭配、鞋子的清洁和保养技巧等。通过讨论这些共同话题，主播能够拉近与粉丝的距离。

2. 从粉丝的问题入手

主播可以根据粉丝提出的问题展开讨论。例如，当主播在推荐一款帽子时，有粉丝发弹幕询问"什么发型比较适合戴这款帽子"，主播可以此为话题，引导直播间其他粉丝参与讨论，最后给出自己的建议。

3. 从自身经历入手

主播可以讲述自己的经历，与粉丝展开讨论。例如，销售宠物零食的主播在直播时可以分享自己与宠物之间的趣事，也可以讲述在养宠物过程中遇到的烦恼，这些内容很容易引起喜欢养宠物的粉丝们的共鸣，促使他们也分享自己的经历，从而活跃直播间的气氛。

4. 从当下热点入手

主播要善于从当下热点中寻找话题，充分调动粉丝的积极性，增强其参与感，尤其要关注与产品相关的新闻热点。例如，主播在推销零食时可以将当下的"网红"零食作为话题，也可以借助热播剧中出现的美食吸引粉丝讨论。

寻找能引起共鸣的话题不仅有助于展现主播的亲和力，拉近主播与粉丝的距离，还能增强粉丝黏性，使粉丝更信任主播，进而愿意购买主播推荐的产品，从而提高直播间的销售额。

二、用提问引发互动

主播如果采用合适的提问方式，与粉丝的互动将会更为顺畅。为了引发互动，主播可以采用以下3种提问方式。

1. 暗示式提问

如果主播向粉丝提出的问题可能得到模棱两可的回答，那么这个问题就不太合适。主播应尽量使用引导回答"是"的提问方式，这有利于交流的深入开展。

例如，某主播在直播时并没有用"我现在来讲个故事"来引出与粉丝的交流，而是说："你们肯定想听我昨天在快餐店遇到的搞笑事情吧？"这句话巧妙地暗示了事情很有意思。同时，主播的说话口吻是平和的、商量式的，是在征求粉丝的意见，越是这样，粉丝们就越不好意思拒绝，就越可能给出肯定答复。

2. 封闭式提问

封闭式提问是指提问者提出的问题带有预设的答案，回答者不需要展开回答就可以使提问者明确某些问题。为了让粉丝很自然地说出"是"，主播要使用一系列层层递进的聊天分支主题，逐步突破粉丝的心理防线。这样一来，当粉丝肯定第一个主题后，往往不会否定第二个主题，否则就相当于否定自己。

例如，主播在推荐某款厨具前询问粉丝："这个假期很无聊，出去旅游的人太多，去旅游会很麻烦，是吧？"粉丝说："是的，到处都是人。"主播接着说："那不如在家里做道美食，既休闲又放松，是吧？"粉丝说："嗯，我很喜欢做新奇的料理。"粉丝也许一开始并未想聊厨艺话题，但在不知不觉中被主播引导进入肯定的心理模式，其心理防线逐步被突破，很快进入主播预设的直播环节。

3. 开放式提问

主播可以通过提问，尤其是开放式提问，给予粉丝自由发挥的空间，引导粉丝参与直播互动。开放式问题主要包括"怎么做""为什么"等，这类问题能促使粉丝积极地反馈。

主播提出开放式问题可以活跃直播间的氛围，体现对粉丝的关注，拉近与粉丝的距离，利于建立信任关系。开放式问题能让粉丝在互动中感到放松，更加自在地和主播交流，同时也让粉丝感受到主播欢迎他们参与直播，所以粉丝也更愿意发表自己的看法。

以销售零食为例，主播介绍完一款零食后，可以围绕该零食提出开放式问题，引导粉丝进行互动。例如，主播介绍完一款小蛋糕之后，可以问粉丝："我比较喜欢吃巧克力口味的蛋糕，不知道大家喜欢什么口味呢？可以在弹幕上说出你的最爱。"

主播介绍完一款口味独特的零食后，可以针对口味的独特性提出开放式问题，例如："这款零食中居然有香菜！香菜真是种神奇的食物，有的人爱吃，有的人离得远远的，不知道大家喜不喜欢吃香菜。你们喜欢吃或不喜欢吃的理由是什么？"这是一个比较有争议的话题，粉丝会积极地表达他们对香菜的看法，与主播进行互动。

总之，使用开放式问题与粉丝进行互动，可以增强粉丝的参与感，提升直播间粉丝的活跃度，同时加深粉丝对主播的喜爱和信任。

三、使用流行语

目前，年轻用户是直播购物消费的主力军，所以主播要吸引年轻粉丝的关注。主播要先深入了解年轻粉丝们的生活，和他们"打成一片"，这样才能获得他们的认可，吸引他们观看直播。这些年轻粉丝是网络流行语的主要使用者，所以在直播中适当引入当下热门的流行语是吸引年轻粉丝的有效方式。

在使用流行语时，主播要注意以下几点。

1. 保持更新

流行语的更新速度是很快的，新流行语出现后，旧流行语可能会失去对年轻粉丝的吸引力，继续使用会让他们觉得老套。因此，主播要经常关注网络动态，及时更新流行语库，确保使用的是当下最新的流行语，从而持续吸引年轻粉丝观看直播。

2. 明确流行语的含义

主播在使用流行语前一定要充分了解其含义，错误地使用流行语只会引起年轻粉丝的反感。例如，"呵呵"一词原本是模拟笑声，但在网络流行语中已演变为带有贬义的词，常用于表达嘲讽和不屑。如果主播想要表达轻松与愉快，但不合时宜地使用了该词，就可能会让年轻粉丝误以为是在讽刺他们的观点。因此，为了避免产生误会而导致年轻粉丝流失，主播使用流行语前，一定要深入了解其确切含义和适用语境。

另外，主播尽量不要使用有争议的流行语。所谓有争议的流行语，是指部分粉丝喜欢，但另一部分粉丝不喜欢，难以达成一致意见的流行语。为了吸引更多粉丝，主播应使用大家普遍接受的流行语。

3. 把握使用时机

主播要适当使用流行语，把它当作直播过程中的点缀，用来活跃直播气氛，所以流行语并不是用得越多越好。主播要把握使用流行语的时机，如果使用不当，可能会降低粉丝对自己的好感。

四、保持微笑

保持微笑可以拉近人与人之间的距离。如果一个人一直板着一张脸，即使容貌再美，也会给人以拒人于千里之外的感觉。因此，主播要经常面带微笑，这样才能赢得粉丝的喜爱，获得更多的流量。

人的容貌很大程度上受先天因素影响，如今直播平台的美颜技术很强大，再加上化妆技术，这些足以提升主播的外在形象，但微笑所蕴含的力量不是美颜和化妆所能提供的。

微笑能使人心情愉悦，是人际交往的润滑剂。粉丝关注主播，都希望看到主播的笑容，并在互动中感受温暖和愉悦。亲和力是主播必备的特质之一，而微笑是增强亲和力的重要因素。

在保持微笑时，主播要注意以下几点。

1. 做好微笑练习

微笑虽然看起来是一个很简单的动作，但也需要练习。其练习方法如下：嘴巴张开到刚露齿缝的程度，嘴唇呈扁形，嘴角微翘。主播在练习时应把工作和生活中的烦恼暂时抛到脑后，集中精力想想高兴的事情。每天练习 10 分钟，可以对镜练习，也可以对着手机摄像头进行自拍练习，观察自己的微笑是否自然。

2. 选择合适的微笑类型

主播不仅要懂得微笑的重要性，还要学会区分微笑的类型，并正确运用。表 4-6 所示为微笑的 3 种类型。

表 4-6　微笑的 3 种类型

微笑的类型	说明	使用场景
一度微笑	嘴角肌上提，露出浅浅的笑意	直播时遇到老粉丝，微笑示意时使用一度微笑；谈论比较重要的话题，或者在其他活动进行的过程中，回应普通粉丝时也可以用端庄的一度微笑，表示欢迎
二度微笑	微笑时嘴角肌、颧骨肌同时运动	在互动中谈到有趣的话题时，可以使用二度微笑，表示对粉丝的认同
三度微笑	微笑时嘴角肌、颧骨肌、眼周括纹肌同时运动	聊天气氛很好，或者出现很容易点燃情绪的笑点时，可以采用三度微笑，表示内心愉悦

3. 微笑要真诚

微笑不是假笑，单纯依靠咬筷子训练出的职业性笑容不一定能真正赢得粉丝的喜爱，而像面对朋友般自然流露的微笑才会受到粉丝的欢迎。因此，主播要注意笑容与表情的配合，做到笑到、眼到、意到、神到，同时将语言和微笑相结合，在微笑时说出打动粉丝的话语。

五、表情和动作自然

有些主播在直播时手足无措，表情、动作僵硬且单一，这不利于主播提高自身人气和产品销量。在直播销售过程中，主播要调整好表情和动作，用自己的精彩表现激发粉丝的热情。

直播间是主播和粉丝沟通互动的主要场所，除了保持微笑外，主播还要通过丰富的表情和动作来调动直播间的气氛。例如，主播在试穿某件服装时，如果上衣的试穿效果非常好，就可以言语夸张一些，或者通过一些夸张的动作来表达对这件上衣的满意。适度夸张可以让粉丝感受到主播的积极与热情，从而对产品产生好感。

又如，主播在推荐一款话梅时，对粉丝说："据说这个话梅非常酸，我们来尝一下。"主播吃了一个以后，皱紧眉头，眼睛挤成一条缝，迅速喝了一大口水，接着对粉丝说："这个话梅真的太酸了，我一放进嘴里酸味就出来了，实在是太酸爽了！喜欢吃酸的朋友们可以挑战一下。"主播这样声情并茂地介绍会激起粉丝的好奇心，促使他们下单购买。

除了语言外，主播的表情和动作能够反映自身的状态，感染粉丝的情绪。因此，主播要保证自己的表情和动作自然、活泼、灵动，以此活跃直播间的氛围，点燃粉丝的热情。

六、倾听粉丝的观点

网络直播是一种双向互动的形式，主播在直播时，弹幕会在直播间的屏幕上呈现。主播不能给人高高在上的感觉，而要时刻关注自己在镜头前的状态，同时倾听粉丝的观点，不敷衍他们的诉求，这样才能让流量稳步提升。

很多主播存在这样的问题：一旦知名度越来越高，获得的流量越来越大，就不再像以前那样关心粉丝，只把直播当成一项工作，而非全身心投入的事业，对粉丝十分敷衍，最终失去粉丝的信任，导致人设崩塌。人设崩塌对主播来讲是致命打击，而造成这一结果的原因，很大程度上在于主播没有积极倾听粉丝的诉求，敷衍粉丝。

当主播知名度越来越高时，的确无法兼顾所有粉丝的需求，但是越是在粉丝量激增的状态下，就越要保持稳定的心态，维持人设的稳定性。那么，主播应如何尽可能倾听粉丝的观点呢？

1. 时刻保持最佳状态

主播要认清一点：直播不是一件随便的事情，主播以饱满的状态面对粉丝，粉丝才会以同样的热情回馈主播。因此，不管直播前状态有多差，主播一旦开始直播，都要尽量保持良好的状态与粉丝互动。如果主播状态不佳、思绪混乱，就很容易忽略粉丝的需求，无法及时回复粉丝的问题。

如果主播确实有无法克服的困难，如嗓子发炎无法唱歌，身体不舒服不能跳舞等，要在第一时间向粉丝说明，并在直播间、社交平台等渠道公示。人不是机器，都会有生病、出现突发情况等状况，只要主播向粉丝说明原因，粉丝通常会理解主播。

2. 与助理密切配合

如果条件允许，主播可以聘请一名助理协助直播。助理在直播过程中记录粉丝较为重要的弹幕或留言，提醒主播及时回答粉丝的问题，满足粉丝的各种需求。

3. 不要逃避粉丝的提问

如果粉丝提出了自己不想回答的问题，主播可以通过巧妙转移话题的方式，在照顾粉丝情绪的前提下避开提问陷阱。例如，粉丝问主播一年赚多少钱，针对这个隐私话题，主播可以这样延伸："做直播带货，每一年挣得都不一样，有的时候多，有的时候少，但做直播带货重要的不是挣多少钱，而是在挣钱的同时为大家选出适合、高性价比的商品，这是非常有成就感的。不知道大家平时在工作中获得的成就感有哪些？可以在弹幕区留言哦！"

七、开玩笑要适度

主播作为公众人物，在直播间说话要遵循适度原则，注意说话的分寸，尤其是开玩笑时更应如此。

尽管开玩笑可以拉近主播与粉丝之间的距离，打破人际壁垒，但有些玩笑不能开，如有伤风化的低俗玩笑，以免给粉丝留下"主播格调不高""总是这样很没意思"等负面印象。

开玩笑的目的是逗大家开心，活跃直播间的氛围，但主播不能以部分人的痛处或短处开玩笑，也不可挖苦或讽刺粉丝，更不能以社会上出现的令人悲伤的现象开玩笑，否则粉丝会觉得主播过于冷漠，没有同情心。玩笑一旦开过了火，主播很可能因为这些争议话题陷入舆论风波，或许短期内关注度和热度会提高，但其在粉丝心中的形象和信任度会大打折扣，得不偿失。

语言是主播与粉丝交流感情的工具，有些话不得不说，但有些话只能点到为止。需要说话的时候不说，是对人的不礼貌，但说得太多、太过分，也会出问题。

言多必失，因为并非所有的话题都适合在任何时间、任何地点公开谈论。尤其是不要为了逞口舌之快，而谈论具有争议性的敏感话题。

如果说文明、适度、幽默是主播语言的外在包装，那么专业则是主播语言的实际内核。语言的专业性、直播内容讲解的专业性是整个直播的重中之重。

八、恰当赞美粉丝

赞美是对别人的认可与肯定，也能体现出主播的自身修养。赞美是指主播运用恰当的语言，说到粉丝的心坎上，这样不仅能够提升沟通效果，拉近与粉丝之间的距离，还能使主播的个人形象更立体，更富有人情味。

赞美看似很简单，但真诚且打动人心的赞美并不容易。主播因年龄、知识、素养、性格不同，对赞美他人的看法也各不相同。有的主播平时不怎么赞美他人，觉得赞美粉丝很虚伪；有的主播非常乐意赞美粉丝，但找不到合适的方法，没有准确的切入点；还有的主播觉得赞美粉丝会让自己掉价。

要想克服这些问题，提升沟通能力，主播要从以下 6 个角度学会赞美粉丝。

1. 称赞粉丝的"形象"

在直播间，主播最容易看到的莫过于粉丝的昵称、头像、字体和表情包等"形象"。根据粉丝的"形象"，主播便可以很容易地找到粉丝值得赞美的部分，尤其是粉丝的昵称和头像，常反映一个人的审美能力和价值观，这也是粉丝引以为傲的特点。

例如，主播看到粉丝的头像是可爱的卡通头像，可以这样赞美："这个头像好可爱啊，你喜欢小动物吗？"这句赞美既亲切又自然，丝毫不显得刻意，粉丝听到主播对自己的赞美，会感到心情愉悦，认为主播很有爱心。

2. 称赞粉丝的行为

主播可以称赞粉丝的行为，如"礼貌""热情""有素养""守时""绅士风度"等。例如，主播观察到粉丝付出努力的行为，就可以真诚地赞美。相比之下，有的主播只赞美粉丝的打赏、点赞和购买商品的行为，就显得有些眼界狭隘、品位不高。

3. 称赞粉丝的能力

主播可以在与粉丝互动时多挖掘其中有特点的个体，找到其突出的能力，再予以赞美，包括工作能力、说服能力、生活能力等。例如，某位粉丝在直播间发弹幕说自己晚上做饭给家人吃，做了好多菜，主播这时就可以顺着话题夸赞粉丝："你有这么好的厨艺，家人可太幸福了，你真的很厉害！"其他粉丝看到后也会受到鼓舞，谈论相关话题，进而活跃整个直播间的沟通氛围。

4. 称赞粉丝的信念

有时粉丝随口表达的想法代表其内心深处的信念。信念与个人的世界观、价值观和生活工作方式密切相关，主播从这方面入手进行赞美，很容易被粉丝接受。例如，"你总是这么乐观，积极向上，充满了正能量！""我最近也开始注意饮食的健康搭配了，我想这应该是受到你们的影响，谢谢你们的提醒。"这些话能让粉丝感到被认可与接纳，也会提升其对主播的好感度。

5. 避免模糊赞美

主播赞美粉丝时不要使用"还不错吧""还行吧"等模棱两可的表述，这样的赞美听起来过于敷衍、不真诚，还不如实话实说，起码粉丝会觉得主播诚实、坦率。

6. 避免简单赞美

主播不能重复老套的赞美词汇，否则会显得过于简单，甚至庸俗，丝毫不走心。为了取得更好的赞美效果，主播应该拓展知识面，在业余时间钻研粉丝群体主要人群的实际特征和心理需求，然后有针对性地设计出别出心裁且耐人寻味的赞美语句，提升赞美的独特性，给粉丝留下深刻的温暖印象。

📖 **学思融合**

在与观众互动时，主播要始终将尊重作为交流的基石，通过耐心倾听理解多元观点，运用包容性语言进行表达，避免产生偏见与误解。同时，要善用积极的话语传递正能量，例如，以同理心分享个人经历，引发观众的情感共鸣。此外，在直播过程中，要通过与镜头的目光交流向观众传递真诚，合理调控语速、语调，营造舒适的直播氛围。

项目实训：口头表达技巧模拟演练

1. 实训背景

在直播中，主播清晰、生动且富有感染力的表达不仅能够吸引观众，还能有效地传递信息、促进产品销售。在日常的学习和工作中，可以通过模拟口头表达来提升语言表达能力，从而更好地适应未来多元化的职业需求，为投身直播行业或其他相关领域打下坚实的基础。

2. 实训要求

开展绕口令、朗诵等基础练习，提升发音准确性和吐字清晰度；进行主题演讲训练，锻炼内容组织能力和逻辑表达能力。

3. 实训思路

（1）绕口令训练

准备阶段：教师收集整理不同难度、涵盖多种发音组合的绕口令，如包含平翘舌、前后鼻音、唇齿音等易混淆发音的绕口令，并按难度分类，制作成训练资料分发给学生。

练习阶段：学生先慢速朗读绕口令，熟悉内容和发音，确保每个字发音准确，教师在旁指导纠正。随后逐渐加快速度，达到规定的语速标准，且在快速朗读过程中保持发音清晰，不吞字、不模糊。可开展分组竞赛，每组推选代表进行绕口令背诵比赛。

总结阶段：每次练习结束后，学生总结自己的发音问题，教师进行点评，针对普遍问题集中讲解和示范。

（2）朗诵训练

素材选择：教师提供诗歌、散文、故事等多种风格，涵盖欢快、悲伤、激昂、抒情等不同情感基调的朗诵素材。学生根据自身喜好和能力选择素材，也可在教师建议下进行调整。

分析理解：学生深入分析朗诵素材的主题、情感、意境等，标注重点词句和需要着重表现的情感节点。教师引导学生理解作者的创作意图和作品的深层内涵，帮助学生更好地把握朗诵的情感基调。

朗诵实践：学生进行朗诵练习，注意发音、语调、语速、停顿等技巧的运用，通过声音的变化展现作品的情感。可采用录音或录像的方式，学生自我回放，找出不足之处并改进。同时，在课堂上公开朗诵，其他同学认真倾听并提出意见和建议。

（3）主题演讲训练

主题确定：教师给出涉及社会热点、校园生活、个人成长等不同领域的多个演讲主题，学生可根据自身兴趣和知识储备选择主题，也可自行确定相关主题，但需经过教师审核。

内容构思：学生围绕主题构思内容，撰写演讲稿。演讲稿应包含明确的观点、合理的论证结构，以及生动的案例或故事，以增强演讲的说服力和吸引力。教师指导学生梳理思路、搭建演讲框架，并对演讲稿提出初步修改建议。

演讲展示：学生在课堂上进行演讲展示。每位学生演讲结束后，其他同学从内容、表达、仪态等方面进行评价打分，教师进行总结点评，提出改进方向。

项目五
主播人文、AI 素养
与团队意识培养

学习目标

知识目标
➢ 掌握主播培养知识涵养和文化底蕴的方法。
➢ 掌握主播应遵循的行为规范与职业道德。
➢ 掌握主播培养 AI 素养的方法。
➢ 掌握主播培养团队精神和提升团队沟通能力的方法。

能力目标
➢ 能够采用有效的方法培养自身的知识涵养和文化底蕴。
➢ 能够在行为规范和职业道德的指导下开展直播活动。
➢ 能够积极运用各种方法培养和提升自身的 AI 素养。
➢ 能够采用有效的方法提升团队精神和团队沟通能力。

素养目标
培养大局观念和协作能力，在团队讨论中积极发表意见，善于倾听他人观点。

引导案例

趣味解说，让历史"活过来"

"冰蛋"是抖音平台上的旅游自媒体博主，更是一名将秦砖汉瓦讲成段子，让历史在笑声中"活过来"的文化传播者。

扫码看视频

"冰蛋"在直播中常以幽默诙谐的方式讲解历史文化和旅游知识，让观众在轻松愉快的氛围中获得知识。讲解秦俑彩绘工艺时，他用凉皮作比："当年工匠给陶俑涂颜料，跟咱调凉皮辣子一样讲究，红是朱砂，绿是孔雀石，掉色？不存在的！"这种通俗易懂讲解方式的背后，是"冰蛋"对地域文化的深刻理解。他熟知每一尊陶俑的"身世"，将关中谚语、民俗掌故融入讲解，例如，用"冷娃"（陕西俗语，指倔强的青年）形容兵马俑的神态，用"胡基（土坯）摞胡基"解释秦砖的烧制工艺，让冰冷的文物瞬间有了陕西人的性格。

提到兵马俑与名人"撞脸"现象，"冰蛋"讲解时不忘科普："陶俑以秦军将士为原型，千人千面是写实工艺，咱陕西人自古就长得有辨识度！"这种"段子+学术"的混搭，让网友在笑声中记住：兵马俑不是"泥娃娃"，而是一部立体的秦史。

针对不同年龄层的观众，"冰蛋"准备了多套讲解版本：给孩子讲"兵马俑的朋友圈"（不同兵种的互动），给年轻人聊"秦朝KPI考核"（军功爵制度），给老年游客说"秦始皇的养生经"（秦代食疗文化）。在讲解铜车马时，他会掏出手机展示3D复原图："看这伞柄的机关，比现代折叠伞还精巧，老祖宗的智慧，咱得服！"

在带货直播中介绍茯茶时，"冰蛋"既能引用"向来只说官茶暖"的古诗，又能准确解释"冠突散囊菌"的学名与功效，还会一边泡茶一边讲丝路故事："当年骆驼队带着茯茶走西口，茶砖里的金花就是咱陕西人的'益生菌名片'。"这种"文化+物产"的叙事方式让陕西特产成了可触摸的历史。

"冰蛋"的直播间没有套路化的"家人们下单"，只有幽默又严谨、接地气的历史知识。他用方言架起古今桥梁，用段子包裹文化厚度，让兵马俑的俑道变成流动的历史课堂。正如他所说："兵马俑的故事，不是讲给耳朵听的，是讲给心听的。"

案例讨论： 探讨新媒体传播方式对地域文化传播的积极作用，以及其对传统文化传播模式的挑战与革新。

人文素养是主播核心素养的重要组成部分。一个具备丰富人文素养的主播能够以独特的视角和深刻的见解，为用户提供有温度、有深度的信息解读。此外，AI素养也成为人工智能时代主播生存和发展的必备素养。

与此同时，团队意识的培养对于主播而言至关重要。良好的团队意识不仅能促进主播与团队成员协作，充分发挥各自的作用，确保直播活动的顺利进行，还能增强团队的凝聚力和战斗力，助力团队更好地应对各种挑战。

任务一　主播人文素养的培养

人文素养体现的是人的内在品质，培养主播的人文素养不仅是提升主播个人职业素质和竞争力的需要，更是推动直播行业健康发展和社会文明进步的重要途径。通过知识涵养、文化底蕴、职业道德和社会责任的全面提升，主播可以更好地服务用户、传播正能量、弘扬优秀文化。

一、主播知识涵养和文化底蕴的培养

知识涵养和文化底蕴是主播个人魅力的重要组成部分。拥有丰富知识储备和深厚文化底蕴的主播能够在直播中旁征博引，展现独特的见解，为用户提供专业、有深度的直播内容。这有助于主播形成个人特色和品牌效应，在激烈的竞争中脱颖而出。

培养知识涵养和文化底蕴是一个持续且系统的过程，主播可以从以下 7 个方面进行努力。

1. 广泛阅读与积累

主播可以广泛涉猎不同领域的书籍，以拓宽视野，丰富知识储备。例如，主播通过阅读文学作品提升语言表达和情感理解能力，通过阅读历史书籍了解古今变迁，通过阅读哲学类书籍培养思维深度，通过阅读科学书籍增加对自然和世界的认识，通过阅读艺术类书籍提高审美水平。主播可以制订详细的阅读计划，每月阅读一定数量的书籍，并做好笔记，记录感悟和知识点。

主播还可以通过阅读新闻报道、时事评论文章，以及浏览各专业领域的知名网站，及时了解时事动态、文化资讯和行业前沿知识。

2. 持续学习与进修

主播可以根据自己的兴趣和职业发展方向，选择相关的专业课程进行深入学习，如参加文化艺术鉴赏培训、历史研究专题培训等，以系统地学习新知识。

主播也可以积极参与各类文化交流活动，如文化研讨会、艺术展览开幕式、学术讲座等。在这些活动中，与文化界人士、专家学者交流互动，拓宽文化视野，获取最新的文化信息和前沿知识，为直播内容提供更多素材和灵感。

主播还可以利用在线教育平台提供的丰富课程资源，随时随地地学习新知识。这些平台通常涵盖多个学科领域，主播可以根据自己的需求选择合适的课程。

3. 生活实践与体验

主播可以通过参与社会实践和志愿服务活动，深入地了解社会现实和民生问题。这些活动不仅有助于主播积累社会经验，还能提升其社会责任感和人文关怀精神。主播还可以通过参观博物馆、艺术馆、历史遗迹等文化场所，亲身体验和感受文化遗产的魅力；通过旅游了解各地的风土人情、历史文化和艺术特色；通过尝试不同的艺术形式，如音乐、绘画、书法等，来陶冶自身情操，提升自身艺术修养。

4. 日常观察与思考

在日常生活中，主播要养成观察和思考的习惯，从身边的事物中发现文化元素和知识亮点。例如，观察街头巷尾的建筑风格、人们的生活方式等，思考背后的文化内涵和历史渊源。将这些日常的观察和思考整理成直播素材，与用户分享生活中的文化知识。

5. 积极交流与合作

主播可以通过社交媒体、专业论坛等渠道与其他主播、行业专家、学者等建立联系并进行知识交流和经验分享；通过参与行业内的合作项目和研究活动深入了解行业动态和前沿知识；通过邀请嘉宾进行直播访谈，了解不同领域的知识和文化，并借助嘉宾的专业知识和经验来丰富自己的直播内容。

6. 自我反思与总结

主播需要定期进行自我反思和总结，分析自己在直播中的表现和不足之处，并制订改进计划，以提升自己的专业素养和文化底蕴。

主播可以根据自己的职业发展规划和个人兴趣爱好设立学习目标，并制订相应的学习计划。在学习过程中，主播可以记录学习笔记和心得体会，以巩固所学知识。

7. 培养批判性思维

主播要学会独立思考，并勇于质疑传统观念或未经证实的信息。在直播过程中，主播应保持开放的心态接受新知识和新观点，并对接收到的信息进行筛选和判断，以确保其真实性和可靠性。

在阅读新闻、文章或观看视频时，主播应运用批判性思维进行阅读和分析，关注信息来源的可靠性和客观性，并对信息进行深入思考与评估，以形成自己的见解和判断。

二、主播行为规范与职业道德

主播作为公众人物，其言行举止对社会公众具有一定的示范效应。主播遵守相应的行为规范和职业道德，不仅是维护行业秩序的需要，还是营造积极向上网络环境的必然要求。

1. 主播行为规范

根据2022年6月国家相关部门发布的《网络主播行为规范》（以下简称《规范》）中的规定，网络主播应该遵守以下行为规范。

（1）网络主播应当自觉遵守中华人民共和国宪法和法律法规规范，维护国家利益、公共利益和他人合法权益，自觉履行社会责任，自觉接受行业主管部门监管和社会监督。

（2）网络主播应当遵守网络实名制注册账号的有关规定，配合平台提供真实有效的身份信息进行实名注册并规范使用账号名称。

（3）网络主播应当坚持正确政治方向、舆论导向和价值取向，树立正确的世界观、人生观、价值观，积极践行社会主义核心价值观，崇尚社会公德、恪守职业道德、修养个人品德。

（4）网络主播应当坚持以人民为中心的创作导向，传播的网络表演、视听节目内容应当反映时代新气象、讴歌人民新创造，弘扬中华优秀传统文化，传播正能量，展现真善美，满足人民群众美好生活新需要。

（5）网络主播应当坚持健康的格调品位，自觉摒弃低俗、庸俗、媚俗等低级趣味，自觉反对流量至上、畸形审美、"饭圈"乱象、拜金主义等不良现象，自觉抵制违反法律法规、有损网络文明、有悖网络道德、有害网络和谐的行为。

（6）网络主播应当引导用户文明互动、理性表达、合理消费，共建文明健康的网络表演、网络视听生态环境。

（7）网络主播应当保持良好声屏形象，表演、服饰、妆容、语言、行为、肢体动作及画面展示等要文明得体，符合大众审美情趣和欣赏习惯。

（8）网络主播应当尊重公民和法人的名誉权、荣誉权，尊重个人隐私权、肖像权，尊重和保护未成年人、老年人、残疾人的合法权益。

（9）网络主播应当遵守知识产权相关法律法规，自觉尊重他人知识产权。

（10）网络主播应当如实申报收入，依法履行纳税义务。

（11）网络主播应当按照规范写法和标准含义使用国家通用语言文字，增强语言文化素养，自觉遏阻庸俗暴戾网络语言传播，共建健康文明的网络语言环境。

（12）网络主播应当自觉加强学习，掌握从事主播工作所必需的知识和技能。对于需要较高专业水平（如医疗卫生、财经金融、法律、教育）的直播内容，主播应取得相应执业资质，并向直播平台进行执业资质报备，直播平台应对主播进行资质审核及备案。

2. 主播职业道德

职业道德是指在一定职业活动中应遵循的道德规范。主播职业道德主要包括以下内容。

（1）专业敬业

主播要对工作充满热情，保持专注，尽力做好本职工作。要保证直播质量，认真对待每一场直播，提前做好准备工作，包括策划直播内容、调试设备、检查网络等，确保直播过程顺利进行。直播过程中，要保持良好的精神状态，全身心投入，不敷衍用户，不随意中断直播，为用户提供优质的视听体验。

主播应具备专业的知识和技能，为用户提供有价值的直播内容。同时，主播要不断提升自己的专业能力，如语言表达能力、才艺表演、内容策划能力等，以提供更高质量的直播内容。随着直播技术的不断发展，主播要及时关注行业动态和新技术发展，及时学习和掌握新的直播设备和软件的使用方法，更新自己的直播方式和手段，提高直播的专业性和观赏性，提升自身的职业竞争力。

此外，主播要注意自己的言行举止，注重自我形象的管理和维护，避免因不当行为影响公众形象。

（2）诚信带货

主播在带货时应如实介绍商品的特点，不夸大或虚假宣传，对商品的性能、质量等方面的描述基于需真实的使用体验或可靠的商品检测报告，客观说明商品的优缺点，避免隐瞒缺陷或误导用户，确保用户权益不受损害。

主播应提醒用户理性消费，避免通过煽动性语言诱导用户进行不必要的消费。对于用户的消费行为，主播应给予合理建议而非盲目鼓励。

主播应与商家合作，确保用户在购买商品后能够享受完善的售后服务。对于用户的投诉或问题，主播应积极协助解决。

（3）诚实守信

主播应向用户展现真实的自己和真实的生活状态，不刻意营造虚假人设来骗取用户的信任和支持。不通过刷粉丝量、点赞数、评论数等行为来制造虚假的人气和热度，保持数据的真实性和客观性，以真实的影响力和传播力来赢得用户的认可。

主播在直播中向用户许下的承诺一定要坚决履行。例如，承诺在直播达到一定观看人数时进行抽奖，就必须按照既定规则执行，从奖品设置、抽奖方式到公布中奖名单、发放奖品，每个环节都要做到公开透明。

（4）正德守规

主播要利用直播平台传播积极、健康、正面的价值观，避免在直播中表达消极、颓废、厌世等不良情绪。不传播低俗、媚俗、恶俗的内容，如不适当的玩笑、露骨的语言等。保持直播内容的文明和高雅，注重文化内涵和艺术价值，为用户提供有益的精神食粮。

对于在直播中要传播的信息，主播要进行多渠道核实，不故意编造虚假信息、传播谣言，避免误导用户。例如，主播在传播新闻资讯类内容时，要从权威媒体获取信息源，确认信息的真实性后再进行分享，不传播未经证实的消息。

严格遵守国家法律法规和政策要求，不传播违法违规内容，不发布涉及敏感信息、有害信息的内容，维护网络空间的安全和稳定。

（5）尊重他人

主播要平等地对待每一个用户，无论用户背景如何，都应以平等、友善的态度相待。面对用户的提问，要耐心解答，即便问题简单或重复，也不应表现出不耐烦。对于用户提出的合理建议，要虚心接受并积极改进。当用户表达不同观点时，要以开放的心态交流，避免与用户发生争吵，营造和谐、包容的直播氛围。

与其他主播保持良好的合作与竞争关系，不恶意诋毁、攻击同行，不通过不正当手段抢夺对方的资源和粉丝。尊重同行的创意和劳动成果，不抄袭、剽窃他人的直播内容和形式。

对他人的知识产权予以高度尊重，不盗用他人的音乐、视频、图片等素材用于自己的直播，如需使用必须获得合法授权。不抄袭他人的文案、创意策划等，坚持原创，保护他人的版权权益。

（6）遵纪守法

主播要全面深入了解并严格遵守国家各项法律法规。例如，主播要严格遵循平台规则，不发布违反平台规定的内容；如实申报收入，依法纳税，不通过各种违法手段偷逃税款。坚决杜绝传播违法内容，不进行违法犯罪活动，维护网络空间和社会的法治秩序。

（7）合规履约

主播与平台、合作方签订的合同具有法律效力，必须严格遵守。主播要按照合同约定的时间、内容、形式等进行直播，不擅自违约。遵守平台的规定和要求，积极配合平台的管理和监督，维护行业的正常秩序。

（8）保护隐私

主播应尊重他人的隐私权，确保直播过程中的信息安全，不泄露他人的个人信息，也不应利用技术手段侵犯他人隐私。在直播中涉及用户信息时，应事先征得用户同意并确保信息安全。

三、主播应承担的社会责任

主播作为社交媒体中的重要角色，其行为和言论不仅会对用户的价值观和行为产生影响，还会对社会文化生态造成影响，因此主播应承担相应的社会责任。

1. 弘扬正能量

主播要通过直播内容积极传播积极向上、健康乐观的价值观和生活态度，如展示努力奋斗、关爱他人、奉献社会等正面行为和事迹，激励用户追求美好生活。要避免在直播中传播消极情绪，以免对用户心理产生不良影响。

2. 传播和践行社会主流价值观

主播应当以身作则，践行社会主义核心价值观，在直播中通过自己的言行举止展现爱国、敬业、诚信、友善等品质，引导用户树立正确的价值取向。

例如，在国家重要节日或重大事件时，主播通过直播表达对祖国的热爱与祝福，传播爱国精神；认真对待每一场直播，精心准备内容，展现专业精神；在直播带货等活动中，如实介绍商品信息，不虚假宣传；在与用户、其他主播的互动中，礼貌待人，以和为贵等。主播通过这些具体行为，为用户树立起正确价值取向的榜样，引导用户在生活中践行这些价值观。

3. 保护未成年人权益

主播要充分了解未成年人的心理和认知特点，知晓他们正处于价值观和行为习惯形成的关键时期，心理较为脆弱，容易受到外界不良因素影响。因此，在直播内容的选择和呈现上，要严格规避不适宜未成年人观看的内容，并杜绝可能引发未成年人模仿的危险行为，为未成年人营造安全的网络环境，保护未成年人的身心健康。

在面对未成年人用户时，主播要主动发挥正向引导作用，鼓励他们努力学习、积极向上，培养良好的行为习惯和道德品质。同时，要配合平台做好未成年人保护工作，例如，不诱导未成年人为直播付费，避免他们因缺乏判断力而进行不恰当的消费行为。

4. 促进文化传播

主播应积极承担起文化传播的使命，通过多样化的内容和形式，向用户展示中华文化的独特魅力，增强民族文化自信。

一方面，在直播内容策划上，主播可以深度挖掘中华优秀传统文化的精髓，从古老的诗词歌赋到精美的传统手工艺品制作，从博大精深的中医养生知识到独特的地方民俗风情，全方位展示文化魅力。例如，主播通过生动有趣的讲解，让用户了解诗词背后的历史故事与文化内涵，亲身体验传统手工艺制作过程中的匠心独运。

另一方面，主播可以利用直播平台的传播优势，跨越地域限制，将本土文化推向更广阔的受众群体，与世界分享中华文化的独特价值。同时，主播自身要深入学习文化知识，在直播中展现出对文化的深厚理解与热爱，用富有感染力的表达方式激发用户对中华传统文化的认同感和自豪感，使用户在文化熏陶中不断增强文化自信，进而推动文化的传承与创新，在网络空间营造浓厚的文化氛围，让文化的力量得以广泛传播。

5. 关注社会问题

利用自身的影响力，关注社会热点问题和弱势群体，如贫困地区发展、环境保护、残障人士关爱等，通过直播等方式引起更多人对这些问题的关注，为推动社会进步贡献力量。

6. 积极参与公益活动

主播可以利用自身影响力主动发起或参与公益直播活动。例如，通过直播义卖、募捐等形式，为贫困地区的教育事业筹集资金；直播植树造林活动，带动粉丝和社会公众一起参与，为改善生态环境贡献力量；进行助农带货，助力农产品销售等。通过自身的实际行动，带动更多人投身公益事业，形成良好的社会风尚，为社会的和谐发展贡献力量。

任务二　主播 AI 素养的培养

在人工智能时代，除了内容输出能力，如何与 AI 技术协作、共存，甚至利用它放大自己的价值也成为影响主播竞争力的重要因素。主播需要具备一定的 AI 素养，以更好地适应时代的变革，应对挑战。

一、AI 素养的内涵

AI 素养是指人们在人工智能时代所应具备的与人工智能相关的知识、技能、态度和价值观的综合能力。它不仅包括人们对人工智能技术的基本理解，还涵盖了人们在实际应用中如何与人工智能协作、应对人工智能带来的挑战以及合理利用人工智能提高自身工作效率和生活质量的能力。具体来说，AI 素养包括以下内容。

1. 知识层面

（1）理解 AI 基础概念：了解 AI 的定义、发展历程、主要技术和应用领域，如机器学习、深度学习、自然语言处理等。

（2）掌握 AI 工作原理：知晓常见的 AI 算法和模型是如何工作的，如神经网络的基本结构和训练过程。

（3）熟悉 AI 应用范围：清楚地知道 AI 技术在不同行业的具体应用场景，如医疗、教育、金融、交通等领域的智能化解决方案。

2. 技能层面

（1）数据处理与分析能力：能够收集、整理和分析数据，为 AI 模型提供高质量的训练数据，并能理解数据对模型性能的影响。

（2）技术操作与应用能力：熟练使用 AI 相关工具和平台，如 AI 直播软件、智能客服系统等，能够对这些系统进行基本的操作和设置。

（3）问题解决与创新思维：在面对 AI 应用中的问题时，能够灵活运用所学知识和技能，提出创新的解决方案，并不断优化工作流程和方法。

3. 态度与价值观层面

（1）积极适应与学习态度：保持对 AI 技术的好奇心和学习热情，主动关注行业动态，不断提升自己的 AI 素养。

（2）批判性思维与审慎判断：对 AI 生成的结果保持批判性思维，能够分析和评估其准确性和可靠性，避免盲目依赖。

（3）伦理意识与社会责任感：在使用 AI 技术时，遵守相关的伦理规范和法律法规，尊重隐私和知识产权，避免出现数据泄露、虚假信息传播等问题。

二、AI 素养的培养

在人工智能时代，主播可以通过以下 6 种方式培养 AI 素养。

1. 主动学习相关知识

主播可以通过阅读书籍、观看专业课程等方式主动学习 AI 相关知识，如基本概念、技术原理等，了解 AI 在直播中的应用领域和潜力，为实际应用打下坚实的基础。

2. 积极探索 AI 工具

积极探索和熟悉主流的 AI 工具的功能、应用方法等，如智能推荐系统、AI 内容创作工具、语音识别软件等，学会在直播中灵活运用这些工具，提升直播效果。

3. 在实践中应用 AI 工具

在直播过程中，学会与 AI 工具无缝配合。例如，利用智能客服实时回答观众提出的常见问题，提高互动效率；借助 AI 工具进行直播数据的分析，以更好地了解观众需求和偏好。尝试利用 AI 工具进行直播内容创作和优化。例如，使用 AI 工具生成直播脚本、设计有趣的互动环节、优化直播画面和音频效果等，提升观众的观看体验。

4. 培养创新意识

积极关注 AI 的最新技术和应用案例，从中获取灵感，积极探索如何将新的 AI 技术应用到直播中，开发出新颖的直播形式和互动方式，吸引更多的观众。

在使用 AI 技术辅助直播的同时，主播应注重保持和强化自身的个性化风格。例如，通过独特的语言表达方式、直播主题设计等，与 AI 的标准化处理形成互补，突出自身的特色，提升自身在直播领域的竞争力。

5. 持续关注 AI 技术发展

养成持续关注 AI 技术发展动态的习惯，通过阅读专业书籍、关注行业博客、参加线上线下的技术论坛等方式，及时了解 AI 技术的新进展、新应用，不断更新自己的知识体系。

6. 参加培训与交流

积极参加与 AI 相关的培训课程、研讨会、工作坊等，与同行、专家进行深入交流和学习。同时，也可加入相关的线上社群，分享经验、交流心得，共同提升 AI 素养。

任务三 主播团队协作能力的培养

在媒体融合与团队协作成为常态的当下，主播不再孤立地存在于镜头前，而是作为团队中的一员，与其他成员共同协作，完成内容创作、传播与反馈的全过程。良好的团队协作能力能够促进主播与团队成员之间的有效沟通，提高工作效率，确保内容质量，同时也有助于主播在团队中找到自己的定位，实现个人价值与团队目标的双赢。

一、主播团队角色定位

在直播活动中，主播直接面对用户，通过自己的形象、语言和行为吸引用户的关注，可以说，主播是整场直播活动的核心人物。主播需要对直播内容负责，在保证直播内容合规的基础上，提升内容的趣味性和吸引力，从而吸引更多用户进入直播间。在直播团队中，主播承担着氛围带动者和团队协调者的角色。

主播在直播现场的情绪和状态会直接影响整个团队的氛围。一个积极向上、充满活力的主播能够带动团队成员的工作热情，使直播过程更加顺畅和高效。在大型直播活动中，主播的热情和专注能够感染摄像、导播等幕后工作人员，促使大家齐心协力完成直播任务。

同时，主播还需要扮演好团队协调者的角色，与团队成员紧密合作，确保直播顺利进行。在直播前，主播需要与运营人员、场控人员、客服人员等进行充分的沟通和协调。例如，与运营人员一起制定直播策划方案，明确直播主题、流程和产品推荐顺序；与场控人员确认直播现场布置和设备调试情况，确保直播画面和声音的质量；向客服人员了解用户可能提出的问题和需求，提前准备好解答方案。

在直播过程中，主播要随时与团队成员保持沟通协作。例如，当商品链接出现问题时，及时与场控人员沟通解决；当用户提出特殊的问题或需求时，与客服人员协作，及时给予用户满意的答复。

此外，主播还应积极参与团队的头脑风暴和创意讨论，为团队提供新的创意和思路。例如，在商品推广方面，结合自己的直播经验和用户反馈，提出新颖的促销活动方案，与团队共同打造具有吸引力的直播内容。

只有当主播准确地扮演好这些角色，并与团队成员密切配合时，直播团队才能在激烈的市场竞争中脱颖而出，实现直播销售的目标。

二、主播团队精神的培养

团队精神是大局意识、协作精神和服务精神的集中体现。主播具备团队精神，有利于提高直播团队的协作效率，增强团队凝聚力，从而实现更好的直播效果和更高的商业价值。主播可以从以下4个方面入手来培养自己的团队精神。

1. 增强沟通协作意识

主播要主动与团队成员分享自己的想法、计划和感受，同时认真倾听他人的意见和建议。例如，在直播前的策划会议上，积极表达自己对直播内容、形式的想法，也认真听取策划、运营等团队成员的观点，共同完善直播方案。

主播对团队成员提出的问题和反馈要及时回应，无论是技术问题、内容建议还是合作中的矛盾，都要以积极的态度解决，让团队成员感受到被重视。在与团队成员合作时，主播要懂得站在对方的角度去思考问题，理解他人的工作难度和压力。

2. 树立共同目标观念

主播要清晰了解团队的整体目标，并将个人目标与团队目标紧密结合，使自己的直播工作都围绕着实现团队目标来进行。

在直播工作中，为了实现共同目标，主播要主动承担责任，发挥自己的优势，与团队成员携手共进。例如，为了提升直播带货的效果，主动学习商品知识，更好地向用户介绍商品，配合运营团队的促销活动，与客服团队协作解决用户的购买问题。

3. 提升团队合作能力

主播要主动了解团队中每个成员的专业技能、优势和特长，以便在直播过程中更好地分工合作。

主播要清楚自己的优势，如良好的语言表达能力、强大的控场能力等，并在团队合作中充分发挥这些优势，为团队贡献力量。同时，也要不断提升自己的专业能力，为团队创造更多价值。

主播要与团队成员建立相互信任的关系，相信团队成员的专业能力和工作态度，在直播过程中放心地将一些工作交给他们完成。同时，也要通过自己的努力和表现，赢得团队成员的信任。

4. 培养集体荣誉感

主播要时刻注意自己的言行举止，因为个人形象不仅仅代表自己，还代表整个团队。在直播中保持良好的形象和态度，避免因个人不当行为给团队带来负面影响。当团队取得成绩和荣誉时，主播要与团队成员共同分享，可以在直播中感谢团队成员的付出，也可以在团队内部组织庆祝活动，增强团队的凝聚力和归属感。主播要以团队的荣誉为动力，努力提高自己的直播水平和业绩，为团队赢得更多的荣誉和认可。

三、主播团队沟通能力的提升

主播可以从以下6个方面来提升自身的团队沟通能力。

1. 掌握语言表达技巧

主播与团队成员进行沟通时，应清晰、简洁地表达自己要传达的信息，确保自己的意图能够迅速、准确地被理解。例如，在讨论直播流程时，清晰地说明每个环节所需的时间、内容和重点。

主播要能根据沟通的场景和内容，合理调整语速和语调。在表达重要信息或需团队成员特别关注的事项时，适当放慢语速、加重语气；在轻松的交流场合，则使用更自然、流畅的语速和语调，增强语言的感染力和亲和力。

主播要不断扩充词汇量，使用更精准、生动的词汇来表达想法，避免语言的单调和重复，这有助于更准确地传达信息，也能让沟通更加有趣和吸引人。

此外，主播要注意声音的音量、音色和节奏，让声音听起来自信、专业且富有亲和力。适中的音量既能让团队成员听清内容，又不会给人压迫感；柔和的音色可以营造良好的沟通氛围，而合理的节奏能使表达更具条理性和感染力。

2. 运用非语言进行沟通

与团队成员面对面交流时，主播要注意运用积极的肢体语言，如保持微笑、进行眼神交流、适当地点头等，增强与对方的互动和共鸣，让对方感受到关注和尊重。

在沟通过程中，主播要展现出与沟通内容相符的表情，让团队成员能够更直观地理解自己的情绪和态度。例如，在讨论开心的事情时，展现喜悦的表情；面对问题和挑战时，保持冷静和坚定的表情，给团队成员信心和支持。

3. 提升倾听与反馈能力

主播要懂得倾听他人，在团队成员发言时，停下手中的其他事情，专注于对方的讲话内容，给予充分的关注。通过点头、眼神回应等方式让对方知道自己在认真倾听，鼓励对方继续表达。

在对方表达观点时不要急于打断或反驳，努力理解对方观点和想法背后的原因和逻辑。尝试站在对方的角度去思考问题，体会其感受和需求，这有助于更好地沟通和协作。

在倾听完后，及时给予团队成员反馈。反馈要具体、有针对性，可以是对方观点的认同和肯定，也可以是提出自己的疑问和建议。同时，注意反馈的方式和语气，避免造成误解或伤害。

4. 选择合适的沟通渠道与频率

在与团队成员进行沟通时，主播要根据沟通的内容和对象，选择合适的沟通渠道。对于重要的决策、复杂的问题，可以选择面对面会议或视频会议的沟通方式；对于简单的信息传达、工作安排等，可以使用即时通信工具或电子邮件。

5. 保持合适的沟通频率

主播与团队成员保持定期沟通，避免出现信息断层或误解。每天在直播前进行简短的沟通会议，每周进行一次总结会议，可以及时了解团队的工作进展和问题，共同商讨解决方案。

6. 拓展沟通范围

除了工作相关的沟通外，主播也要适当与团队成员进行生活、兴趣等方面的交流，增进彼此的了解和信任，营造良好的团队氛围。这有助于在工作中更好地沟通协作，提升团队的凝聚力和战斗力。

📖**学思融合**

主播要注重培养全局视野与团队协作能力，主动协调个人行动与集体利益。在团队研讨中，既要敢于提出经过深思熟虑的见解，又要以开放心态倾听不同观点，通过复述确认理解、提问激发深度讨论，在观点碰撞中寻求创新解决方案。当面对分歧时，可以运用"目标对齐法"来引导成员回归核心诉求，将辩论转化为资源整合的契机。

项目实训：团队会议讨论模拟演练

1. 实训背景

一场成功的直播，从前期策划、内容筹备，到直播方案的执行以及后续复盘，都离不开团队成员间高效的沟通协作。主播及团队成员要掌握一定的沟通技巧，培养团队协作意识，这有利于增强团队的默契，顺利推进直播活动。

2. 实训要求

各参与人员需明确各自的角色定位及职责，围绕即将开展的一场直播活动展开团队讨论，内容涵盖直播主题策划、直播流程优化、突发情况应对方案讨论等。在模拟会议中，各个成员要遵循清晰表达、认真倾听、尊重他人意见、积极互动等沟通原则，确保会议顺利进行。

3. 实训思路

（1）会前准备

5～7人为一组，提前分配角色，并发放各角色相关资料，包括工作职责、业务知识等，以便成员熟悉自身角色。

选定会议主题后，向全体成员发布会议通知，明确会议时间、地点、议程及相关要求；同时提供与主题相关的基础资料，如以往的直播数据、市场调研信息等，供成员提前准备发言内容。

（2）会议讨论

开场环节，由主持人（可指定一名团队成员担任）介绍会议主题、目的及议程安排，营造正式的会议氛围。

按照议程依次进行各项议题讨论，各角色成员根据自身职责和准备内容发表观点和建议。例如，策划人员提出直播主题创意及初步方案，主播从自身直播风格和用户喜好的角度提出意见，运营人员分析方案的可行性及推广策略，技术支持人员评估技术实现难度等。在讨论过程中，鼓励成员积极互动，进行观点碰撞和补充完善。针对讨论中出现的分歧和问题，团队成员要运用沟通技巧进行协商解决，如换位思考、寻求共同目标、妥协让步等，最终达成一致决策。

（3）会议总结

会议结束后，首先由各成员分享自己在会议过程中的感受和体会，总结经验教训。

全体成员共同讨论制定改进计划，明确后续提升团队沟通能力的具体措施和行动方案，如定期开展沟通技巧培训、增加团队内部交流活动等。

项目六
直播内容策划

学习目标

知识目标
➢ 掌握直播间选品、组货、商品结构规划、商品定价和排品的策略。
➢ 掌握设计直播间互动活动的策略。
➢ 掌握写作直播脚本的方法。
➢ 掌握直播促销活动和营销活动的设计策略。

能力目标
➢ 能够根据具体情况进行直播间选品、组货、商品定价和排品。
➢ 能够根据具体情况设计具有吸引力的直播间互动活动。
➢ 能够根据具体情况设计各类直播营销活动。
➢ 能够使用 AIGC 工具写作直播脚本及直播营销活动策划方案。

素养目标
培养创新意识，保持对新技术的探索欲望，积极将 AIGC 工具应用于直播活动中。

引导案例

诗词＋乡土，文化解构与乡土叙事的双向奔赴

扫码看视频

在抖音"德州鲁小坤"的直播间里，主播鲁亚坤总能让观众在"接诗句"的笑声中下单。推荐果蔬面时，她以"一年好景君须记"起头，引导网友用"赤橙黄绿"接龙，再自然地过渡到"七色面条零添加，我娃一顿能吃两碗"；介绍平原县糯玉米时，她蹲在田间举着玉米棒说："这茬玉米喝的是马颊河水，晒够120天太阳，咬一口能尝到《齐民要术》里的老味道。"这种"诗词打底、乡土入味"的直播风格让她从直播间仅10人的"小白"成长为拥有超110万粉丝的助农标杆。

针对农产品同质化痛点，鲁亚坤首创"飞花令带货法"。卖金丝小枣时，她以"枣花至小能成实"破题，讲述德州枣农"花开三季、果晒三伏"的坚守；推山药粉时，她引用《本草纲目》中"神仙之食"的记载，同步展示农户挖山药的现场镜头。

区别于棚拍直播，鲁亚坤的直播镜头常对准田间地头：在刘庄村糯玉米地里，她带着村民主播现场蒸煮玉米，在热气腾腾的玉米面前讲解村集体如何靠电商增收；在平原县馍馍节，她举着手机穿梭于揉面师傅之间，将花馍制作比作"指尖上的非遗"。

在直播中，鲁亚坤拒绝硬广式叫卖，而是用带有温度的话语来传递产品价值。销售刘庄村果蔬面时，镜头扫过村头的老槐树，鲁亚坤说道："这面是王婶带着留守妇女们，用自家种的菠菜、南瓜揉的，去年给她孙子攒了学费。"推荐陵县桑葚干时，她展示村民的老照片："张大爷70岁学直播，现在成了村里的'网红老头儿'。"

鲁亚坤的每场直播必设"诗词闯关"环节：观众接对诗句，即可解锁农产品优惠券；观众答错了，鲁亚坤则会播放知识点科普，如"'胡麻饼样学京都'说的就是咱德州的锞子，宋代就进贡皇宫"。这种"知识型互动"吸引了众多观众的参与，有观众反馈："孩子为了抢优惠券，主动背了20首唐诗。"

鲁亚坤的实践证明：当诗词遇见乡土，当直播接上地气，助农就能长出有根的"新生态"。

案例讨论： 鲁亚坤将直播场地选在田间地头，这对商品销售有何积极影响？"诗词闯关"环节是如何增强直播的互动性和趣味性的？

"内容为王"既适用于短视频领域，也适用于直播领域。用户可能会因直播封面、直播预告文案、主播等因素进入直播间，但最终留住用户并将其转化为粉丝的核心依然是直播内容。因此，做好直播内容策划是开展直播营销的关键。

任务一 直播间商品规划

直播销售是一场多元素交织的综合硬仗，商品则是影响成交转化的核心要素。如今，走进直播间的主播身份日益多元化，带货竞争日趋激烈。对于刚入场的中小主播来说，在直播间的商品管理上多下功夫是十分必要的。

一、直播间选品策略

直播电商行业有这样一种说法：选品选得好，"爆"是自然的；选品选得差，一开始就注定

了失败。主播选品不仅仅是在挑选直播销售的商品，更是在确定直播间的定位，商品的选择与搭配直接影响着一场直播的可看性和可买性。如果主播自身的粉丝基础不够强大，盲目选品带货，最终的结果就是粉丝不买账。因此，主播要精细选择与自身匹配的商品品类，这样才能提高带货转化率。

1. 直播选品的基本原则

很多新手主播在选品时存在以下误区：一是选品较主观，根据自己的喜好，只选择自己喜欢的商品；二是随机选品，有些兼职主播在闲暇时段进行商品选择，看到合适的商品就随机添加到橱窗，这就导致商品数量无法满足一个直播周期的需求，难以保证直播的持续性；三是"独孤式"选品，主播选品时没有充分考虑商品之间的关联，这样就无法激发用户同时购买多件商品。

主播选品的一个最基本的要求是选择优质商品，所以主播要学会识别好商家、好商品，在卖货的同时维护自己的带货口碑。商品的质量决定了直播间的信誉，主播应严格筛选商品，剔除质量不佳的商品。主播可以对商品进行试用，引入权威的质检机构检测，做到对每一款商品都了如指掌。除此之外，主播选品还应遵循以下基本原则。

（1）商品符合定位

主播选择的商品要符合自身定位和人设。一方面，主播对这类商品较为熟悉；另一方面，商品符合粉丝对主播及其账号的预期，有助于商品转化。例如，账号侧重于美妆领域，主播最好选择美妆品类带货，这样粉丝购买的意愿会更高。当然，为了丰富商品品类，主播也可以添加一些其他相关品类的商品，但核心品类一般占比80%，其他相关品类占比20%。

（2）商品要具有较高的性价比

不管是在哪个直播平台，高性价比、低客单价的商品在直播销售中都更具优势，这也符合大多数直播用户的消费特征——他们倾向于价格较低的商品，因为这类商品的决策周期短，用户可以快速做出购买决定。一般而言，价格区间在10～100元的商品更有可能成为直播平台的"爆款"。因此，很多主播会为粉丝提供全网最低价、无条件退换等福利。这样既保障了粉丝权益，又使粉丝对主播产生极强的信任，复购意愿更强。

（3）选品要根据数据有所调整

随着直播经验的积累，主播及其团队要根据直播过程中的实时数据变化来调整选品。主播可以从粉丝互动中了解粉丝对哪些商品或商品价值点更感兴趣；从某个时段的粉丝增长率判断在这个时段开展的活动或上新的商品是否更吸引粉丝。如果粉丝增长率下降，说明粉丝对某些商品不太满意，主播及其团队要尽快找出粉丝不满意的商品，及时将其替换为粉丝更喜爱的商品。

（4）热门品类优先

在大部分直播平台上，热门商品品类主要包括服饰、美妆、食品、饮料，其次是家居日用、个护清洁、母婴儿童、3C数码等。主播在选品时要尽量选择热门品类，同时确保与自身定位相符，这样才有更多的机会产生"爆款"。

（5）商品应亲自试用

直播销售与传统的店铺卖货不一样。在传统的店铺中，消费者可以实实在在地看到商品；而在直播中，消费者主要依靠对主播的信任及主播的讲解来选择商品。这使得直播平台的售后存在较大的未知性和不可控性。想要获得高销售额，收到订单只是第一步；能否降低退货率，实现从销售到售后的完整闭环，决定了主播能否收获真正意义上的订单。

为了保证商品质量，主播及其团队在选品时要非常严谨，提前与商家充分沟通，为消费者营造安全、健康的消费环境。收到商家送来的商品后，主播要在第一时间了解商品质量，并通过亲自试用来验证商品的质量和效果，以便推荐给消费者，这样才能让消费者买得放心、用得安心，从而增进主播与消费者之间的信任。

（6）商品应不侵权

随着人们知识产权保护意识的逐渐加强，主播在直播期间若销售了侵权商品，就无异于埋了一个"定时炸弹"，一旦"爆炸"，就有可能让自己永远失去信誉。因此，主播在选品阶段要谨慎判断，谨慎选择，制定选品标准，坚决杜绝侵权商品。

2. 直播选品方法

科学的选品方法是提高直播间销售额的重要保障，主播可以采用以下两种选品方法。

（1）二维选品法

二维选品是指主播从商品受众和商品本身两个维度选择直播商品。

① 商品受众

直播是销售的一种形式，直播间的用户是主播的顾客。要想提升自己的带货能力，主播就要让用户接受销售的商品。要想更好地做到这一点，主播应精准把握目标用户群体的特征，如年龄、性别、消费能力等，并对目标用户群体进行全面分析，选择适合他们的商品。

在现实生活中，不同的人通常会有不同的喜好。直播销售同样如此，不同的用户群体通常也具有不同的喜好和不同的消费能力。

为了更好地针对商品受众进行选品，主播要做好用户画像。用户画像是真实用户的虚拟代表，是建立在一系列真实数据之上的目标用户模型。将目标用户的多方面信息收集起来并拼接组合在一起，就形成了用户画像。用户画像一般由性别、年龄、地域、兴趣、购物偏好、消费承受力等组成，主播在选品时要判断商品是否符合用户画像。

不同用户群体需要的商品类型也各不相同。例如，如果用户群体以男性居多，主播最好选择科技数码、游戏、汽车配饰、运动装备等商品；如果用户群体以女性居多，主播最好选择美妆、服饰、家居用品、美食等商品。

例如，某大主播的粉丝大多是女性用户，而美妆个护商品是女性用户普遍喜爱的商品，再加上该主播从美妆行业起家，所以他销售的商品基本集中在美妆个护这一类。除了美妆个护商品外，该主播还开展了投票选品活动，这也让他在摸清用户画像后，开始利用用户提供的喜好信息慢慢增加带货品类，实现精准营销。

② 商品本身

尽管直播销售对商品的包容度很高，市面上的很多商品开始走进直播间，并在流量的加持下成为热销商品，但是这并不意味着所有的商品都适合通过直播展示出来。主播在选品时，除了关注商品受众外，还要从商品本身入手，判断商品的属性，看其是否适合以直播的形式来展示和销售。

一般来说，适合在直播间展示的商品主要有以下 4 类。

● 具有广泛知名度的商品

具有广泛知名度的商品已经有了品牌背书，在推广、销售的过程中更具优势。尤其是在直播账号的成长初期，知名度较高的商品可以为主播背书，降低用户下单的心理门槛，增强用户下单的意愿。

- 用户无法亲自接触的商品

由于地域的原因，用户可能无法亲自到当地购买商品，这就产生了信息不对称的问题。例如，商品来自国外，主播可以用直播让用户通过镜头了解商品，解决信息不对称的问题，帮助用户更好地做出决策。

- 重视过程消费的商品

在如今的电商平台上，用户越来越关心商品的生产过程，如农产品的种植过程、工艺品的制作过程、食物的烹饪过程等，而直播正好可以满足用户的这种需求，进而更好地促进商品销售。例如，以销售农产品为主的主播可以在农产品的种植基地进行直播，为用户展示自然、健康、无公害的农产品生长环境，让用户确认食品安全，同时使其了解农产品的生产过程。

- 快消品

商品的购买频次不仅会影响收益，还会影响粉丝的活跃度，如果商品的购买频次过低，甚至会造成粉丝流失。因此，主播在选品时最好选择复购率高的快消品，这类商品使用频次很高，再加上超高的性价比，很容易激发粉丝的购买欲望。快消品即快速消费品，是指那些使用寿命较短、消费速度较快的消费品，常见的有食品、个人卫生用品、饮料等日常用品。

（2）定位选品策略

很多时候，主播无法取得理想的带货成绩，是因为他们不知道自己究竟要卖什么样的商品，吸引哪些人关注，没有找到明确的方向，难以做到精准发力。因此，主播在选择商品前要做好定位。

这里所说的定位是指让品牌在顾客的心智阶梯中占据最有利的位置，使品牌成为某个类别或某种特性的代表品牌。如此一来，当顾客产生相关需求时，便会将该品牌作为首选，也就是说，这个品牌占据了这个定位。定位理论的创始人是美国营销学家艾·里斯及其当时的合伙人杰克·特劳特。

主播的直播定位是指确定直播卖货的方向和目标，为自己打造清晰、明确的人设和标签；而定位选品策略是指主播根据人设和标签，选择与自身相匹配的商品。

很多时候，主播通过直播卖货，卖的不仅是商品，还有人设，商品与主播之间应具有一定的匹配度。例如，如果主播是单身女性，将自己定位为享受旅游和单身生活的女子，那么她每天在直播间销售母婴用品就会缺乏说服力。

要想做好直播定位，主播至少要回答以下两个问题。

① 卖什么

主播要思考一个问题："我在直播间卖什么商品能够赚钱？"要解决这个问题，主播可以先从观察其他直播间入手。例如，主播发现某款商品在其他主播的直播间很畅销时，可以先研究一下这款商品有什么特点，具有哪些优势，为什么会畅销；在得出结论后，主播可结合自己直播间想要努力的方向，选择具有相同"爆款"逻辑的商品。这实际上是商品市场调研的过程，主播只有深入分析热销商品的市场优势和内在逻辑，才能明确选品方向。

② 卖给谁

只有找到有需求的用户，主播的商品才能卖出去。用户群体一般可分为两类：精准用户和潜在用户。精准用户是对商品有依赖的用户，潜在用户是可能对商品有需求的用户。主播要在直播间里找到这两类用户，并给他们贴好标签，这样才能更有针对性地把合适的商品推荐给他们，从而赚取利润。

直播间卖货不同于实体店，用户很少主动找上门，主播要主动去找用户。主播需要从各平台吸引流量，创建自己的私域流量。私域流量主要具有免费、用户黏性强、可重复利用、随时触达、转换率高等优势。创建私域流量后，主播能够摆脱第三方平台的束缚，把各个渠道的流量完全整合起来，最终将流量掌握在自己手中，从而大大降低获取流量的成本。

一般来说，公域流量主要集中在微博、百度、淘宝、小红书、京东、抖音、美团、拼多多等平台，主播在创建私域流量时，只要抓住几个主要平台，利用其特点和规则，构建自媒体矩阵、建立社群、打造个人 IP，就可以成功引流。

二、直播间组货策略

商家类型不同，其直播时的货品组合也不同。商家类型主要包括达人型商家、品牌型商家和供应链型商家。

达人型商家自身货品生产能力较弱，主要依赖第三方平台或机构，与其他商家合作进行直播销售；品牌型商家一般具备商品设计和生产的能力，或者拥有某一品牌，主要直播自主生产的商品或自有品牌商品；供应链型商家通常依靠与不同渠道合作，获取品牌电商授权，再集合多个授权品牌商品进行直播销售。

下面介绍 5 种不同类型的直播间组货模式，以便主播更好地了解直播间组货逻辑，选择合适的组货策略。

1. 多品类组货

多品类组货通常包含 5 个及以上的产品品类，其中食品、美妆、家居、珠宝、服饰最为常见，场均 30～80 款产品。其优势在于品类多样，受众范围广，引流简单，受众在直播间的停留时间长，因为受众心里有期待，更愿意多等待一段时间，找到自己更喜欢的产品；其不足之处在于主播人设不稳定时容易被多样化需求带偏节奏，对直播运营团队的能力要求较高。因此，采用多品类组货的主播一般是直播平台上具有知名度或个人 IP 的大主播，商家类型一般为达人型商家或供应链型商家。

例如，某知名主播在两个月内直播 3 场，直播的销售额超过 2 亿元，共带货 348 款产品，场均 SKU（Stock Keeping Unit，最小存货单位）数量为 116 款，涉及 10 余个大品类。其中，SKU 数量占比较大的品类包括珠宝文玩、食品饮料、服饰内衣、母婴、美妆、家居日用、家用电器、个人护理、生鲜。在价位上，其带货产品主要以百元类产品为主，占比 34%；其次为千元以上产品，占比 19%；101～400 元的"爆款"产品合计占比 29%。其带货产品价位具有明显的层次性。多品类组货模式既有利于增加总销售额，又有利于提高订单量。

2. 单一品类组货

单一品类组货是指带货产品全部为同一品类产品，如全部为美妆或食品，其 SKU 数量通常为 1～5 款，主推产品为 1～2 款，商家类型为品牌型商家或供应链型商家。这种组货类型的优势在于组货成本低，选品耗时短，操作门槛低，操作简单；其不足之处在于受众过于单一，转化成本较高，用户复购意愿不是很强，通常高度依赖广告流量，需要不断拉新来维持销量。

例如，某汽车镀膜商家直播销售 3 款产品（分别为汽车用品美容清洗镀晶镀膜、汽车用品汽车装饰功能小件、汽车用品美容清洗车蜡），两个月内直播 36 场，总带货金额为 83.6 万元。其中，单一"爆款"SKU（汽车用品美容清洗镀晶镀膜）销售额占总销售额的 99%，其余两款产品只占 1%。从直播 SKU 占比情况来看，汽车用品汽车装饰功能小件占 64%，汽车用品美容清洗镀晶镀膜占 29%，汽车用品美容清洗车蜡占 7%。

3. 垂直品类组货

垂直品类组货是指带货产品全部为同一品类产品或相关产品，如美妆或食品等，一般涉及多个品牌或商家，商家类型为达人型商家、品牌型商家或供应链型商家，其 SKU 数量较多，场均 30 款以上，且定期更新。这种组货类型的优势在于货品品类集中，有利于吸引同一类人群，从而提高转化率，直播爆发潜力大；其不足之处在于，由于货品垂直，粉丝兴趣也趋于垂直，在拓展直播品类时要逐步测试推进。

例如，某女装品牌商家在两个月内通过组合搭配自有品牌产品，直播 42 场，带货金额超过 4000 万元。该商家每场直播的组货产品大致分为 GMV（Gross Merchandise Volume，商品交易总额）款（3 款）、利润款（8 款）、引流款（5 款）、尝试款（5 款）、福利款（6 款）、搭配款（10 款），并按一定比例进行组合。产品上架顺序按照引流款、GMV 款、利润款、搭配款、福利款、尝试款依次循环；上架产品的价位一般按照低、中、高、中、低、中、高循环。

4. 品牌专场组货

品牌专场组货是指直播产品全部为同一品牌或其衍生品牌产品，一般品牌专场产品数量为 20～50 款，商家类型为达人型商家或品牌型商家。其优势在于有品牌背书，可以提升信任度，通过专场合作能够争取到更大的优惠力度，有利于直播间粉丝转化；其不足之处在于单一品牌组货难度较大，且品牌专场直播数据一般不如日常直播。

例如，某达人与某珠宝品牌合作直播销售，因为该达人的粉丝大多数位于三四线城市或城镇，下沉比例较高，所以团队选择了低客单价的首饰类产品进行直播，以 101～200 元的足金吊坠为主，打造直播间"爆款"，同时搭配 201～1000 元客单价的产品来满足部分粉丝的需求。此外，团队以少量几款百元内的福利吊坠作为"宠粉"款。最终，该场直播销售额超过 110 万元。

5. 平台专场组货

平台专场组货与多品类组货类似，但货品来源不同，一般由某大型平台商家或大型供应链商家单独提供，商家类型为达人型商家或供应链型商家，SKU 数量一般为 30～80 款。其优势在于货品资源优质，优惠力度大，加之平台强大的正品背书能大大增强粉丝的购买意愿；其不足之处在于平台组货成本较高，资源获取难度较大，直播优惠力度有限，容易被竞争对手定向打压。

例如，某购物平台在"双 11"当天自主组货，并邀请名人合作在抖音直播销售，整体销售额超过 1.6 亿元，上架产品共 72 款，数量上以食品饮料、美妆、家用电器、珠宝文玩、手机居多，价位上主要集中在百元内小物件（引流款）、201～400 元的中客单价产品（利润款）和 1001～5000 元的高客单价产品（GMV 款）。直播产出主要靠手机数码和珠宝文玩这两个高客单价品类带动销售额，食品饮料和美妆等低客单价产品则带动成单量。

三、直播间商品结构规划

直播间卖货是一个完整的体系化流程，单纯依靠某一款商品无法支撑数小时的直播活动。因此，一场直播往往涉及众多商品，而商品结构会对直播卖货的效果产生重要影响。主播要在直播前做好商品结构规划，合理配置商品数量比例，以此为直播的有序开展和成功奠定基础。

1. 直播间商品角色定位

直播间商品结构直接影响直播销售的商品购买转化率。在每一次直播销售过程中，直播间的商品都应包括以下"角色"。

（1）按照功能划分

按照不同的功能，直播间的商品角色可以分为印象款、引流款、福利款、利润款和品质款。

① 印象款

印象款是指促成直播间首次交易的商品。对任何一场直播而言，只有用户完成第一单交易后，才会对主播或直播间留下深刻的印象，并形成一定的信任度，其再次进入直播间消费的概率才会增大。因此，直播间内必须设置印象款。

在所有直播商品中，印象款的占比不宜过高，以 10%～20%为宜。一般来说，高性价比、低客单价的常规商品适合作为印象款，这类商品的特点是实用，且人群覆盖面广。例如，以服装搭配为主的主播可以选择腰带、打底衫等作为印象款，销售包包的主播可以选择零钱包、钥匙包等作为印象款，销售美妆用品的主播可以选择化妆刷、面膜等作为印象款。

② 引流款

引流款是用于帮助直播间吸引流量、促成销售的商品，也是直播间重点推广的商品。引流款应当是最具有独特优势和卖点的商品，最能体现直播间的定位和特色，最好做到"人无我有，人有我优"，但商品价格不能太高，毛利率要趋于中间水平。价格较低的商品会吸引大量用户驻足观看，此时用户的购买决策成本较低，再加上抢购活动营造的紧张氛围，可以快速提高商品转化率，同时大幅增加直播间的流量。

③ 福利款

福利款又称"宠粉"款，是指用户需先加入粉丝团才有机会抢购的优惠商品。福利款有时会直接免费送给粉丝，有时会设置成低价商品，如原价 99 元，"宠粉"价 9.9 元。这种做法能够增强粉丝黏性，激发粉丝的购买热情。

④ 利润款

商家要想通过直播销售盈利，只有印象款、引流款、福利款是不够的，还需推出利润款，并确保利润款占比较高。主播要准确把握推出利润款的时机，应在直播间人气高涨时推出。此时直播间的氛围良好，趁热打铁更易成交，从而提高直播转化率。

利润款有两种定价模式：一种是直接单品定价，如"49 元买 1 发 2""99 元买 1 发 3"等；另一种是商品组合定价，如护肤套装、服装三件套等。这类商品主要针对某一特定的小众目标群体，其卖点和特点应契合目标群体的消费心理。

⑤ 品质款

品质款一般要选择高品质、高调性、高客单价的小众商品。这类商品可以为主播提供信任背书，提升品牌形象，吸引用户关注；同时营造"高不可攀"的感觉，彰显企业或商家的商品研发实力，提升直播间所有商品在用户心中的好感度。

（2）按照用途划分

按照不同的用途，直播间的商品可以分为 3 类，即抢拍商品、基础商品和利润商品。抢拍商品是指低价、需要用户靠手速抢购的商品。基础商品又称经典款，其销量、评价都不错，用户一般不需要经过太多思考就可以决定购买。利润商品是指对主播和商家来说利润空间比较大的商品，是直播盈利的关键商品。

根据过往的直播经验，要想在一场直播中既保证商品销量，实现盈利，又活跃直播间氛围，让用户始终保持购买欲望，只靠这 3 类商品中的某一类是行不通的，需将这 3 类商品安排在合适的时间和流程中进行销售，主要有以下两种商品组合方法。

① 一款抢拍商品 + 一款基础商品 + 一款利润商品

按照这种商品组合方法，主播在直播初期主要通过抢拍商品引流，等到流量积累到一定规模后，再推出适合大众的基础商品，当流量达到顶峰时，再推出利润商品。这种商品组合方法可以保证直播间的利润商品得到最大程度的转化。

② 一款抢拍商品 + 一款利润商品 + 两款基础商品

与第一种商品组合方法相同，主播在直播初期主要通过抢拍商品引流。主播可以先在直播间与观众互动交流，等用户逐渐增多，再适时推出一款抢拍商品作为福利，活跃直播间气氛，提高直播间的人气，同时刺激观众的购买欲望。抢拍商品销售完后，直播间一般会进入比较活跃的状态，流量达到小高峰，这时主播趁热打铁推出一款利润商品。推出利润商品后，主播再推出两款基础商品。

2. 直播间商品配比

商品配比即商品配置比例。在规划商品配置比例时，主播需牢记三大要素，即商品组合、价格区间和库存配置。

（1）商品组合

合理的商品配置比例可以提高商品的利用率，最大程度地消化商品库存。商品配置比例主要有单品配置比例和主次类目配置比例两种类型，其示例如图 6-1 和图 6-2 所示。

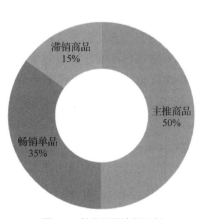

图 6-1 单品配置比例示例

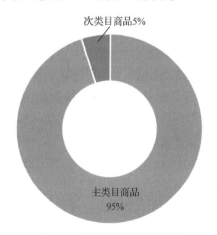

图 6-2 主次类目配置比例示例

确定好商品配置比例后，只要根据直播时长等因素确定每场直播的商品总数，就可以根据上述两种数据确定相应数量的选品，具体如表 6-1 所示。

表 6-1　一场直播的商品配置比例

直播商品总数	主类目商品 15 款					次类目商品 5 款
	主推商品 7~8 款		畅销单品 5~6 款		滞销商品	
	新品数量	预留数量	新品数量	预留数量		
20 款	5~6 款	2 款	3~4 款	2 款	2 款	A 款、B 款、C 款、D 款、E 款

　　主播要在规划好的商品配比基础上不断地更新商品。为了保证每场直播的新鲜感，增强粉丝黏性，主播要不断地更新直播内容，其中商品的更新是非常重要的一环。一场直播的商品总更新量至少要达到整场直播商品总数的 50%，其中主推商品占 40%，畅销单品占 10%。

　　（2）价格区间

　　主播在设置价格区间时，要在商品原始成本的基础上加上合理的利润及其他的费用。设置价格区间时，同类商品的颜色、属性不同，价格差距不会太大，所以主播要尽可能地缩小价格区间。

　　（3）库存配置

　　库存配置是提高直播数据、提升转化效果的一个重要措施。库存配置的一个重要原则是"保持饥饿"，主播要根据不同场观（单场直播的总观看人数）和在线人数配置相应的库存数量，使直播间始终保持抢购的氛围。

　　要想"保持饥饿"，库存数量要始终低于在线人数至少 50%。如果条件允许，主播可以直接设置店铺库存来配合直播的库存需求。

　　为了完善商品配置，更充分地利用商品资源，主播要对已播商品进行预留和返场操作。主播要根据商品配置更新比例，从所有直播过的商品中挑选出至少 10% 的优质商品作为预留商品，并应用到以下几种场景中。

- 日常直播一周后返场，在新流量中实现转化。
- 当商品因特殊情况无法及时到位时，作为应急补充。
- 遇到节庆促销日时，作为活动商品再次返场。

　　在确定直播销售的选品品类后，主播要重点优化直播间商品分布与各品类的占比。例如，可设置"热销'爆款'10% + 新品 10% + 特价清仓款 10% + 常规款 45% + 利润款 25%"。其中，"爆款"与新品有利于增强品牌竞争力，获取直播流量；特价清仓款可快速清理库存，回笼资金；常规款与利润款则在丰富品类的基础上维持销量，提高利润。

四、直播间商品定价

　　直播间商品定价需要达到一种平衡状态，如果定价过高，商品的销量就很难提高，甚至完全卖不出去；如果定价过低，虽然用户会抢购，商品过早脱销，但收入弥补不了成本，卖得越多，亏损越严重。

　　一般来说，客单价分为高、中、低 3 个档次。高客单价在 100 元以上，用户在购买时更看重质量和品牌，下单很谨慎；中客单价为 50~100 元，用户购买时有所顾虑，会充分考虑购买的必要性和实用性；低客单价在 50 元以下，用户的购买决策过程很短，大部分属于冲动式消费。

主播要根据实际情况，在直播间推荐不同客单价的商品，并制定合理的定价策略，在保证自身盈利的基础上为用户提供更多优惠，以刺激用户产生购买欲望。具体来说，直播间商品定价策略主要有商品组合定价法、人设定价法和花式定价法 3 种。

1. 商品组合定价法

商品组合定价法是指为了迎合消费者的某种心理，将部分商品的价格定高，部分商品的价格定低，以促进各种商品销量共同增加，一般适用于互补商品或关联商品。企业或商家在对关联商品、互补商品定价时，通常将消费者不经常购买、价值相对较大的商品价格定低一些，而将消费者经常购买、价值相对较小的商品价格定高一些。低价商品用来打开销路，高价商品则传达商品的高质量，两者共同刺激消费需求。

在电商直播中，商品组合定价法同样适用。商品组合应遵循以下三大原则。

（1）赠品与商品要有关联性

主播在直播一开始通常会推出"宠粉"款商品，以此来吸引用户，引发用户互动，主打"绝对给利，性价比高"的口号。"宠粉"款常采用"满送"（即承诺用户购买指定金额的商品时，赠送价值××元的商品）或"买送"（即下单就送商品）方式。但这两种方式都要求主播赠送与所售商品相关的物品。例如，用户在平台购买某款卸妆水，可以获赠卸妆棉，因为用户在使用卸妆水的过程中会使用卸妆棉，两者是有关联的。

主播这样做能让用户感受到关怀，在质量有保障的前提下，即使商品定价稍高一些，用户也会接受。

值得注意的是，"买 1 发 2""买 1 发 3"并非指发送同款商品，而是赠送新品、小样或相关商品。例如，用户购买一瓶价值 75 元的洗发水，主播可以赠送毛巾、发箍或护发素旅行装等商品，以此保证盈利。

（2）套装搭配

主播在使用商品组合定价法时，一般会采用套装定价，即组合搭配畅销、滞销的单品，使其以联名款等形式呈现给用户，这种定价方式能让用户产生更便宜、更优惠的感觉。这其实是一种促销手段，利用商品的特殊性、临时性来促成用户下单购买。

例如，某主播把洁颜泡沫、化妆水和乳液 3 款商品组合到一起，做成一个套装 SKU 打折销售，直播结束后就下架该 SKU，让这一组合套装成为直播间的专属商品，兼具特殊性和临时性，用户下单购买后就会产生"赚到"的感觉，于是他们与直播间的关系变得更紧密，从而增加了回购的可能性。

主播在说出商品的价格时，语速要快，声音要饱满，音量要大，向用户传达商品的优惠力度，使用户兴奋起来，进而下单购买。

（3）赠品要在直播中多次出镜

赠品要在直播过程中多次出镜，由主播亲自使用，这样一来，赠品就会给用户留下深刻的印象，就能制造话题点，从而增强说服力，提升用户对主播的信任度。

2. 人设定价法

根据主播的人设类型，其直播间的商品价格区间可以分为以下 3 种类型。

（1）专业人设

专业人设的主播在为商品定价时，商品价格以高客单价为主，中客单价为辅，如"老爸评测"，如图 6-3 所示。

图6-3 "老爸评测"

（2）达人人设

达人人设的主播在为商品定价时，商品价格以中客单价为主，低客单价为辅，如"种草丛"，如图6-4所示。

图6-4 "种草丛"

（3）低价人设

低价人设的主播在为商品定价时，商品价格以低客单价为主，中客单价为辅，如"乔乔好物"，如图6-5所示。

图 6-5　"乔乔好物"

3. 花式定价法

花式定价法又称阶梯式定价法，主要适用于客单价较低或成套售卖的商品，如食品、小件商品或快消品等。例如，某商品在实体店售价 49.9 元/件，在直播间内第一件 29.9 元，第二件 19.9 元，第三件 9.9 元，第四件赠送。

主播往往会向直播间的用户建议："建议数量填 4，4 件一起拍更划算。"阶梯式的价格可以给用户带来巨大的冲击力，激发他们快速产生下单购买的欲望。尤其是"第三件 9.9 元，第四件赠送"的超低折扣，特别能刺激用户的购物欲望。该策略的另一个好处是一次就能卖 4 件，这对于有提高销量需求的单品来说，是一个行之有效的方法，不仅可以完成促销的任务，还释放了库存空间，缓解了库存压力。

在使用花式定价法时，主播要注意价格对比，引导用户关注商品的价格优势，可通过身后的屏幕或以其他方式将商品的原价或线下价格标示出来，进行清晰的对比展示；同时，通过调整语速和音量，突出商品的优惠力度，提高用户的兴奋度，促使他们下单购买，形成转化。例如，主播进行倒计时"5，4，3，2，1"，营造紧张和稀缺的氛围，让用户觉得这次不买可能就不会再遇到这样的价格了。

五、直播间排品

高质量的直播离不开直播间三要素"人""货""场"的打造。一场直播要想火爆，除了"人"在直播间的表现力、带货能力较强之外，对"货"的选择及"货"的上架顺序和排列方式也有规律可循。

1. 直播间商品排布的原则

直播间的排品不是随意想出来的，而是在遵循用户思维的商品排布原则的指导下，通过不同的公式计算出来的。不同的营销节点有不同的排品公式，但万变不离其宗，排品要遵循下列 3 条原则。

① 把好的商品放在好的位置，让更有销售潜力的单品迅速获得用户的关注。

② 实行有层级的梯度化管理，通过对商品的定位、不同阶段的销售目标进行调整，实现有效的货品管理。

③ 完善利益点信息触达，借助利益点文案，使用户对商品和优惠信息更加了解，提高转化率。

以上原则是排品的基本逻辑，不管在什么销售阶段，主播在排品时都要考虑周全。

2. 直播间商品排布的方法

为了最大限度地增加直播间商品销售总额，主播可以合理运用以下直播间商品排布的方法。

（1）"爆品"打造排品法

"爆品"打造排品法分为两个形态，分别是 AF + X 与 C + A。

AF + X 公式中，A 是成交款，主要功能是放大成交额；F 是用来留人的，包括留人的商品和动作；而 X 是未知延续性"爆款"。直播间不可能只有两个商品链接，直播间的商品应当琳琅满目，给用户一种十分丰富的感觉，为用户提供更多挑选的时间和空间。X 就是指那些放在 A 和 F 后面，虽然主播不进行主讲，但用户依然可以直接购买的商品。AF + X 的排品精髓在于实现成交与留人的目标，并在直播间内快速完成迭代循环，从而实现单一商品的精准"爆款"打造。

C + A 公式中，C 是"宠粉"款，A 是成交款。"宠粉"款用于留人，其展示的商品是能够激发用户购买欲望、用户非常想要得到的商品；成交款用于获取利润，其展示的是用户需要的商品。

一般来说，用户想要的"宠粉"款是客单价较低且商品价值较高的商品。例如，某主播在直播间推出某款"牛气冲天"毛衣链，市场价 68 元，在直播间的"宠粉"价格为 9.9 元，抢到的用户回到直播间发送"抢到了"，主播额外赠送一条同质量但不同款式的毛衣链。

"宠粉"款的目的是留人和引流，扩大直播间的受众范围，所以"宠粉"款应当是"泛粉丝"必买单品。"泛粉丝"是指非直播间的精准粉丝，他们尚未对直播间产生信任，之前甚至都没有产生过任何交易，但这一次愿意为这一款"宠粉"款留在直播间，并愿意为之买单，所以"宠粉"款应当是大多数人需要的商品。与耳环、戒指等众口难调的商品相比，项链更适合作为"宠粉"款。它虽然不能满足所有粉丝的需求，但至少能满足 80% 的"泛粉丝"的需求，从而使他们精准留存。

留人之后，主播要用高客单价的商品进行承接，此时仍然要给用户营造优惠的感觉。例如，主播推荐猫眼石项链，市场价为 268 元，直播间发放 200 元的优惠券，用户只需 68 元就可以买到。用户抢到优惠券后要及时使用，购买了的用户回到直播间发送"抢到了"，主播再赠送一款价值 178 元的耳钉。

（2）三品组合法

三品组合法是按照商品在直播间所起的作用来进行组合的方法。"三品"是指福利款、跑量款和利润款。

福利款是能够延长用户停留时间、值得用户等待的优质商品。虽然将这些商品放在直播间销售会导致亏本，但主播可以利用福利款获得自然流量的推荐。主播可以运用一系列数据波动指标，如用户停留时长、商品点击率、转化率等，吸引更多用户来到直播间，从而打开自然流量池。

跑量款是用于提高直播间 UV 价值的商品。这些商品可能会有一点点利润，甚至没有利润，但不应出现亏本情况，它们同样是用来留住用户的。

利润款应是直播间的主打款。主播通过销售该款产品实现盈利，前面福利款产生的亏损可以通过利润款来弥补。

主播需要将直播间的商品按照上述 3 个品类进行划分，并在直播过程中灵活切换，借助福利款促使利润款和跑量款的大量成交。

（3）插花模式

插花模式是指将不同类目的商品穿插排序，且商品之间有较高的关联度。这一排品方法普遍存在于达人直播中。插花模式的排品方法为福利款、引流款、利润款、对比款、机动款依次不断循环，穿插的商品几乎不重复，丰富度很高。

机动款比较特殊，它可以是引流款、利润款，也可以是福利款、对比款，具体选择哪一款，主要取决于当时直播间的人气情况。

（4）新品折扣类—品牌经典类—品牌清仓类

首先，主播向用户展示新品折扣类商品，突出"新品""质量好""折扣优惠"等关键词，在直播开始时吸引用户的目光，激发用户的购物热情。同时，主播不仅要介绍新品的特点，还要重点介绍新品的品质优势，这些讲解可以为接下来的商品展示做好铺垫。

其次，主播顺势介绍该品牌的经典类商品。因为主播在前面已经介绍了新品折扣类商品的品质优势，用户早已对该品牌的商品品质有了基本的了解，所以主播这时要着重介绍经典类商品的销量，这也是经典类商品的一大卖点，对于追求品质的用户而言具有很大的吸引力，同样会激发用户的购物热情。

最后，主播要展示品牌清仓类商品。这类商品质量有保障，但在款式、颜色、尺码等方面的选择十分有限。不过，用户已经对该品牌商品的质量和特点有所了解，所以即便是款式单一、断码的商品，那些追求实惠的用户也会抢购。

（5）夹心饼干模式排品法

夹心饼干模式有很多细分模式，主要包括以下几种。

① AABCC

AABCC 中的 A 和 C 分别是两款促销款，其作用是增强用户黏性，而 B 是利润款、品质款，需要讲解较长时间，因此，前后要设置促销款来吸引用户，为用户提供良好的观看体验，这样主播在讲解利润款时，用户不太容易流失，从而拥有一个良好的流量基础。

② ABCCAB

ABCCAB 中的 A 是"宠粉"款，B 是引流款，C 是利润款。这种排品法与 AABCC 相比品类会更丰富一些，涉及作为粉丝福利的"宠粉"款、低价的引流款，中间是利润款，然后将这种组合不断循环下去。

③ 全程"爆款"，穿插利润款

这种排品法既能通过"爆款"留住直播间的用户，又能持续不断地推出一系列普通利润款。例如，有的主播在直播中全程围绕某款"爆款"上衣，只是换着不同的颜色进行展示。这种"爆款"会不断地吸引用户询问，而很多新进入直播间的用户也会为了主播再次试穿或讲解这款上衣而耐心等待，这无疑会增加直播间的互动量，延长用户的停留时间。

（6）六段循环排品法

六段循环排品法能在打造"爆款"的同时，有效提高直播间的商品交易总额。如果直播间的 SKU 较多，且已度过启动阶段，新粉停留时间有所增加，已经开始产生粉丝黏性，这时就适合运用六段循环排品法。

六段循环排品法一共需要 6 款 SKU 进行组合（见下列公式）。如果直播间有几十款，甚至上百款 SKU，也不建议同时在直播间展示这么多商品，只要把有销售力的几款商品组合好，就可以持续地引流卖货了。六段循环排品法是完全足够支撑一个直播间的销售的。

$$(A+B)+(C+D+E)+F$$
$$(A+B)+(M+N+J)+F$$
$$(A+B)+(X+Y+Z)+F$$

由以上公式可知，直播间不断循环的货品是 A、B 和 F。直播间要想获得更多收益和利润，就要打造"爆款"。"二八法则"是通用的，80%的利润来源于20%的"爆款"，在直播间中，基本上是某几个货品为整场直播贡献了大部分的商品交易额，而主播要做的就是在直播间找到并放大这几个货品。

在以上公式中，A 是"宠粉"款，是用来留人的；B 是品牌特别款，是用来提升品牌形象、增加用户停留时长的；F 是用来帮助主播促单、完成最后一波"收割"、提高直播间人气的商品。公式中的（C+D+E）、（M+N+J）、（X+Y+Z）属于货品组合，用于增加直播间的利润。

六段循环排品法的具体流程如表 6-2 所示。

表6-2　六段循环排品法

阶段	商品	展示内容	商品政策
A	防晒霜	直接把商品挤到水里，证明防晒霜不溶于水，具有防水性；直接把防晒霜抹到手背上，用纸巾擦拭，证明防晒霜不黏腻	84 元特价
B	温泉水喷雾	展示正装和赠品，教用户如何使用	原价为185元1瓶，直播间价格为159.9元，拍1发7，赠送小喷雾6瓶
C	敏感肌乳液	手持商品展示正装和赠品，在手背上使用一下	原价为278元，直播间价格为258元，赠送5个3mL旅行装
D	洁面泡沫	挤到手上，展示泡沫的绵密程度，展示赠品的卸妆力度	原价210元125mL，直播间价格为70元2支50mL的商品，赠送50mL的卸妆洁面凝露
E	玻尿酸精华乳	放在手心上使用，展示商品	原价为360元，直播间价格为300元，赠送3个同款3mL旅行装
F	修复面膜	展示赠送商品的数量	原价330元2盒，直播间价格为135元1盒（5片），赠送一盒（5片）

在以上流程中，C、D、E 款商品的价格并没有如 A、B 款商品那样优惠，这 3 款商品是利润款，主播通过这 3 款商品来实现盈利，而 A、B 款商品的作用是用巨大的商品优惠力度吸引用户，增加直播间的流量。

根据流程的细节，我们会发现 B、D、F 款商品的价格优惠力度要比 C、E 款商品的大得多，这样一来 B、D、F 款商品更容易实现销量激增，而 C、E 款商品虽然都是乳液，但面对的人群不一样，可以最大限度地覆盖购买人群，一款商品面对敏感肌人群，一款商品面对想要提亮肤色、淡化细纹的人群，且这两款商品无论用户是否购买，对于直播间的销量影响不大，其最大的作用是提升直播间的品牌高度。

任务二 直播间互动活动设计

主播在直播间可以通过多种有效的互动方式来提升粉丝的参与热情，如发送红包、抽奖等。主播要知道不同的互动方式可能对粉丝产生的作用，从而决定不同时段采用不同的互动方式，以免直播间冷场。

一、派发红包福利

在直播间派发红包是提高直播间人气的重要手段。主播可以在直播间派发红包，让用户抢红包，从而激发用户的互动积极性，提升直播间的人气，活跃直播间气氛。

1. 红包的类型

直播间发放的红包主要有以下类型。

（1）"红包雨"

在直播期间，商家账号可以触发"红包雨"，然后全屏幕会下"红包雨"，用户只要点击飘下的红包，就有机会抢到不同的现金红包或优惠券。

（2）基础红包

基础红包是主播在直播期间给用户直接派发的红包，用户点击屏幕右侧的红包图案即可领取红包。

（3）砸金蛋

直播期间，主播可以直接给用户发放金蛋，用户点击屏幕中间的金蛋图案即可领取红包。

（4）口令红包

直播期间，主播可向用户公布一串文字口令，用户在直播间底部的输入框中输入该口令，点击"发送"后即有机会获得口令红包，拆开红包即有机会获得主播提前设置的奖品。

（5）点赞有礼

直播期间，用户连续点击屏幕右下方的"赞"，到达预设的次数后即弹出红包，用户点击拆开红包，即有机会获得主播提前设置的奖品。

2. 派发红包

给用户具体、可见的利益是主播聚集人气、与用户互动的有效方式之一。

（1）约定时间

主播可以提前告诉用户，5 分钟或 10 分钟后准时派发红包，或者整点派发红包，并引导用户邀请朋友进入直播间抢红包，这样不仅可以活跃直播间的气氛，还能增加直播间的流量。

（2）站外平台派发红包

除了在直播平台上发红包外，主播还可以在支付宝、微信群、微博等平台上向粉丝派发红包，并提前告知用户，领取红包的条件是加入粉丝群。这样做是为了在站外平台引流，便于直播结束之后的效果发酵。

（3）派发红包

到约定的时间后，主播或助理就要在各个平台上派发红包。为了营造热闹的氛围，主播最好在发红包前进行倒计时，让用户产生紧张感和兴奋感。

3. 使用正确的方式发红包

发红包的方式有很多种，主播要根据自身的实际情况选择最合适的方式。

（1）按照时间段发红包

在不同的时间段，观看直播的人群有所不同，主播在不同的时间段发红包会收到不同的效果，如表6-3所示。

表6-3 按照时间段发红包

时间段	发红包方式
7:00—10:00	此时观看直播的用户以中老年人为主，主播要为直播设置凸显福利信息的标题，搭配发送小额红包，如1～5元等，持续发送10～20分钟
13:00—15:00	此时观看直播的用户没有明显的特征，一般是在放松和闲逛，主播可设置抽奖活动，并配合不定时发送的小额红包，如1～5元等，以延长用户在直播间的停留时间
19:00—23:00	此时观看直播的人数较多，且用户大多是粉丝，主播可以根据直播商品的单价，适当提高每个红包的金额，延长发红包的时间，以此稳定直播间的人气，并刺激用户下单

（2）按照直播节奏发红包

主播可以在一场直播的不同节奏点发红包，具体的节奏点如表6-4所示。

表6-4 直播的不同节奏点

直播节奏点	红包类型	发红包方式
直播刚开始时	预热型红包	此时直播间的人数较少，主播可以通过发送多个小额红包来引流。例如，在直播开始的前5～10分钟发送3～5次红包，每次发15～20个，单个红包金额设置为1～5元
直播进行一段时间后	延长停留时间红包	此时直播间已经积累了一定的人气，主播要适量增加红包的数量，吸引用户持续在直播间停留。例如，主播可以持续发送5～8分钟的小额红包，单个红包金额设置为1～5元，红包数量为30～50个
人气达到预期后	蓄力爆发红包	此时主播可以尝试发送大额红包，增加红包的数量，结合其他引流工具，最大限度地提高直播间的曝光量，吸引新用户。例如，主播可以将红包金额设置为20～50元，持续发送5～8分钟，红包数量为50～100个

（3）根据直播间人数发红包

主播可以根据直播间当前在线人数设置每个红包的金额、红包的发送时长和数量。

- 当直播间在线人数为 500 人及以下时：每个红包的金额可以设置为 1~5 元，持续发送红包 3~5 分钟，红包数量为 20~30 个。
- 当直播间在线人数为 501~1000 人时：每个红包的金额可以设置为 10~20 元，持续发送红包 8~10 分钟，红包数量为 30~50 个。
- 当直播间在线人数为 1001~1500 人时：每个红包的金额可以设置为 15~30 元，持续发送红包 6~8 分钟，红包数量为 30~60 个。
- 当直播间在线人数为 1501~3000 人时：每个红包的金额可以设置为 30~50 元，持续发送红包 3~5 分钟，红包数量为 50~100 个。

当直播间的在线人数没有较大波动时，主播可以采用以上方案，按照直播间当前在线人数发送对应数量的红包；但当直播间的在线人数大量减少时，主播就要适当增加红包的金额和数量。例如，当主播在讲解某款商品时，直播间的在线人数由 650 人迅速减少至 480 人，这时主播要按照 501~1000 人的红包发送方案补发红包，以吸引当前的在线用户继续停留在直播间，并激励他们分享直播间，帮助直播间引入更多的新用户。

二、设置抽奖福利

抽奖是主播进行福利营销的重要手段。直播用户作为消费者，存在追求实惠的心理，所以主播在直播过程中开展抽奖活动，自然会吸引更多用户关注，使用户在观看直播时产生期待，进而延长停留时间。用户停留时间越长，产生消费行为的可能性就越大。

1. 开展抽奖活动的规则

开展抽奖活动不是简单地把奖品送出去，主播要把握开展抽奖活动的规则。

第一，主播要让更多用户了解自己正在开展抽奖活动，并让用户了解抽奖活动的形式和内容。主播要提前发布抽奖活动的预告，吸引用户关注。

第二，定期抽奖并非意味着明确所有抽奖活动的具体时间，而是公布直播过程中有抽奖活动，但要在直播过程中告知用户抽奖的具体时间。主播可以根据商品的销量、直播间的点赞量设置抽奖活动。例如，当点赞量达到 5 万次时即抽取一名幸运用户送出价值 599 元的蓝牙耳机。主播以一个不确定的因素作为抽奖的条件，可以提升用户的期待感。

第三，主播要注意直播节奏，加强与用户的互动，引导用户点赞、评论、留言，在直播间气氛热烈时再进行抽奖。抽奖的整个流程要公开、公平、公正，不要让用户对抽奖的公正性产生怀疑。

第四，主播在公布中奖名单时要向中奖的用户表示祝贺，同时告诉未中奖的用户不要灰心，并告知所有用户下一次抽奖的具体时间和内容，提升用户的期待感。

第五，在开展抽奖活动时，不一定要赠送价值很高的奖品，可以通过增加抽奖次数、降低奖品价值的方式，吸引更多用户关注直播间，达到留存用户、刺激用户下单的目的。

第六，抽奖使用的奖品应当是直播间推荐商品、"爆款"或新品。此外，主播不应集中抽奖，而应将抽奖活动分散在各个直播环节中。

2. 抽奖的形式

抽奖的形式主要有以下 5 种。

（1）签到抽奖

签到抽奖是指主播每日定时开播并设置签到环节，用户连续 7 天在直播间签到、评论，并将评论截图发给主播，经审核无误后可获得奖品。在签到环节，主播要积极与用户互动，营造热烈的氛围，调动用户的情绪，从而延长用户停留时间，提升销售效果。

（2）点赞抽奖

点赞抽奖是指主播将抽奖活动设置为每增加一定数量的点赞后便抽奖一次。点赞抽奖操作较简单，但要求主播具有较强的控场能力。例如，在做特价活动时，如果刚好到 2 万点赞量，主播要和用户进行沟通，承诺在做完特价活动后立刻抽奖。点赞抽奖可以给用户持续的停留激励，使黏性更高、闲暇时间更多的用户停留更长时间，也会促使黏性一般的用户增加进入直播间的次数，有效提高用户的回访量。

（3）问答抽奖

问答抽奖是指主播根据商品详情页的内容提出问题，让用户回答，用户在评论区留言，主播从中抽取幸运用户。这种方式可以延长用户在直播间的停留时间，强化用户对商品的印象，使用户主动记忆商品的优势，同时增加主播与用户的互动，拉近彼此之间的距离，提升直播间的热度。

当然，主播在提出问题时要把握问题的难度，在保证问题具有吸引力的同时，让更多用户参与到互动中。

（4）特价抽奖

特价抽奖分两次进行，第一次在主播剧透商品后、特价抢购开始前，第二次特价抢购后、剧透新商品前。主播要把控好抽奖和新商品切换的节奏，在剧透商品时做好抽奖提示，以便用户更仔细地了解商品信息，增加下单量，延长停留时间。

（5）评论抽奖

评论抽奖是指在评论区写下指定内容即可获得抽奖资格。这种抽奖方式是用福利引导用户发送口碑内容，在炒热直播间氛围的同时可提升用户对直播间商品的好感度。

3. 开展抽奖活动的注意事项

为了更好地引导用户参与互动，把抽奖活动的作用发挥到极致，主播要注意以下事项。

● 要避免用户在进入直播间时无法在第一时间了解抽奖活动的信息。主播可以通过口播、小喇叭公告、小黑板等各种方式说明抽奖规则和参与方法。

● 抽奖要有节奏。每次抽奖后，主播要先公布中奖名单，再告知下一次抽奖的条件，以此延长直播时长，增加粉丝量。

● 无规则、随意的抽奖往往适得其反。主播要明确抽奖的参与方式和规则，如点赞量达到某个标准时开始抽奖，最好不要整点抽奖，以防用户到点抽奖后直接离开，导致用户缺乏期待感，影响主播与用户的互动。

● 主播可以将自用商品作为抽奖奖品。自用商品更容易赢得用户的信任，当用户收到奖品并反馈良好，即可印证主播对自用商品的介绍是真实的，可以提升主播的可信度，促使未中奖用户也相信主播的推荐并购买商品，有效增加商品销量。另外，将自用商品赠送给用户还能增强直播间的趣味性，促进主播与用户的互动交流，拉近彼此距离。这样一来，用户的参与度和兴奋度会提高，推荐商品的点击率会提高，购买量也会增加。

三、与名人合作

如今，各行各业都在抢滩直播领域，各大平台直播销售等新兴的消费形式正成为刺激消费、扩大内需的重要途径之一。众多名人看到直播行业的蓬勃生机，纷纷投身直播行业，掀起了直接带货的热潮。有的名人亲自直播，也有很多名人为商家直播或达人直播站台，为这些主播带来大量粉丝和流量，进而在直播行业获得相应的利益。

2020 年可谓名人直播电商元年，很多名人直播销售的纪录一再被刷新。名人直播销售步入正轨的标志性特征是人设鲜明、综艺感强、直播频次高。与电商平台合作的名人基本可以做到每周直播，甚至有些名人可以每 2～3 天就直播一次。

名人直播销售可以分为以下 3 种类型。

- 名人做主播，搭配专业助理，推荐与自身专业能力相匹配，或符合自身形象的商品。
- 名人做客专业主播的直播间，起到为商品广告背书的作用，这是名人直播销售中最初级、效率最低的模式。
- 名人与头部主播合作，联合带货，这已成为当下直播销售的趋势，其数据通常是主播单人直播数据的 2 倍，一场直播的销售额甚至可能破亿元。

主播与名人合作可以达到双赢：一方面，名人的到来可以增加主播的粉丝量，名人与主播共同宣传，可以更好地提升主播的影响力，邀请名人进入直播间是主播积累社交资产的重要方式；另一方面，主播也可以凭借自身影响力，为名人代言的商品进行宣传推广和销售。一般来说，能够与名人合作的主播多是影响力较大的头部主播，名人进入直播间也与品牌宣传密切相关。

四、连麦互动

如今，连麦已成为直播行业的常见玩法。这一功能不仅可以活跃直播间的氛围，还能增加主播的收益，种种优势使其成为直播平台的核心功能。连麦大约可以为直播间吸引 3 倍以上的新用户，这对于许多自带流量较少的主播来说，无疑是扩大自身影响力的重要途径之一。

连麦互动可以分为连麦 PK 和连麦讨论两种形式。

1. 连麦 PK

连麦 PK 的大致流程是开启直播后，主播向其他主播发起连麦。要选择与自己等级相近的主播，以免落差过大，打击自己的信心；要设置惩罚机制，人气低的一方需接受惩罚。连麦 PK 结束后，直播将恢复到原本的单人直播状态。

在直播销售时，主播选择的商品应与连麦 PK 对象的商品互补，这样能够最大化引流，增加双方的销售额。如果双方都在同一个领域，粉丝重叠度较高，就难以满足粉丝的多样化需求。缺乏引导能力的主播尤其容易因此流失粉丝。

连麦 PK 其实相当于增加了一个曝光位，主播要把握好这个难得的曝光机会，通过向对方粉丝发放福利的方式，引导对方粉丝关注自己，实现账号"增粉"。

连麦 PK 结束后，连麦并不会自动断开，除非任意一方主播主动切断连麦。主播要充分利用连麦 PK 结束后的时间，持续与双方粉丝互动，尤其是对方粉丝，可以选择通过赠送福利，引导其加入粉丝团或关注账号领取；也可以选择表演一些才艺，这样能够强化自己的人设，给对方粉丝一个关注你的理由。

2. 连麦讨论

连麦讨论也可分为两种形式，一是主播与粉丝连麦，二是开启圆桌模式。

主播与粉丝连麦互动，主动给粉丝解答疑惑，可以在提高直播间互动率的同时提升粉丝的忠诚度。

圆桌模式是指多位主播相聚在一个直播间内，围绕同一个热门话题展开讨论。这种模式一方面可以提高直播内容的专业性和质量，另一方面可以降低了直播内容的输出门槛，有助于主播快速扩大影响力，为不同专业领域的主播"出圈"提供更多可能。

例如，微博主播"花总"打造了情感树洞主题的连麦 IP"花总的深夜杂货铺"。在连麦过程中，"花总"会推出一些联名款或"花总"同款商品，观看连麦的用户感兴趣的话可下单支持。总的来说，"花总"通过持续创造内容消费场景来引导用户产生购买行为。

正如"花总"所说，微博连麦不只是几个人在直播间内聊天，而是在功能上打破限制、实现万物皆可推流，让不同的内容可以连接到一起。这才是连麦真正的意义，连麦也将重塑微博这个"广场"上信息流动的方式。

微博直播优化了流量分配与用户体验。微博关注流顶部的头像光圈及全站信息流的头像光圈会显示"直播中"及"连麦中"的状态标识；直播间嘉宾席会显示主播、连麦者关注的人及申请连麦排队的用户；开播前提前发布"直播预约"，主播之间连麦，其粉丝会收到推送及动态消息。这种基于关注关系的直播连麦通知在本质上是一次裂变式社交传播，既可以为开播的直播间导入更多的流量，也可以实现主播之间的相互"导粉"。

五、小游戏互动

主播在直播间发起互动小游戏，可以大幅提高直播的互动率，延长用户的观看时长。互动小游戏主要分为两种形式，一是粉丝参与型小游戏，二是挑战赛形式。

1. 粉丝参与型小游戏

有的互动小游戏可以为直播间提供话题，让粉丝也能参与其中，使他们产生被主播重视的满足感，有助于炒热直播间的氛围。

主播在直播间经常用到的互动小游戏有以下几种。

● 你画我猜。主播用手比画事物，让用户猜。比画的内容可以是实际物品，也可以是虚拟网络里的元素。主播可以降低难度，做出提示，说出要猜的东西有什么用途、与什么有关。

● 猜纸条。主播要提前准备好纸张和相应的问题，一张纸条上的问题是主播问，用户回答；一张纸条上的问题是用户问，主播回答。主播左右手拿着纸条让用户选择，然后根据纸条内容进行互动。

● 来找碴。主播准备好几组图片，每组两张，两张图片之间有几处不同。用户找出不同之处，并在评论区告诉主播，游戏结束时间由主播自行决定。这种游戏很直观，用户参与度高。

2. 挑战赛形式

挑战赛形式是指主播与用户互动，用户的点赞量会影响主播的分值，只有在主播挑战成功后，才能为用户送出福利。主播要不断通过口播与用户良好互动，营造出挑战感、紧张感和综艺感，而用户为了获得福利也会积极参与，进而炒热直播间的氛围。

主播要在直播前发出预告，让用户为了好玩的互动内容和预期的利益准时进入直播间。主播可以在直播间顶部公告通知，也可以使用直播间贴纸预告，或者在刚开播时反复口播预告。

因为用户的点赞量会影响主播在互动小游戏中获得的分值，且分值越高，主播送出的福利越多，所以主播要引导用户点赞，以提高直播间的互动率。

主播要为挑战赛设置一定的权益，如大额优惠券、红包或小样礼品等。主播在设置权益时要根据互动小游戏的分值设置不同的级别，或者从点赞的用户中抽取几位，额外赠送小礼品。

六、品牌商或企业领导助播

品牌商或企业领导亲临直播间助播引流，在一定程度上增强了主播的影响力。与其他主播相比，品牌商或企业领导具备得天独厚的定位标签和强大的信任背书。在用户眼中，企业领导和企业深度绑定，甚至在一定程度上可视为企业的品牌符号。这样一来，企业领导自播不仅可以凭借自身魅力为品牌"吸粉"，还能降低因主播离职导致的粉丝流失风险。

因为头部企业往往自带品牌光环，其号召力不言而喻，所以头部企业的领导更适合直接进入公域平台直播。而大多数中小企业的领导并不具备振臂一呼、粉丝纷纷下单的影响力，如果这些领导贸然进入公域平台直播，可能会面临直播间自有流量过低、主播挫败感较强等情况。

在这种情况下，很多企业领导会产生自己不适合做直播的错误预判。对于这些企业领导来说，开展私域直播更合适一些。在进行私域直播时，企业领导可以利用企业的私域流量完成直播冷启动。私域直播环境相对简单一些，竞争较弱，有助于直播经验较少的企业领导不断打磨直播技能，完善直播流程。

任务三　直播脚本的策划

很多刚接触直播带货的主播经常会遇到以下问题：对着镜头无话可说，或语无伦次、逻辑混乱；不懂得如何调动直播间的氛围；不知道如何留住进入直播间的粉丝；不知道如何在直播间推销商品，提高直播间的成交转化率……对于以上问题，如果主播学会撰写一份合格、专业的直播脚本，差不多80%的问题就可以得到解决。

一、单品直播脚本的写作

单品直播脚本是指针对单个商品的直播脚本。主播在每一场直播中通常要推荐多款商品，只有对商品的特点和价格优惠等内容有较为清晰的了解，才能向用户明确传达商品的卖点、亮点和优惠信息，从而激发用户的购买欲望。

为了帮助主播掌握商品卖点，熟悉每一款商品的福利，直播运营团队最好为每一款商品都准备一份对应的直播脚本。单品直播脚本多以表格的形式呈现，将商品的卖点和利益点清晰地体现在表格中，这样主播在直播过程中就不会对商品信息产生疑惑或出现不清楚的情况。品牌介绍、利益点强调、注意事项等内容都应该体现在直播脚本中。表6-5所示为某品牌一款不粘锅的单品直播脚本。

表 6-5　某品牌一款不粘锅的单品直播脚本

商品宣传点		具体内容
品牌介绍		××品牌在健康饮食厨房领域不断拓展，新品层出不穷，包括豆浆机、面条机、电磁炉、电饭煲、净水机、不粘锅等多个系列，为广大用户传达健康、快乐的生活态度
商品卖点	用途多样	不粘锅系列 3 件套，有炒锅、煎锅和奶锅，可用于多种烹饪场景
	质量优越	严选优质铝合金复合加厚锅体，包含优质不粘层、加固纳米渗透基底层、进口防刮耐磨层、易清洗导磁层
	功能出色	采用复合加厚材质锅底，具有优异的导磁性能，可以均匀快速受热，适合各类燃气灶和电磁炉具等
	设计细节	电木防烫手柄，握感舒适；钢化玻璃盖，可视烹饪
直播利益点	"6·18"特惠	今天在直播间内购买此款不粘锅享受"6·18"同价，并且赠送木质锅铲，下单备注主播名称即可
直播时的注意事项		① 在直播进行时，直播间界面显示"关注店铺"卡片； ② 主播引导用户关注、分享直播间等； ③ 主播引导用户加入粉丝群

二、整场直播脚本的写作

整场直播脚本用于安排整场直播的内容，重点在于把控直播逻辑。一般带货直播会持续 4～6 个小时，且期间不能中断。在这段时间内，主播先讲什么、什么时间互动、什么时间推荐商品、什么时间送福利等，都需要提前规划好。因此，直播运营团队要提前准备好整场直播脚本。

通常来说，整场直播脚本应该包括表 6-6 所示的 7 个要点。

表 6-6　整场直播脚本的要点

要点	说明
直播主题	从用户需求出发，明确直播的主题，避免直播内容没有营养
直播目标	明确直播目标是积累用户、提高用户进店率，还是宣传新品等
主播介绍	介绍主播、副播的名称、身份等
直播时间	明确直播开始、结束的时间
注意事项	说明直播中需要注意的事项
人员安排	明确参与直播人员的职责。例如，主播负责引导关注、讲解商品、解释活动规则等；助理负责与用户互动、回复用户的问题、发放优惠信息等；后台/客服负责修改商品价格、与粉丝沟通订单问题等
直播流程的细节	直播流程的细节要非常具体，详细说明开场预热、商品讲解、优惠信息、用户互动等各个环节的具体内容及如何操作等问题。例如，什么时间讲解第一款商品、具体讲解多长时间、什么时间抽奖等，尽可能把时间都规划好，并按照规划来执行

优秀的整场直播脚本要考虑到细节，让主播从上播到下播都有条不紊，让每个参与人员、道具都得到充分的调配。表 6-7 所示为一份整场直播脚本示例。

表 6-7　整场直播脚本示例

整场直播脚本	
直播主题	2024 年秋冬季新品发布会
直播目标	"吸粉"目标：吸引 10 万观众观看。销售目标：从直播开始至直播结束，直播中推荐的 3 款新品销量突破 1 万件
主播介绍	主播：××，品牌主理人、时尚博主。副播：××
直播时间	2024 年 10 月 12 日，20:00—22:15
注意事项	① 合理把控商品讲解节奏； ② 放大对商品功能的讲解； ③ 注意对用户提问的回复，多与用户进行互动，避免直播冷场

直播流程				
时间段	流程安排	人员分工		
		主播	副播	后台/客服
20:00—20:10	开场预热	快速进入直播状态，开场互动、预热，通过抽奖方式调动直播间氛围	① 演示参与截屏抽奖的方法 ② 回复用户的问题	① 向粉丝群推送开播通知 ② 收集中奖信息
20:11—20:20	品牌介绍	介绍品牌的来历、发展，强调让用户关注店铺、收藏店铺	演示关注、收藏店铺的方法	向粉丝群推送本场直播活动
20:21—20:40	活动介绍	介绍直播活动及其福利、优惠（如满 300 元减 50 元、满 500 元减 100 元、10 元无门槛优惠券等）	配合主播使用白板展示福利和优惠措施	向粉丝群推送本场直播活动
20:41—21:10	商品介绍	从风格、工艺特点、面料材质、搭配技巧等方面展开介绍	试穿服装，当主播介绍细节时，引导用户观看服装细节	收集互动信息
21:11—21:20	互动	与用户进行互动，解答用户提出的问题	配合主播回答用户的问题	① 在直播间添加商品链接 ② 回复用户关于订单的提问
21:21—21:35	福利赠送	向用户介绍抽奖规则，引导用户参与抽奖、下单	演示参与抽奖的方法	收集中奖信息
21:36—21:55	商品讲解	讲解、试穿下一套服装	配合主播演示商品细节和试穿效果	① 在直播间添加商品链接 ② 回复用户关于订单的提问
21:56—22:05	商品返场	对前面的商品进行返场讲解	配合主播讲解商品回复用户的问题	回复用户关于订单的提问
22:06—22:15	直播预告	预告下一场直播的时间、福利、直播商品等	引导用户关注直播间	回复用户关于订单的提问

三、使用DeepSeek写作直播脚本

主播可以使用DeepSeek设计和编写直播脚本，以提高工作效率。

（1）写作单品直播脚本

主播使用DeepSeek写作单品直播脚本时，可以采用公式"以下是［商品名称］的商品介绍。［输入商品详细介绍］。请根据以上信息，为这款［商品名称］写一份单品直播脚本，直播脚本要包括［单品脚本重点内容］，以［输出格式］输出。"来设计提示词，具体操作方法如下。

登录DeepSeek官方网站，在对话框中输入如下提示词。

"以下是一款盘锦大米的商品介绍。

产地：限定中国优质大米产地——辽宁盘锦，营养宠粉，生产周期长，气候地理位置俱佳。

品质：甄选优良品种，一年一季稻谷。

种植：火山灰、盐碱地、辽河水、稻蟹共生的原生态种植模式，盐碱度高，病虫害少，杂草少，大米生长充分。

加工：采用先进设备，严控大米烘干、储藏、加工，全过程的湿度。

大米特点：如珠似玉，晶莹剔透，粒形完整，胶稠度高，糊化度低，清香浓郁，筋道滑腻；生米米粒圆润清香，颗粒洁白透明，粒形均匀；蒸煮后米饭松润柔软，细腻软香，令人食之回味良久。

规格：5千克/袋。

保质期：18个月。

优惠机制：直播间可领取8元优惠券，且买一袋送一袋1千克的试用装。

请根据以上信息，为这款盘锦大米写一份单品直播脚本，直播脚本要包括商品卖点、直播利益点、直播时的注意事项等内容，以表格的形式输出。"

单击生成按钮⬆️，如图6-6所示。

图6-6　输入提示词

也可将商品介绍保存至Word文档，单击对话框中的回形针按钮📎上传至DeepSeek，再输入提示词："文档中是一款盘锦大米的商品介绍，请根据这些信息写一份单品直播脚本，直播脚本要包括商品卖点、直播利益点、直播时的注意事项等内容，以表格的形式输出。"然后，单击生成按钮⬆️。

此时，DeepSeek 就会生成单品直播脚本，如图 6-7 所示。主播可以根据自身需求要求 DeepSeek 对脚本进行优化。

图 6-7　生成单品直播脚本

（2）生成整场直播脚本

主播使用 DeepSeek 生成整场直播脚本时，可以采用 APE 框架来设计提示词。其中，A（Action）代表行动，用于说明希望 DeepSeek 完成的任务；P（Purpose）代表目的，即向 DeepSeek 说明任务的目标；E（Expectation）为期望，也就是任务的具体要求和细节。

例如："帮我撰写一份互动性强、吸引力高的整场直播脚本（行动），以促进农产品的销售（目的）。直播时间段为 19:00—21:00，脚本要包括直播主题、直播目标、主播介绍、直播时间、注意事项、人员安排、直播流程的细节（包括时间段安排、流程安排、人员分工等内容），并根据我上传的直播商品表按照一款福利款、一款利润款、一款品质款的方式排布商品上播顺序，以表格的形式输出（期望）。"

开启 DeepSeek "深度思考"模式后，由于 DeepSeek 支持上传多种格式的文件，主播可以将上播商品整理成 Excel 文件，单击回形针按钮 进行文件上传至 DeepSeek，然后输入提示词，例如，"帮我撰写一份互动性强、吸引力高的整场直播脚本，以促进农产品的销售。直播时间段为 19:00—21:00，脚本要包括直播主题、直播目标、主播介绍、直播时间、注意事项、人员安排、直播流程的细节（包括时间段安排、流程安排、人员分工等内容），并根据我上传的直播商品表按照一款福利款、一款利润款、一款品质款的方式排布商品上播顺序，以表格的形式输出。"单击生成按钮 ，如图 6-8 所示。

图 6-8　上传文件，输入提示词

此时，DeepSeek 开始深度思考并生成脚本内容，如图 6-9 所示。主播可以浏览生成的内容，确认其是否符合自身需求。如果不符合，可以继续要求 DeepSeek 进行优化。

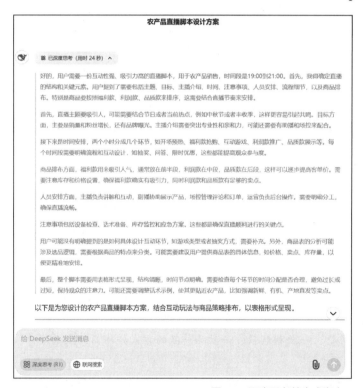

图 6-9　深度思考并生成脚本

任务四　直播促销活动设计

要想提高直播间的商品销量，让商品供不应求，主播就要掌握各种促销技巧，结合特殊时间、热点、时令变化等开展各种促销活动，激发用户的购买热情。

一、节假日促销

在节假日，人们对某些商品的消费需求会空前高涨，例如，很多人会在情人节购买玫瑰花，在中秋节购买月饼。如果主播在节假日采用合理的促销方式，可以进一步激发用户的购物热情，大幅地提高商品的销量。

以中秋节为例，下面这位主播的促销方式值得借鉴。

在中秋节前夕，某主播在其直播间率先启动了"精品月饼礼盒，中秋 6 折特惠"的预售活动。尽管月饼礼盒的邮寄成本不菲，但自预售启动以来，该主播的饼店已预售出大量月饼礼盒。到中秋节当日，该主播饼店的月饼礼盒销量激增，达到了日常销量的 10 倍。

在直播推广这一特惠时，该主播对直播间的用户说道："为了庆祝中秋佳节，我们店特别推出了多款 6 折优惠的个性化月饼礼盒。原价 199 元的经典口味月饼礼盒，现在仅需 119 元，还提供了 5 种不同的风味搭配供您选择。例如，这款'金秋团圆'礼盒，内含蛋黄莲蓉、五仁、豆沙等多种经典口味，设计精美，寓意团圆美满，非常适合赠予亲朋好友。"

该主播承诺，用户下单后，店铺将立即安排发货，同城范围内提供免费送货上门服务，其他地区则按商品详情页列出的标准收取运费。若用户需要定制贺卡，只需在订单备注中说明，店铺将免费附赠并依用户要求填写祝福语。为了预防潜在的消费争议，该主播在直播间及店铺页面均设置了清晰的公告，内容涵盖：月饼作为食品类商品，一旦售出，非质量问题不支持 7 天无理由退换货，请用户收货时当面检查，如有破损，请于 24 小时内联系客服；月饼为季节性商品，一旦封装出库，无法进行二次销售，故因用户原因导致的配送失败，店铺不承担任何责任；中秋期间配送资源紧张，如需修改配送信息，请务必提前 5 天通知客服；若月饼礼盒已按订单发出，则不接受任何信息更改请求，望用户理解。

鉴于中秋节月饼的时令特性，该主播在策划月饼促销活动时，特别重视配送流程与时间管理，确保每一份心意都能准时送达。

总之，节假日促销是很常见的促销方式，以突出纪念性为主要特征，在特殊的日子给用户提供特殊的优惠权益。主播在节假日开展促销活动往往可以产生更好的促销效果，既能增加商品的销量，又能提高直播间的知名度。

二、特定周期促销

特定周期促销是指主播根据直播间的实际情况设置特定的促销周期，如"每周一上新，新品 8 折优惠""每周日特价，全场 9 折"等。特定周期促销符合用户追求实惠的心理，可以产生不错的促销效果，促进销售额的提高。

主播在促销时要掌握一定的方法，并不是定期上新进行促销就可以吸引用户。主播要通过推送新品来打造"爆款"，只有这样才能吸引更多用户关注，带动商品销量增长。要想使新品成为"爆款"，主播要做好以下 3 个方面的工作。

1. 确定主推款

确定主推款是让新品成为"爆款"的前提。主推款能够向用户传递这是主播重点推荐的新品，具有高性价比、值得购买的信息，从而聚焦用户的目光，增加主推款的销量。

2. 前期测试

要想知道一款新品是否具备成为"爆款"的潜质，主播就要进行前期测试，观察市场反馈情况如何，也就是让市场对这款新品进行检验。

例如，淘宝主播可以使用淘宝直通车来测试新品的反馈情况。主播可以将几款新品同时放入淘宝直通车，查看其各自的点击率、转化率和收藏次数等数据，然后从中选取点击率和转化率较高的新品作为主推款。

3. 体现差异性

当新品所处的领域有众多竞争者时，主播要通过凸显商品的差异性来吸引用户。例如，很多便携式体重秤在功能和外观设计方面区别不大，主播可以通过细分使用人群来设计促销方案，以此来强化出商品的差异性特征。

除了体现商品的差异性外，主播还可以在赠品方面打造差异性，如赠送个性化的保温杯、围巾等小礼品。

三、借势促销

"好风凭借力，送我上青云。"借势促销做得好，直播间的流量和曝光度会显著提高。借势促销常见的方式是借助热点和时事新闻的热度，在热点影响力最大时，围绕热点开展促销活动，此时直播间的传播范围会比平时更广。

在借助时事热点进行促销时，主播要思考的是如何通过时事热点取得更好的促销效果。主播要挑选人们喜闻乐见的时事热点，包括娱乐类、节日类、赛事类、行业类等热点。

1. 娱乐类

娱乐类新闻历来是人们关注的焦点，将娱乐热点与促销活动相结合，可以给主播的直播间带来更多流量。当然，主播在利用娱乐热点进行促销时要分析该热点与自己的促销商品是否匹配。此外，娱乐热点往往具有不确定性，主播在利用娱乐热点促销时要做好前期调研，评估借助娱乐热点进行促销的风险。

2. 节日类

节日具有仪式感，尤其是重大节日，是人们普遍重视的时间节点。围绕节日开展的各种活动都会获得比以往更多的热度和流量，而且节日的蕴含文化与情感很容易引发共鸣，这些都对主播开展促销活动十分有利。主播在借节日热点开展促销活动时，要突出促销活动的创意，以此吸引更多用户的关注。

3. 赛事类

赛事类热点一般是与体育竞技类赛事相关的热点信息。例如，某些运动员在奥运会、亚运会、世界杯或其他大型体育比赛中有了出色的表现，在网上引发热议，很多企业或主播会借助赛事类热点顺势推出自己的商品，轻松获得巨大的流量。

4. 行业类

行业类热点也十分常见，各大手机厂商每年的发布会都是科技行业的重点事件，而"双11"购物狂欢节、"6·18"购物节、"年货节"等都是电商行业的热点。在购物节期间，各大电商平台纷纷开展各种促销活动，主播此时可以借助这个热点进行商品促销。

当然，借势促销是一把双刃剑，主播运用得当可以提高商品的销量和自身的知名度，若运用不当则会使自己的声誉受损，甚至造成不可挽回的损失。因此，主播在开展借势促销时要做好前期准备工作，站在用户的角度考量用户对促销活动的接受程度。

四、时令促销

主播可以根据时令变化制订不同的促销计划，以清仓为卖点销售商品，包括当季清仓和反季清仓，吸引大量追求实惠的消费者关注。

1. 当季清仓

当季清仓可以给主播带来两个好处，一是为新款商品腾出仓储空间，二是回笼部分资金。一般来说，商品销售的淡旺季转换期是清仓的好时机，而商品是否适合清仓通常由商品本身的属性决定。例如，冷饮、空调等商品在夏季需求量更高，而羽绒服、热饮、电热扇等商品在冬季需求量更高。

另外，不同地区的消费者受季节影响会产生不同的消费需求。例如，在冬季，我国东北地区非常寒冷，羽绒服销量很高，而在海南地区，羽绒服几乎不会受到欢迎。

因此，主播要根据商品属性、地区等因素制定不同的促销方案，针对商品淡旺季的销售情况开展相应的促销活动。另外，主播在进行当季清仓时，要考虑到以下两个方面。

（1）消费者诉求

当季清仓会影响商品在消费者心中的形象，且这种影响具有两面性，因消费者对商品的诉求不同而有所不同。消费者对一些大牌商品的诉求往往是时尚、个性和商品本身的价值，并非商品的价格实惠，如果对这些商品进行低价促销，不仅难以刺激消费者购买，还会削弱消费者对商品价值的认知；而消费者对日常平价商品的诉求是性价比，主播对平价商品进行低价促销，则能有效地激发消费者的购物欲望和购物热情。

（2）投入与收入

主播在对当季商品进行清仓处理时，一般会在一个周期内进行大规模的营销推广，这势必会增加销售成本，带来不小的压力。

要想用最少的营销投入获取最大的销售收入，主播不仅要结合市场和自身情况制订系统性的周期促销计划，还要考虑能否开展更有创意、独特的促销活动，从而在合理的投入范围内获得良好的促销效果。

2. 反季清仓

反季清仓是指主播通过低价销售反季商品，刺激消费者的购买欲望，以实现商品销售。并非所有商品都适合反季清仓，反季清仓的商品通常以服装类为主。例如，在夏季，主播会采用反季清仓的方式销售冬季的羽绒服和毛衣等服饰，借助促销活动消化库存。

反季清仓促销的核心竞争力是商品价格实惠，但主播在进行反季清仓促销时要注意以下 4 个方面。

（1）合理降价

主播要确保商品降价合理，把握好促销商品的比例和优惠力度。相较于设置全场一律 5 折的简单促销方案，设置合理的打折梯度，能在不增加销售成本的前提下更好地激发消费者的购物热情。

（2）保证质量

商品质量是销量的保障，因此主播在促销时不能只关注降价，还要确保商品质量，否则会影响自身口碑，难以留存忠诚的消费者。

（3）广告宣传

主播要在直播间标明促销活动的宣传口号、优惠力度和形式，让消费者一目了然。主播在宣传促销活动时还可以保留部分活动惊喜，以吸引消费者进一步关注。

（4）服务体系

主播要打造良好的服务体系，涵盖商品销售和售后服务两个方面，让消费者感受到用心和热情。

五、使用DeepSeek写作促销活动方案

主播使用DeepSeek写作促销活动方案时可以采用公式"我是［身份］，我想［目的，行动］，［背景信息］，请你帮我写作一份直播促销活动方案，要求［直播促销活动详细要求］。"来设计提示词，具体操作方法如下。

开启"深度思考"模式，在对话框中输入提示词，例如，"我是一名女装穿搭类主播，我想策划一场与端午节相关的直播促销活动，直播商品涉及女装、配饰、女包3个品类，目标受众为25～30岁的女生，请你帮我写作一份直播促销活动方案，要求方案有互动环节，提升用户参与感，具有可行性和吸引力。"单击生成按钮↑，如图6-10所示。

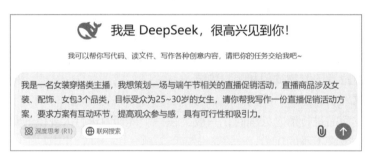

图6-10　输入提示词

此时，DeepSeek开始进行深度思考，并输出活动方案，如图6-11所示。

图6-11　输出方案

任务五　直播营销活动策划

直播的核心价值就是把直播主题、品牌价值传递出去，让更多的人点击观看直播，提升品牌价值，带动流量变现。一场直播营销活动看似是一个或几个人对着镜头说说话、卖卖货而已，但其背后都有着明确的营销目的。将营销目的巧妙地融入直播的各个环节，便是直播营销活动的整体设计思路。

一、特定主题营销活动策划

企业直播营销活动策划可分为日常主题营销活动策划和特定主题营销活动策划两种类型。特定主题是指基于特殊节日、时段确定的直播主题，如春节大促、"双 11"大促、"6·18"年中庆等。这些特殊时段备受商家重视，尤其是"双 11"大促，对商家全年的销售额有十分重要的影响。

下面以"双 11"大促为例，介绍特定主题营销活动策划的阶段性策略。"双 11"大促的周期可以分为 5 个阶段，即蓄水期、预售期、预热期、爆发期和售后服务期。在不同的阶段，商家要采取不同的活动策略。

1. 蓄水期

蓄水期为 10 月 1 日—10 月 20 日，主播和商家的主要工作是"种草"，为"双 11"大促积累流量。

在这一阶段，商家可以通过直播开展"双 11"大促商品的测款和备货工作。测款时，商家将店铺内商品依次上架到直播间销售，根据销售数据和用户反馈，选出"双 11"大促的主推商品，然后以其为核心，在各大平台投放引流内容，对用户进行"种草"，激发他们对商品的需求。同时，商家要监测各款商品的销售数据，预估"双 11"大促的备货量，降低库存风险。

商家要提前制定直播目标，合理规划"双 11"大促期间的费用，并妥善安排工作人员。为了做好"双 11"大促主题直播营销活动，商家要组建专业的直播运营团队，明确团队成员的职责，确保团队成员的协调与配合。直播运营团队的搭建与专业能力的培养是"双 11"大促期间直播高效承接流量的关键，只有人员配置到位才能满足"双 11"大促期间长时间直播和流量承接的需求。同时，商家要做好"双 11"大促直播活动的方案策划与相关准备工作，如撰写直播脚本、设计直播封面图和直播标题等。

直播卖货需要主播的专业推荐。商家在"双 11"大促期间可与达人主播合作，借助其影响力提高店铺的销售业绩。在选择达人主播时，商家要结合自身品牌、商品特性和商品购买人群的特点来确定合作对象，并明确合作流程与内容，以确保"双 11"大促直播营销活动顺利进行。

正式直播前，商家可以利用自有资源位为直播间引流，例如在店铺首页轮播图、商品详情页等渠道发放与"双 11"大促相关的优惠券，吸引用户关注店铺与直播活动。商家还可以为新会员提供更多福利，例如发放"满××元减××元""预付××元抵××元"等"双 11"大促专享优惠券，吸引用户成为店铺粉丝或会员，增强用户黏性，从而提高其参与"双 11"大促活动的积极性。

2. 预售期

预售期为 10 月 21 日—10 月 31 日，此时商家的工作重点是提高直播间的用户互动率，延长用户在直播间的停留时间。

在这一阶段，商家要重点关注以下方面。

- 粉丝分级。商家要在平时的直播中设置粉丝亲密度，将粉丝分级，并针对不同级别的粉丝采取不同的营销策略。商家可以在"双 11"大促活动的预售期为不同级别的粉丝设置专属福利权益，促使粉丝回访，增加其在直播间的停留时长。

- 预付订金引导。主播要根据店铺的营销规划和商品布局，有重点地引导用户预付定金，提高商品被用户加入购物车的概率，提高单品权重。针对主推商品，商家可以设计更具吸引力的优惠活动，如赠送礼品、付定金减免等，刺激用户预付定金，提高商品转化率。

- 打好预售排位赛。有的平台会举办预售排位赛，根据排位赛的成绩分发流量。因此，商家和主播要重视并打好预售排位赛，在预售期关注直播打榜的考核指标，做好话术调整和粉丝权益引导，为后期直播争夺更多的流量。

3. 预热期

预热期为 11 月 1 日—11 月 10 日。在这一阶段，商家要采取多种方式为"双 11"大促直播进行预热，提高留存率，深度"种草"，主要方式如下。

- 优化粉丝权益：结合前期直播数据复盘，实时调整粉丝权益方案，根据新老粉丝回访和转化效果及竞品权益对比，实施差异化的调整。

- 公域拉新：通过与其他商家连麦，寻求人群互补，设置不同场景，实现联合拉新。

- 与达人合作：与抖音、快手等平台上的达人合作，借助其影响力对用户进行深度"种草"。

- 延长直播时间：保持每天固定时段开播，并逐日延长直播时间，培养用户观看直播的习惯。

4. 爆发期

爆发期为 11 月 11 日。在这一阶段，商家和主播需全力冲刺，做好当天的直播，实现品牌声誉和销量的双爆发。

商家要着力营造直播间的氛围，在直播封面图、背景设置、直播标题、直播间贴片等装饰元素中融入"双 11"大促主题。主播也可以佩戴带有"双 11"大促元素的头箍，化身移动的广告位，这样既能增强直播的趣味性，又能加深用户对"双 11"大促活动的印象。

在这一阶段，商家可以尝试超长时间直播，从晚上 7 点或 8 点开始直播，一直持续到"双 11"大促爆发期结束。因此，商家及主播要把控好直播节奏，其在不同时段的工作侧重点如下。

- 11 月 11 日 0 点—3 点，侧重营造购物氛围，具体措施包括：优化直播间贴片，展示直播间的优惠信息；多次提示用户支付预售商品的尾款时间；与商品管控人员及时沟通，保证商品库存充足；引导用户关注并分享直播间，为直播间引流。

- 11 月 11 日 8 点—16 点，侧重引流，具体措施包括：优化直播间贴片，展示直播间的优惠信息；引导用户关注并分享直播间。

- 11 月 11 日 16 点—20 点，侧重开展活动，具体措施包括：向用户介绍店铺活动、商品活动及会员活动等，用利益点将用户的碎片化时间转化为购物时间。

- 11 月 11 日 20 点—24 点，侧重营造紧张的氛围，具体措施包括：引导已支付定金的用户完成尾款支付；为用户营造紧张感，如在直播间添加倒计时的提示牌等，刺激用户尽快下单。

5. 售后服务期

在"双 11"大促结束后，商家将进入较长的售后服务期。在这一阶段，商家和主播可能会面临大量退货退款、物流等问题。主播要承担多项售后服务工作，处理用户反馈的商品售后问题，如"怎样领取优惠券""怎样修改订单地址""怎样退款"等。

主播和商家在面对用户提出的问题时要积极应对，通过有效渠道及时提供合理的解决方案，为用户提供良好的购物体验。主播可以提前准备常见问题解决方案，在直播间用公告的形式展示，或者在提词板上展示。这样不仅可以减小主播的压力，强化用户对商品信息的记忆，还可以降低出现售后问题的概率。

二、直播营销策划方案的要素

在开展直播营销活动前，主播要制定直播营销策划方案，以便有条不紊地执行宣传推广工作。主播要明晰直播营销策划方案的必备要素，从而做好方案内容的整体规划。

1. 直播营销目的

直播营销策划方案首先要具备的要素就是确定直播营销目的。主播要向参与直播营销的工作人员说明直播的营销目的，如通过直播完成商品销售业绩、提升商品的品牌口碑等。

2. 营销内容简介

直播营销策划方案需要对直播营销的主要内容进行概括，包括直播营销的主题、直播营销的形式、直播营销的平台等。

3. 营销人员分工

直播营销策划方案应合理分配直播营销工作人员，这些工作人员的工作内容包括渠道寻找、内容制作、推广执行等。只有落实好直播营销工作的人员安排，才能确保直播营销的顺利进行，才有可能取得预期的营销效果。

4. 把控时间节点

在直播营销推广过程中，主播要规划好直播营销的时间节点。一般而言，时间节点分为两部分：一是直播的整体时间节点，包括直播的开始时间和结束时间；二是直播营销每个环节的时间节点。合理规划直播营销的时间节点有助于保证直播营销工作的按时推进，减少主观因素导致的工作延期。

5. 控制成本预算

在直播营销策划方案中，要估算直播营销活动的成本，以及明确可承受的预算是多少。只有明确这些，主播才能有效评估直播营销效果和预期收益。如果实际执行过程中出现预算超支，主播要及时通知相关人员调整，以实现直播营销实现利益最大化。

三、使用 DeepSeek 写作直播营销活动策划方案

直播营销活动主题是整个活动策划方案的核心。精准的主题能统领营销活动的全流程策划，确保商品组合、互动玩法、视觉设计形成有机的整体。主播可以使用 DeepSeek 先确定直播营销活动主题，再要求 DeepSeek 根据主题写作直播营销活动策划方案。

开启 DeepSeek 的"深度思考"模式，在对话框中输入提示词。主播可以采用公式"我是［身份］，［背景信息］，请你帮我设计［X］个直播营销活动主题，［主题详细要求］。"来设计提示

词。例如，"我是一名销售文创商品的主播，2025年6月18日将开启一场直播营销活动，请你帮我设计5个直播营销活动主题，主题要符合文创类商品的特点，体现大促氛围。"DeepSeek开始进行深度思考并输出内容，如图6-12所示。

图6-12　DeepSeek输出内容

从DeepSeek生成的主题中选择符合需求的内容。例如，选择"618文创寻宝夜·解密东方美学"主题，要求DeepSeek根据主题生成直播营销活动策划方案，此时可以采用公式"请根据［主题］写一份直播营销活动策划方案，策划方案要包括［详细要求］。"来设计提示词。例如，输入提示词"请根据'618文创寻宝夜·解密东方美学'主题写一份直播营销活动策划方案，策划方案要包括直播营销目的、营销内容简介（包括直播营销的主题、直播营销的形式、直播营销的平台）、营销人员分工、每个环节的时间节点、成本预算等内容。"DeepSeek开始进行深度思考并生成直播营销活动策划方案，如图6-13所示。

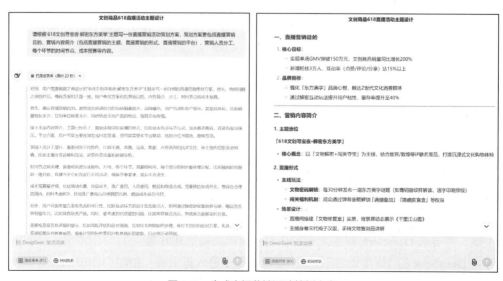

图6-13　生成直播营销活动策划方案

主播浏览生成的内容后，可以要求 DeepSeek 进行优化。在设计提示词时，主播可提供更多详细信息，如具体的直播时间、预算、人员数量等，这样 DeepSeek 生成的内容会更加精准。

> 📖 学思融合
>
> 　　主播应主动打破思维定式，持续关注和学习新技术，以开放的心态拥抱技术革新。在实际工作中，结合直播场景需求，探索 AIGC 工具的创新性融合应用，这不仅有助于打造个人差异化竞争优势，还能推动直播行业向智能化、个性化方向升级，实现传统模式与前沿科技的共生共赢。

项目实训 1：使用 DeepSeek 写作"零食节"单场直播脚本

1. 实训背景

直播"造节"已成为品牌提升市场影响力、促进商品销售的重要手段。通过精心策划的直播活动，结合特定的节日主题，品牌能够吸引大量目标用户的关注，为用户创造独特的消费体验。

2. 实训要求

结合零食节主题，使用 DeepSeek 设计富有创意的直播内容，包括商品介绍、互动环节、优惠活动等，确保内容丰富多样、节奏紧凑，并考虑直播的技术细节（如镜头切换、背景音乐、字幕提示等），保障直播效果流畅自然。此外，要识别并预判直播中可能遇到的风险（如商品缺货、技术故障等），并制定应对措施。

3. 实训思路

（1）前期准备

市场调研：收集目标用户的零食偏好、购买习惯及价格敏感度等信息，为脚本设计提供依据。

商品筛选：根据市场调研结果，挑选适合直播的零食商品，确保品种多样、价格合理、品质优良。

主播选择：根据品牌定位和目标用户的特点，选择合适的主播，要求主播具备良好的表达能力、亲和力和一定的食品知识。

DeepSeek 准备：熟悉 DeepSeek 工具的操作界面，了解其功能和操作方法，为生成高质量的直播脚本内容做好准备。

（2）脚本生成

向 DeepSeek 上传要上播的商品清单，并输入提示词，例如，"这是一份直播商品表，我计划于 2025 年 5 月 6 日 18:00—22:00 开展一场主题为'零食节'的直播，请生成一份以'零食节'为主题的直播脚本，脚本要包括直播主题、直播目标、主播介绍、直播时间、注意事项、人员安排、直播流程的细节等内容，以表格的形式输出。"

（3）脚本优化

对 DeepSeek 生成的脚本内容进行整合，确保内容连贯、节奏紧凑，并结合商品特点和直播流程，进行必要的修改和完善。

项目实训 2：使用 DeepSeek 写作直播营销活动策划方案

1. 实训背景

对于汉服文化推广与销售而言，"双 11"是不可多得的市场机遇。汉服作为近年来快速崛起的文化符号，凭借其独特的美学价值、深厚的历史底蕴，吸引了大量年轻消费者的关注与喜爱。借助"双 11"大促，汉服商家可以有效扩大品牌影响力，促进文化传承，同时实现销量的快速增长。

2. 实训要求

利用 DeepSeek 的智能化功能，挖掘汉服文化与现代消费趋势的结合点，提出具有创新性的直播营销创意。

3. 实训思路

（1）市场分析

输入关键词：在 DeepSeek 中输入"汉服市场趋势""双 11 购物节特点""目标受众兴趣偏好"等关键词，获取相关市场分析报告，明确目标受众的兴趣偏好、消费习惯。

分析数据：根据 DeepSeek 生成的报告，分析汉服市场的现状、发展趋势，以及"双 11"期间消费者的购物习惯、偏好等。

（2）内容策划

确定主题：结合汉服文化特色与"双 11"购物节氛围，利用 DeepSeek 生成多个直播主题建议，从中选择最适合的方案。

生成脚本：在 DeepSeek 中输入直播主题、产品特点、互动环节等信息，生成直播营销活动策划方案。

优化内容：根据 DeepSeek 的建议，对直播营销活动策划方案进行润色、调整，确保内容新颖、有趣、有吸引力。

项目七
直播销售话术设计

学习目标

知识目标

➤ 掌握直播销售话术的基本要求、常见类型和组合模式。

➤ 掌握常见品类商品的讲解要点。

➤ 掌握提炼直播商品卖点的方法。

➤ 掌握使用 AIGC 工具写作直播销售话术、商品讲解话术和提炼商品卖点的方法。

能力目标

➤ 能够根据直播主题设计直播销售话术。

➤ 能够根据不同商品的特点提炼商品卖点，并设计商品讲解话术。

➤ 能够使用 AIGC 工具写作直播销售话术、商品讲解话术。

素养目标

培养诚信意识，在设计销售话术时注重真实、客观，避免夸大其词和虚假宣传。

引导案例

因品施策，以差异化策略放大商品卖点

扫码看视频

在讲解商品时，主播要懂得放大商品的卖点，以更好地激发观众的购买欲。"卖手机的娇姐"是快手平台上一个主要销售智能手机的账号，该账号的主播在直播中讲解商品时，并非简单地罗列手机参数，而是将专业术语转化为通俗易懂的语言，让观众更容易理解手机的卖点。除了介绍手机的性能外，主播还会通过抗摔测试、抗刮擦实验、流畅度演示等各种现场实验来放大手机的优势，持续激发观众的购买兴趣。

同时，主播会从直播间评论区捕捉观众的反馈和需求，根据观众提出的要求讲解和展示手机的性能，有效提高了观众的参与感与信任感，进而加速了观众的购买决策。

"大迪迪大码高端定制女装"是一个主要销售女装的账号，主播在直播场地中放置了一个展示台（见图 7-1），以便更好地向观众展示服装的全套搭配效果。在讲解服装时，主播会从服装的色彩搭配、服装版型与不同身材的适配度，到服装面料的优势和局限等多个角度进行介绍，帮助观众全方位地了解各款服装的特点。这种讲解方式为观众创造了良好的购物体验，有效激发了他们的购买意愿。

美妆账号"小思柳"的主播在直播中除了用话术介绍各款美妆商品的卖点外，还会在脸上、手上进行涂抹试用和试色展示（见图 7-2），让观众直观地看到商品的使用效果，降低观众的消费顾虑。

图 7-1　直播间放置展示台

图 7-2　涂抹试用商品

案例讨论： 主播在讲解商品时，可以采用哪些策略来增强观众的参与感与信任感？

在直播销售中，优秀的直播销售话术是提高商品转化率的保证。主播运用设计好的直播销售话术不仅可以挖掘出用户的核心需求，快速吸引用户的注意，还可以激发用户的购买欲望，打消用户的各种顾虑，促成用户下单购买。主播在直播间销售商品本质上是为用户提供消费理

由，而商品卖点就是最强有力的消费理由。商品卖点即商品与众不同的特色和特点，这些特色和特点一方面是商品与生俱来的，另一方面是由直播运营团队通过创意设计赋予的。

任务一　初识直播销售话术

在网络直播中，直播销售话术是指主播根据用户的期望、需求、动机等，通过分析直播商品目标受众的心理特征，运用有效的心理策略组织设计的高效且富有深度的语言表达。直播销售话术是对商品特点、功效、材质的口语化呈现，是主播促成商品成交的关键，也是吸引用户在直播间停留的关键。

一、直播销售话术的基本要求

主播及直播运营团队在设计直播销售话术时应遵循以下基本要求。

1. 内容规范

当前，直播电商正朝着规范化的方向发展，一系列规范直播从业者行为的政策法规相继出台。因此，主播的直播销售话术要符合相关政策法规要求。主播在介绍商品时不能使用违规词，更不能夸大事实、虚假宣传。主播设计直播销售话术时既要确保内容符合规范，规避争议性词语和敏感话题，以文明礼貌为前提，又要使传递的信息能够直击用户的内心，激发用户的购买欲望，同时营造和谐的直播间氛围。

2. 用语专业

主播的直播销售话术要体现出专业性。其专业性表现在两个方面：一是主播对商品的认知程度，主播对商品的了解越全面、越深入，在介绍商品时就越得心应手，从而彰显自身的专业性，更容易获得用户的信任；二是主播语言表达方式的成熟度，同样的内容，由经验丰富的主播说出来，往往比由新手主播说出来更容易赢得用户的认可和信任，这是因为经验丰富的主播有着更成熟的语言表达方式，懂得如何让自己的语言更具有说服力。

主播在设计直播销售话术时需要重点关注以下几个方面。

- 如何说才能让用户更容易理解、听得更舒服，即表达方式灵活，内容通俗易懂。
- 如何说才能凸显自身的专业性，让用户更信服，即传达的信息真实、准确。
- 如何说才能让自己的语言表达形成个人风格，即表达富有个人特色。

3. 态度真诚

在直播销售过程中，主播不能一味地讨好用户，而应该与用户交朋友，以真诚的态度和真挚的语言来介绍商品。真诚的力量是不可估量的，真诚的态度更容易引发用户的情感共鸣，有助于主播拉近与用户的距离，调动用户的互动积极性。

4. 趣味性强

直播销售话术的趣味性要求主播增强直播语言的幽默感，避免让用户感到枯燥乏味。在直播过程中，缺乏吸引力的语言难以留住用户，只有富有趣味的语言才能让用户更有参与感。

主播在讲解商品时，为了提升表现力和说服力，最好配合丰富的肢体语言与面部表情，使信息传递更生动形象，使用户看得更清楚、听得更明白，进而感染用户的情绪，将用户带入主播设置的场景中。

此外，主播还可以通过观看、学习脱口秀节目、娱乐节目中主持人的说话方式来锻炼自己的幽默思维，从而提升直播语言的趣味性。

二、直播销售话术的常见类型

按照直播销售的一般流程，直播销售话术可分为开场话术、互动话术、商品介绍话术、刺激下单话术、直播结束话术等。

1. 开场话术

直播的开场非常重要，它决定着主播能否在直播开始的第一时间吸引用户的注意力。主播在开播时需要快速营造出强烈的互动氛围，让用户产生期待，提升其参与感。主播可以结合自身的实际情况和直播商品的特点，灵活设计开场话术。

开场话术分为开场白、利益点话术和引导关注话术。

（1）开场白

一个好的开场白应当让用户产生代入感，激发用户的观看兴趣。根据主播风格的不同，直播开场的方式也会有所区别，但其中也有规律可循。主播在设计开场白时可以借鉴以下几类开场方式。

● 新人自我介绍。新手主播在开场时难免会存在不足，为了避免失误导致粉丝流失，可以在开场时给用户"打预防针"，展现自己的积极态度。例如，"欢迎大家来到我的直播间，今天是我直播的第二天，我会继续努力，希望大家多多支持！""我刚做直播，还有不少需要改进的地方，有做得不好的地方还请多见谅。""我才开始直播就能获得大家的关注，谢谢大家对我的支持和包容，我会做得越来越好的！"

● 调动气氛。直播开场的直接目的是调动用户的情绪，活跃直播间的气氛。在开场时，主播要积极热情地与用户互动，引导用户参与直播。例如，"直播间人数超过 1000 人时，我们来发放一波福利，希望大家多多分享直播间！""让我看看进直播间的是新朋友多还是老朋友多，刷评论让我看一下吧！"

（2）利益点话术

利益点话术是指在直播开场时，向来观看直播的用户说出利益点，让用户了解到自己能从直播中获得什么。主播可以围绕以下几点说明直播的利益点。

● 提供福利。例如，"大家好，欢迎大家来到我的直播间！每次直播都能看到你们，我特别感动，感谢大家的支持。今天有很多惊喜带给大家，上次直播后厂商给了很多试用装，我打算在本次直播中送给大家，数量有限，到时大家跟着我发口令，我通过截图抽奖送出哦！"

● 提供方案。例如，"大家好，欢迎大家来到我的直播间！本场直播我打算和大家分享主播带货经验，帮助更多直播新人顺利入行。"

● 提供低价商品。"嗨，大家好！我是××，欢迎大家来到××直播间！今天是'6·18'年中大促，我为大家带来×款超值商品，今天直播间的朋友可以享受超低直播价哦！"

（3）引导关注话术

引导关注话术有助于主播将用户留在直播间。主播通过设置奖品、签到福利等话术，更好地留住直播间的用户，进而将其发展为粉丝。

例如，"刚进直播间的朋友们，记得点击左上角关注直播间哦！我们的直播间会不定期发放各种福利。""喜欢××直播间的朋友，记得关注一下直播间哦，连续签到 3 天就可以获得一张20 元优惠券，可以直接抵扣购买直播间的任意商品哦。""我们 10 点整就要抽奖啦，没有点关注的朋友赶紧点击左上角关注。"

2. 互动话术

互动话术是主播为了避免在直播过程中冷场，积极引导用户互动，从而使直播间保持活跃氛围的语言技巧。主播要想实现巧妙互动，离不开互动话术。互动话术可以分为回答型互动话术和提问型互动话术。

（1）回答型互动话术

回答型互动话术能够直接有效地缓解直播间冷场。当新手主播面临找不到话题、突然忘词或无话可说的情况时，可以从弹幕评论中随机挑选一些问题，在为用户答疑的同时，迅速调整思路，规划后续的直播内容。

例如，"有人说，15 秒内画好眼线怎么可能做到呢？下面我就教大家如何在 15 秒内画好眼线，秘诀就在于我这款非常好用的眼线笔。"

当然，针对不同类型的商品，用户提问的侧重点也不一样，但无外乎是问价格、问是否适合自己等。以服装为例，用户最关心的问题主要有 4 种，主播可以针对这些问题设计相应的回答型互动话术，如表 7-1 所示。

表 7-1　主播的回答型互动话术示例

用户提出的问题	问题分析	主播的回答型互动话术
主播多高，多重？	这说明用户对这款商品是感兴趣的，有购买欲望；用户可能没有看主播背后信息牌的习惯	主播身高 165 厘米，体重 50 千克，穿 S 码，你也可以看一下我身后的信息牌，感兴趣的话就下单，衣服上身效果很好，在各种场合都可以穿
5 号商品能试一下吗？	这说明用户已经对这款商品产生了兴趣，但内心仍有一丝犹豫，想要看一下主播试穿的效果再决定是否购买	5 号商品是吗？好的，别急，主播马上试穿
个子不高能穿吗？身体太胖能穿吗？	用户想确认自己是否可以穿这款衣服，但又没有明确说明自己的身高、体重信息，这时主播要引导用户说出具体信息	你好，请问你具体的身高和体重是多少呢？主播要根据你的实际身高和体重帮你推荐
主播为什么不回答问题？	这说明用户已经有情绪了，这时主播要快速捕捉到用户的情绪，尽快安抚用户，以免其将不良情绪传染给更多用户	请不要生气，信息太多看漏了，没有不理你的意思。各位朋友们，如果我没有及时看到你们的问题，还请多刷几遍问题，千万不要生气哦

（2）提问型互动话术

提问型互动话术是指主播根据直播的主题和内容设定场景，提出问题，激发用户的互动意愿。主播提出的问题要尽可能贴近用户的生活和工作，这样既能调动用户参与互动的积极性，又能让自己有发挥的空间。例如，"刚才 PPT 演示的内容，跟大家以往的做法有哪些不同呢？欢迎在评论区留言哦。""大家平时都喜欢用哪种面膜？有用过××品牌面膜的吗？"

除了以上两种类型的互动话术，主播如果觉得自己无法解答评论中的问题，或者难以设置合适的互动场景，可以采用简单的互动话术，如"同意的扣 1，不同意的扣 2"。

3. 商品介绍话术

商品介绍是直播销售的重要环节，也是主播顺利完成销售任务的关键。主播在介绍商品时，要想把商品介绍得生动又丰富，离不开商品介绍话术。主播可以从商品的核心优势、使用场景等方面来介绍商品。

（1）商品的核心优势

商品的核心优势也可以称为商品卖点，主要包括商品直播间的优惠价格、安全有效的成分、良好的功效、精美的外观设计、超高的性价比等。主播可以根据商品特点，围绕上述要点设计商品介绍话术。

例如，"这款洗面奶富含氨基酸、神经酰胺、维生素 B、维生素 C、A 醇等多种成分。"主播还可以依照商品成分表，对各成分进行详细解读，让用户充分了解。

又如，"大家可以看一下，本品官方正常售价为 399 元，今天大家在直播间下单只需 199 元，买到就是赚到，真的是超值，大家可以拉家人、朋友进直播间抢购哦。"

再如，"这款便携式榨汁机非常好用，它的外观设计和安全设计非常好！今天我为大家争取到了 7 折的优惠价，买它超值！"

（2）商品的使用场景

主播描述商品的使用场景，其实就是为用户提供购买理由。描述的商品使用场景可以是一个，也可以是多个，因为直播商品的受众并不是单一人群。另外，主播除了向用户描述使用场景，还可以分享亲身使用感受，这不仅可以扩展商品介绍话术，还可以增强真实感，更容易激发用户的共鸣，进而提高商品转化率。

例如，"这款烤箱是专门为 3 口之家研发的，方便主人做早餐，可以同时烤 3 个面包、6 个蛋挞，满足全家人的早餐需求；周末可以在家做下午茶，烤出全家人爱吃的美味比萨；还可以烤出美味的鸡翅、肉串、鱼、虾等，全家人可以在一起享受幸福时光。"

4. 刺激下单话术

主播介绍完商品的核心优势、使用场景等重要信息后，便进入刺激用户下单环节。在这个环节，主播可以从强调售后服务、价格优惠、回购率、商品好评等方面来激发用户的购买欲，促成下单。

例如，"我们直播间的商品都支持 7 天无理由退货，购买后如果对商品有任何不满意都是可以退货的，大家放心购买。"

"如果大家还没有想清楚要不要下单，什么时候下单，完全可以先将商品加入购物车，或者提交订单锁定优惠名额。"

"这款商品原价是×××元，为了回馈大家的厚爱，我特意从品牌商那里争取到 8.5 折的优惠价格，喜欢这款商品的朋友就别犹豫了！"

"这款液体眼线笔真的值得买，一支能用一年，算下来一天不到五毛钱。"

5. 直播结束话术

直播结束话术用于整场直播的结尾部分，对直播起到重要的总结作用。好的直播结束话术不仅能够活跃直播间的氛围，还有可能引发新一波下单高峰。

在直播结束前，主播应按以下步骤组织话术：首先，快速回顾本场直播的商品，确保未下单的新用户能够看到商品，并提醒已经下单的用户及时付款；其次，通过直播预告告诉用户下期直播的商品与福利；最后，用真诚的感谢话语与用户互动，或者感慨一下一路直播的历程，增强粉丝黏性。

主播可以将商品回顾、下期直播预告、感谢与引导关注等内容作为直播结束话术。

例如，"我们的直播间给大家选择的都是性价比超高的商品，今天的直播商品主要有……直播间里的所有商品都是经过我们团队严格筛选，经过主播亲自试用的，请大家放心购买。没有下单的用户请尽快下单，已经下单的用户请及时付款。好了，今天的直播就到这里了，明天再见！"

"大家还有什么想要的商品，可以在交流群里留言，我们会非常认真地为大家选品，在下次直播时推荐给大家。"

"好了，还有×分钟就要下播了，最后再和大家说一下，下次直播有你们最想要的×××，优惠力度非常大，大家一定要记得来哦！"

"非常感谢大家今天的陪伴和观看，希望大家开心的同时能买到称心的商品，点击关注，我们明天继续哦！"

三、直播销售话术的组合模式

在直播销售中，主播的最终目的是将商品销售出去。要想在短时间内将商品清楚地介绍给用户，并吸引用户，激发用户的购买热情，话术组合非常重要。下面介绍两种话术组合模式。

1. 商品介绍 + 价格优势 + 场景描述

该组合模式由商品介绍、价格优势和场景描述组成，适用于商品的快速推广，主播可以在两三分钟内将商品描述出来。例如，在介绍某品牌的酸奶坚果烘焙燕麦片时，主播可以采用这一话术组合模式。

● 商品介绍。"这款燕麦片由烘焙燕麦、酸奶块、玉米片、巴旦木等食材搭配组合而成，营养丰富，而且冲泡起来非常简单。加上一杯热水，搅拌均匀就能喝了，口感绵密。"

● 价格优势。"在门店购买这样一袋燕麦片的日常价是19.9元。今天在直播间的价格是9.9元一袋，非常实惠。"

● 场景描述。"这款燕麦片非常适合上班族，买一袋放在办公室，来不及吃早餐的时候冲一杯，就不会饿肚子了，既方便又能保证身体所需营养。"

2. 店铺名称 + 商品介绍 + 价格优势 + 场景描述 + 抢购方式 + 快递 + 售后

该组合模式由店铺名称、商品介绍、价格优势（商品原价、现价、折扣力度、线下价格）、场景描述、抢购方式、快递、售后组成，适用于商品的深度推广，主播一般可以在10分钟内将商品描述出来。

● 店铺名称。"接下来这款商品是来自×××旗舰店的酸奶坚果烘焙燕麦片。"

● 商品介绍。"这款燕麦片由烘焙燕麦、酸奶块、玉米片、巴旦木等食材搭配组合而成，营养丰富，而且冲泡起来非常简单。加上一杯热水，搅拌均匀就能喝了，口感绵密。"

● 价格优势（商品原价 + 现价 + 折扣力度 + 线下价格）。"这样一袋燕麦片在门店的日常价是19.9元，今天在直播间的价格是9.9元一袋，超市也有卖，价格是22元一袋。所以，今天在直播间差不多是4折的价格，非常划算。"

- 场景描述。"这款燕麦片非常适合上班族，买一袋放在办公室，来不及吃早餐的时候冲一杯，就不会饿肚子了，既方便又能保证身体所需营养。"
- 抢购方式。"这款酸奶坚果烘焙燕麦片已经上架了，赶紧去抢。进店铺还有 2 元的优惠券，领券后就可以直接下单使用。"
- 快递。"这款燕麦片是全国包邮的。"
- 售后。"本商品支持 7 天无理由退换货，请放心购买。"

四、使用 Kimi + 豆包写作直播销售话术

使用 AIGC 工具写作直播销售话术可以极大地提高主播的工作效率。下面就来介绍使用 Kimi + 豆包写作直播销售话术的操作方法。

如果主播不知道怎样设计生成直播销售话术的提示词，可以使用 AIGC 工具辅助生成。例如，主播可以使用 Kimi 生成提示词。进入 Kimi 首页，开启"k1.5 长思考"模式，主播可以采用公式"我想［需求］，但是不知道怎样设计生成提示词，请你帮我写作［X］条提示词。"来设计提示词。例如，在对话框中输入提示词："我想使用豆包生成直播销售话术，按照一场直播销售活动的流程，话术要包括开场话术、互动话术、商品介绍话术、刺激下单话术、直播结束话术，但是不知道怎样设计生成提示词，请你帮我写作 3 条提示词。"单击生成按钮，如图 7-3 所示。

图 7-3　输入提示词

此时，Kimi 开始进行长思考，并生成提示词，如图 7-4 所示。如果主播不满意当前生成的内容，可以要求 Kimi 对生成的内容进行优化或重新生成。

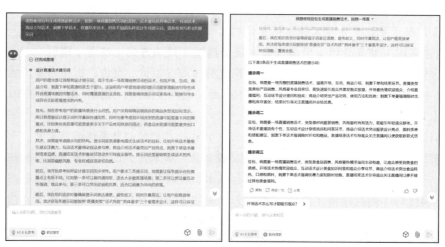

图 7-4　Kimi 生成提示词

登录豆包首页，从 Kimi 生成的提示词中选择符合自身需求的内容，将其复制到豆包的对话框中，然后单击生成按钮⬆，如图 7-5 所示。

图 7-5 输入提示词

此时，豆包就会生成直播销售话术，如图 7-6 所示。

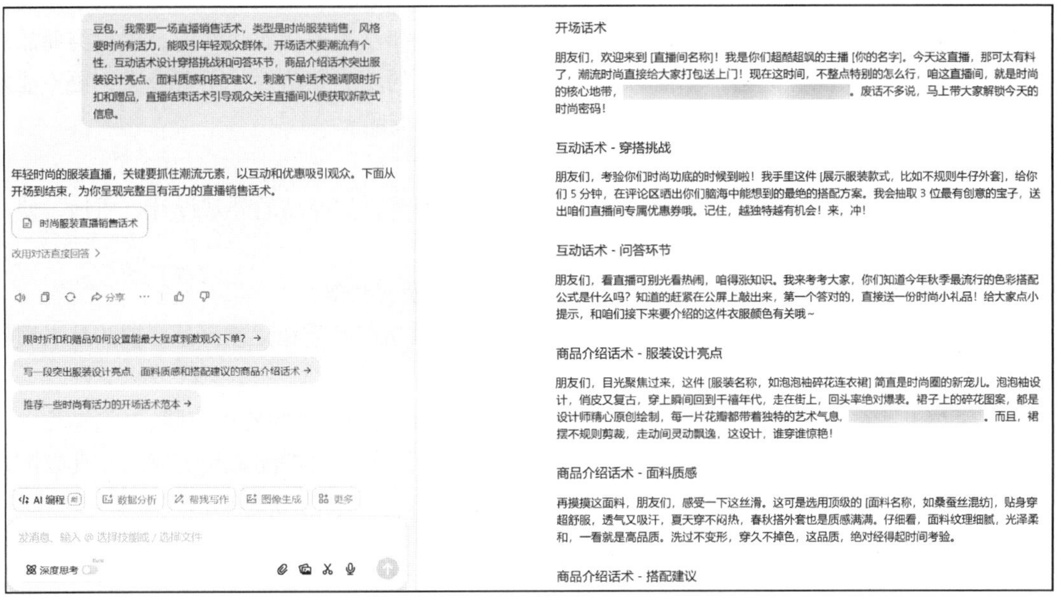

图 7-6 生成直播销售话术

任务二 直播商品讲解策略

直播讲解商品并非对商品特点或功能的简单陈述，而是要求主播在精准把握用户需求与心理的基础上，通过生动的语言、直观的演示、巧妙的互动，将商品的独特卖点以最具吸引力的方式呈现出来。因此，主播必须掌握一套行之有效的商品讲解策略。

一、直播商品讲解关键点

主播在直播中讲解商品时要抓住关键点，即用户关注且想听的内容，这样才能吸引用户的注意力，将其留在直播间。

1. 重点介绍用户想听的内容

主播在直播间展示并讲解商品时，必须以用户为核心，根据用户的需求，重点介绍用户想听的内容。主播在介绍商品时可以围绕以下几个方面来重点介绍。

（1）品牌故事

主播在讲解商品时可以将品牌故事穿插进来，和用户分享品牌创立和发展过程中有意义的事件，如品牌创始人的励志故事等。这些内容既能体现品牌理念，又能深化用户对品牌的认知，增强品牌的吸引力，提升商品的附加价值。

（2）成分材质

随着时代的发展，人们越来越关注安全、健康问题。无论何种商品，其成分、材质是否对人体有害，是人们购买商品前十分关注的问题之一。同时，人们也愿意为含有某种有效成分的商品付费。特别是食品类商品，主播在直播时可以依照配料表对其成分进行详细介绍，让用户安心购买。

（3）功能功效

主播在介绍商品时，通常会重点介绍其功能和功效，如汽车的功能和性能、美妆类商品的使用效果等。但需要注意的是，主播必须如实地介绍商品的功能和功效，不可夸大，更不能虚假宣传。主播应站在客观、公正的角度，实事求是地讲解商品。

（4）商品展示

主播在进行商品展示时，可以展开讲解商品的诸多细节，如商品的外观设计、质地、使用方法和技巧，以及使用效果等。

- 外观设计。主播可以讲解商品的设计理念、特点及优势等。
- 商品质地。主播可以向用户展示商品的质地，如家纺产品质地柔软舒适，护肤品水润易吸收、延展性好等。
- 使用方法。主播可以向用户讲解商品的正确使用方法和具体的使用步骤。
- 使用技巧。主播可以在直播间分享商品的使用技巧，如如何搭配饰品更能凸显其修饰效果。主播可以边讲解边展示，让用户更直观地看到效果。

（5）亲身感受

主播可以通过试用或试吃，把自己的体验分享给用户。例如，主播使用某护肤品后，可以向用户说明使用前的皮肤状态，以及使用后皮肤状态的变化，将真实的使用感受反馈给直播间的用户。

（6）竞品对比

主播可以选择市场上的同类商品进行竞品分析，分析其差异，从而凸显该商品的优势。

总之，无论何种商品，主播在介绍时都要重点介绍用户感兴趣的内容。主播可以从商品的价格、质量、安全有效成分、使用效果等方面进行讲解，突出该商品的核心优势，也可以从不同角度反复强调商品的卖点，进而打动用户，激发其购买欲望。

2. 增加商品试用环节

主播在讲解商品时，增加商品试用环节能为用户营造真实的体验感。大部分用户喜欢在直播间购物，是因为他们觉得直播的方式能够带来更好的购物体验，可以通过主播试用商品看到实际效果，从而更愿意购买商品。

为了更好地向用户传达试用商品的真实体验，让用户充分感受商品的功效，主播在商品试用环节中要尽可能地将自己的真实体验表达清楚。主播可以从以下几个方面来介绍试用感受。

（1）满足用户情感需求

主播在展示商品时，不仅要介绍商品的实际功效，还要关注用户的情感需求。主播可以将用户对商品的情感需求与商品的某些特性相结合，以吸引用户。想要更好地了解用户的情感需求，主播要分析直播间用户群体的特点，找出他们的痛点，并结合商品的特性分析商品，找到关联点，并在直播时适当切入。

（2）体验描述具体形象

主播可以用生动形象的语言描述商品的使用体验，让用户获得更直观的感受。只有具体、形象地描述使用体验，才更容易引发用户联想，激发其购买欲望。如果主播只是生硬地、照本宣科地介绍商品的使用体验，只会弱化用户的感受，不但起不到积极的促进作用，反而会影响商品销售。

（3）内容新颖，有创意

市场上的同类商品有许多，在直播销售时应如何让用户看到自己推荐的商品，如何在商品讲解时引起用户的注意，是很多主播需要考虑的问题。如果大家的讲解千篇一律，根本吸引不了用户的眼球，更抓不住用户的心。因此，主播如果将商品体验表达得非常新颖、有创意，就能让所推荐的商品在同类商品中脱颖而出，给用户留下深刻的印象。

主播在描述商品体验时要加入自己的创意。独特的创意往往能给人带来惊喜，更容易触动用户的心，这就是创意的魅力。

总之，主播在讲解商品时要注重分享商品的使用体验，讲出自己的真实感受，并辅以创意性的内容表达，这样才能更好地激发用户的购物热情，从而提高商品的销量。

3. 适当放大商品的优点

主播在直播讲解商品时，可以适当放大商品的优点，塑造商品的高性价比，从而打动用户，激发其购物热情。主播可以从以下几个方面来塑造商品的高性价比。

（1）反复强调优惠价格

商品的优点能够体现商品的价值，而商品的优惠价格能够塑造商品的高性价比。因此，在直播销售过程中，主播可以反复强调商品的优惠价格，不断提醒用户购买商品所能享受的优惠力度，这样能够强化用户对商品高性价比的认知，从而激发用户的购买欲望。例如，"今天在直播间下单可享受 8 折优惠""为答谢新老用户，今天该商品 5 折促销"等。

（2）全面展示商品细节

很多主播在展示商品时会从多角度进行：有时采用远景，展示商品的整体效果；有时采用特写镜头，清晰展示商品的质地、纹理等细节。例如，主播在展示服装时，试穿后可以展示整体的穿着效果，也可以将服装靠近镜头，展示布料材质及做工精细度。例如，"这件连衣裙的镂空做工十分精致，同时裙摆的荷叶边更能凸显女孩的俏皮、可爱。"

（3）重点讲解商品卖点

主播在直播间推荐商品时，要把讲解重点放在商品卖点上。不同商品的卖点不同，主播要根据商品受众的特征及商品特点，分析总结商品卖点，针对直播间用户做重点讲解。例如，"这款包包用的是 PVC 材质，耐磨且防水，实用性很强，性价比非常高。"主播也可以将推荐商品与竞品对比，重点突出推荐商品的优势，强化用户对推荐商品的认知，加深用户对推荐商品的印象。

4. 具体描述商品的使用场景

主播在直播间讲解商品时，对于无法直观展示的内容，可以通过场景式描述引发用户的联想，充分激发用户的想象力，从而加深用户对商品的认知，引导用户下单购买。

例如，某主播推荐一款童装时是这样介绍的："大家是不是经常为清洗孩子的衣服而苦恼呢？特别是幼儿园的小朋友，他们活泼、爱动，衣服几乎天天换，每天洗。这款衣服能够免去您的许多烦恼，它采用的是免洗面料，清洁起来特别方便，可以放心地让孩子尽情玩耍。"

又如，在推荐《和秋叶一起学PPT》这本书时，主播围绕用户需求设计应用场景："你有没有被这些问题所困扰：领导说你的PPT设计得不够高端大气，你熬夜加班，改了又改，还是达不到领导的标准；文档字太多，又不让删，你不知道该怎么排版；零基础的小白，想学点儿东西太难了……一本书让你轻松做专业职场达人，读了这本书，你可以轻松应对工作汇报、竞聘述职、产品发布、销售竞标、数据展示等场合。"

5. 适时停止对商品的介绍

主播在介绍商品时，要把握好商品介绍的流程，适时停止对商品的介绍，以免消耗用户的购物热情。要做到适时停止对商品的介绍，主播要关注以下两个方面。

（1）重点内容要讲明

主播在直播间介绍商品时，不必讲解过多内容，一般讲明商品的重点即可。当主播介绍完一款商品，想要购买该商品的用户购物欲望达到顶点时，主播要把握好节奏，立刻放出该商品的购买链接。此时如果主播继续对该商品做冗长的介绍，反而会消减用户的购买欲望，不利于商品销售。

例如，某主播在直播间推荐一款家用健身用品，许多健身爱好者在听过主播的介绍后产生了较强烈的购买欲望。但是，该主播并没有及时放出商品的购买链接，而是继续介绍该商品的优点。在该主播的冗长介绍中，原本产生购买欲望的用户开始思考这款商品是否适合自己，以及在使用商品时的噪声会不会影响他人等。经过较长时间的考虑，一些用户打消了购买念头。等主播终于放出商品链接后，下单的用户寥寥无几。

究其原因，就是主播没有适时停止对商品的介绍。主播想全面介绍商品的想法虽好，但往往会给用户留下更长的考虑时间，在考虑的过程中，用户的购物欲望就会降低，因而错过用户下单的最佳时机。主播展示完商品时，就是用户购物欲望最强烈的时刻，主播要把握好这个关键节点，及时放出商品的购买链接，引导用户下单。

（2）重点内容要讲完整

主播在直播间推荐商品时，要讲完商品的重点内容再停止介绍，不能随意中断，避免用户听得一头雾水。主播要清楚自己是否已将商品的重点内容完整讲解给用户，并明确是否成功激发了用户的购买热情。

主播在讲解商品的重点内容时，要主动带动用户的情绪，激发用户的购买欲望，并在用户情绪高涨时适时停止商品展示与讲解，放出商品链接，及时引导用户下单购买，从而增加直播间商品的销量。

6. 说明售后服务

在直播销售的过程中，主播说明商品的售后服务十分必要，特别是 3C 类商品。通常主播在展示完商品后要及时说明商品的售后服务，以消除用户的后顾之忧，吸引更多用户下单购买。

例如，某主播推荐一款新型手机，在讲解完手机的性能、价格、下单福利等重点内容后，用户的购买热情不高。这时，主播注意到很多用户发弹幕询问售后问题，于是补充道："除了以上福利外，这款手机的售后服务也十分有保障。凡是在我直播间下单的朋友，都可以享受一年内保修、耳机和充电器等配件 3 个月内包换、电池半年内包换的服务。"这消除了很多用户的顾虑，促使他们纷纷下单购买。

主播要及时地解决用户反馈的售后问题，包括商品及赠品发错、商品优惠价格与活动规则不符、商品存在质量问题等。如果售后问题是由于主播失误造成的，则主播要及时纠正错误、道歉，并对用户进行相应补偿；如果售后问题是由于用户对活动规则存在误解导致的，则主播要及时向用户讲明活动规则，消除用户的误解。

此外，主播还要与用户保持长期沟通，询问其对售后服务的意见或建议，根据反馈不断优化和完善售后服务。

二、常见品类商品讲解要点

直播销售的最终目的是将商品销售出去，因此主播在直播时要全面介绍商品，展示其完整形象。在介绍商品时，主播要遵循两个原则：一是对商品进行全方位的展示；二是商品描述要准确，如完整介绍商品功能、材质、规格等。不同品类的商品具有不同特性，主播要进行有针对性的讲解。

1. 服装类商品讲解要点

主播在介绍服装类商品时，通常要上身试穿，边展示边介绍。有服装类商品需求的用户一般会比较关注自己适合什么风格、面料是否舒适、实际上身效果、有无色差、尺码、价格等。主播在进行服装类商品讲解时可以围绕用户的关注点展开。

服装类商品的讲解要点如下。

（1）试穿效果

主播亲自试穿服装，向用户展示试穿效果，服装的前后左右都要向用户展示清楚。主播展示试穿效果时要注意走位，用远景展示整体效果，用近景展示设计细节和亮点等。需要注意的是，主播在介绍时要公布试穿模特的身材和尺码，方便用户参考和比对。

主播可以通过边讲解穿搭技巧边展示模特服装秀的方式，直观地向用户展示真实的穿着效果，吸引用户关注，激发其购买欲望。

（2）风格

风格是服装给人们带来的整体感觉。服装的风格有很多种，如韩风、欧美风、学院风、森女系、小香风、名媛风、淑女风等。主播在进行商品介绍时要向用户说清楚所推荐的服装属于哪种风格。

（3）尺码与版型

主播要向用户介绍服装的尺码。例如，对于上衣，需要重点介绍其腰围、胸围大小及所适合的人群；对于裤子，需要重点介绍其腰围、臀围和裤长。此外，主播还要介绍服装的版型，如宽松型服装包容性强，显得人比较瘦；修身型服装可以凸显身材，显得人比较精神。

（4）廓形

服装的廓形是指服装的外轮廓和外形线，可以反映服装总体形象的基本特征。现代服装界最典型的服装廓形有5种：A形、H形、O形、T形、X形。不同廓形的服装具有不同的特点，适合的人群也不同。主播在介绍服装时可以根据服装的廓形提出一些穿着建议。表 7-2 所示为典型的女装廓形特征及其适合人群。

表 7-2　女装廓形特征及其适合人群

服装廓形	示例	特征	适合人群
A 形		一种适度的上窄下宽的平直造型，上衣和大衣以不收腰、宽下摆，或收腰、宽下摆为基本特征，上衣一般肩部较窄或裸肩，衣摆宽松肥大；裙子和裤子均以紧腰、阔摆为特征。这种廓形的服装往往给人优雅、浪漫、活泼的感觉	对腰部或臀部比较粗壮的体型有很好的修饰作用，适合肩宽、胯宽、腿粗、腹部凸出的人群
H 形		强调肩部、腰部、下摆宽窄一致，上衣和大衣以不收腰、窄下摆为基本特征，衣身呈直筒状；裙子和裤子也以上下等宽的直筒状为特征。这种廓形的服装简洁、修长，具有中性化色彩	适合溜肩、肩窄、胯窄、体型微胖或偏瘦的人群
O 形		肩部、腰部及下摆处没有明显的棱角，特别是腰部线条宽松，整个服装外形类似于圆形或椭圆形	适合肩宽、小腹凸出、臀宽的人群，对于修饰腰臀粗壮的梨形身材非常有效
T 形		肩部夸张，下摆内收形成上宽下窄的"T"形效果。这种廓形的服装往往给人带来轻快、洒脱的感觉	适合上半身窄或个子高挑的人群
X 形		肩部稍宽、腰部紧收、下摆自然放开的造型。上衣和大衣以宽肩、阔摆、收腰为基本特征；裙子和裤子也以上下肥大、中间瘦紧为特征。这种廓形的服装能充分展现出女性优雅的气质	适合肩窄、小腹凸出、臀宽的人群

（5）颜色

主播可以向用户介绍不同颜色的服装分别能够给人带来什么样的感觉。例如，白色显得典雅，紫色显得高贵，粉色显得可爱，黑色显得酷感十足等。另外，主播还可以向用户介绍不同颜色的服装具有哪些优势。例如，红色服装显得人皮肤白，黑色服装显瘦等。

（6）面料材质

服装的面料有纯棉、聚酯纤维、皮质、羊羔绒等类型，主播要先说明服装的面料类型，然后介绍该面料的优点。例如，"衣服采用加厚抓绒面料，厚实保暖"，"衣服面料透气性强，手感柔和细腻，上身舒适，其衣服整体垂感强，上身效果极佳"，"弹力棉材质，衣服有弹性且穿着舒适"。主播在介绍面料时，要用近景镜头向用户展示面料的纹理和柔软度等。

（7）设计亮点

主播要介绍服装在图案、工艺等方面的设计亮点，突出其时尚感。主播可以介绍服装制作工艺的精致程度和稀缺性，展示服装领口、袖口、下摆等位置的设计细节，如袖口带有印花，印花是纯手工刺绣等。

主播可以这样介绍："衣服采用大量双线明线压边，衣身版型大方得体"，"袖子内设有可抽拉绳，绳子可拉出来系在袖子上，将长袖变成短袖，让你实现一衣多穿"，"印花色彩清晰饱满，采用高级发泡乳胶印制，无异味，不龟裂，印花微微凸出，更具立体感"。

（8）使用场景

展示服装的穿着场景或搭配是服装类商品介绍中非常重要的一个环节，"一衣多穿"是体现服装高性价比的关键点。主播在介绍服装搭配时，不能只是单纯地说它可以与其他某种款式的衣服搭配，最好将整套的服装搭配展示在镜头面前，甚至可以展示与整套服装相搭配的鞋子、眼镜、帽子等其他配饰。

如果条件允许，主播可以针对直播间内的某款主推服装做两套甚至更多不同风格的搭配，以满足用户休闲、上班、约会等不同场景的需求。

（9）报价

对于价格较高的服装类商品，主播可以重点介绍高价格服装带给用户的非凡体验，以及商品的独特之处，如纯手工制作、面料质量好、知名设计师设计等；而对于价格较低的服装类商品，主播可以突出介绍低价所带来的高性价比。主播在报价时要先报服装的原价，再报直播间的优惠价，通过制造价格对比来刺激用户产生购买欲望。主播同时要向用户说明库存情况，强调库存的有限性，制造商品的稀缺性，以刺激用户下单。

2. 食品饮料类商品讲解要点

食品饮料类商品一般需要主播在现场试吃、试饮。主播通过在直播间真实展示吃喝的过程，介绍食物口感、营养价值等，让用户了解食物的色、香、味。主播通常还需要介绍食物的产地、配料、规格、价格、包装等，并围绕加工制作方法、储存方法、食用方法等要点进行讲解。

主播在直播间讲解食品饮料类商品时，可以围绕以下 3 个方面来进行。

（1）安全性

安全是食品消费的基本要求。主播可以围绕商品的原材料选取、清洗、切割、烹饪、制作、包装、储存、运输等流程进行介绍，并用数据、食品安全国家标准进行背书，或者采用现场检测、实验的方式来赢得用户的信任。

（2）口味、口感

不同地方都有其特色美食，人们的口味需求也存在差异。主播在推荐一些特色美食（如北京烤鸭、天津麻花、广西柳州螺蛳粉等）时，要找准受众群体，贴合用户需求，强调商品特色及其与同类商品的差异，以赢得用户的好感。主播也可以从烹饪手法、秘制酱料，以及口味、口感等方面来讲解商品。

美食讲究美感，因此主播要用语言表达出美感，围绕食物的色、香、味、形进行描述，突出美食的优势，最好结合图片、视频或实物展示，这样对用户才更有诱惑力。在试做环节，主播要当场拆包，当场加工，展示制作过程，尽量多用近景展示食物的细节，详细描述食物的外观，试做、试吃后再描述食物的口味、口感等，这样既向用户传递了食物的烹饪方法，又展现了食物的美味。

（3）价格

食品饮料类商品日常消耗大，但可代替性强，所以客单价低、性价比高的商品更容易成为"爆款"。价格优势主要是指直播间推荐的商品比其他同类商品价格低，如采用商品组合套餐、5折卡、优惠券等形式拉低价格。例如，"这款芝麻糊线下29.9元一包，两包就是59.8元，今天在我直播间两包仅售39.8元，关注主播还可以领取10元优惠券，到手价为两包29.8元，拍1发2包，真的超划算，来，准备开抢……"

3. 美妆类商品讲解要点

主播讲解美妆类商品时，主要介绍商品的质地、价格、容量、使用方法、试用感受等。在展示这类商品的使用效果时，主播可以先在手臂上试色，直观地向用户展示商品的局部使用效果，再在脸上使用商品，向用户展示整体使用效果。

常见美妆类商品的讲解要点如下。

- 底妆类：色号、适合的肤质、持久度、滋润度、遮瑕度等。
- 唇妆类：色号、持久度、滋润度，是否容易沾杯，适合搭配何种腮红、眼妆等。
- 修容类：质地（粉状还是膏状）、颜色（如偏红、偏灰等）、是否飞粉、是否适合晕染等，并向用户演示使用该商品修容的方法，展示使用商品前后的对比效果。
- 遮瑕类：适合的肤质、遮瑕度、滋润度等。
- 眼妆类：主要包括眼线笔、眼影、眉笔、睫毛膏等。眼线笔的讲解要点包括颜色、持久度、防水性、使用寿命、使用起来是否顺滑等；眼影的讲解要点包括质地、显色度、延展度、细腻度、持久性、是否飞粉等；眉笔的讲解要点包括颜色、成分、质地是否柔和、持久度、防水性等；睫毛膏的讲解要点包括持久度、刷头形状、功效（如让睫毛显得浓密、显得卷翘等）、是否有"苍蝇腿"等。
- 卸妆类：质地是否柔和、卸妆效果（可以将彩妆画在手臂上，并使用直播商品进行现场卸妆）、商品适用的场合（如卸妆湿纸巾适合在外出乘车、乘飞机等场合使用）等。
- 洁面类：适合的肤质、商品成分、使用方法、起泡情况、清洁强度、使用时间（早上或晚上）、是否具备卸妆效果、洗完脸后是否有紧绷感等。
- 面膜类：功效、成分、使用方法（尤其是比较新奇的面膜，要向用户演示其使用方法）、精华液含量等。
- 面部护肤类：主要功效、有效成分、适合肤质、使用方法、使用后的感觉等。

- 化妆工具类：用途、材质、使用方法、使用感受等，并向用户展示使用方法。
- 美容工具类：功效、使用方法、使用效果、商品安全保证、商品质量认证等。

4. 家居家纺类商品讲解要点

主播在讲解家居家纺类商品时，要重点讲解以下几个要点。

（1）面料

家居家纺类商品，尤其是床上用品，是人们每天都要贴身接触的物品，所以很多人在选购时非常重视商品的面料。主播在讲解此类商品时，要对商品的面料进行重点介绍，并介绍面料的优缺点，为用户做出购买决策提供有效的参考。例如，"这款床罩是纯棉材质，不易产生静电，吸湿性非常好，有利于人体汗腺'呼吸'和身体健康，而且触感柔软，可以帮助你快速入睡。"此外，主播在介绍商品的面料时要用近景展示。

（2）尺寸

主播要向用户介绍家居家纺类商品的尺寸。例如，被套有多大，适配多大的被芯和床；枕芯是多大尺寸，适配多大的枕套等。例如，"这款被芯有小号、标准号、加大号3种大小。小号被芯的大小为152厘米×210厘米，填充物重量为1350克，推荐1.2米、1.5米的床使用。"

（3）制作工艺

为了彰显商品的品质，主播可以介绍家居家纺类商品的制作工艺，如枕套上的印花为纯手工制作或采用刺绣工艺等，借助商品与众不同的制作工艺来吸引用户购买。

（4）设计风格

家居家纺类商品的材质、制作工艺固然非常重要，但对于用户来说，如果其设计风格与房间整体风格不一致，他们也可能放弃购买。因此，主播在介绍家居家纺类商品时，要注意介绍商品的设计风格，为用户提供搭配参考。

家居家纺类商品常见的设计风格主要有美式风格、新中式风格、新古典风格、欧式风格、现代风格和民族风格等。各种设计风格的具体特点如下。

- 美式风格：对称精巧，华美优雅，家居家纺类商品设计中多采用星星、麦穗、花彩等纹饰元素。
- 新中式风格：古朴优雅，怀古融今，家居家纺类商品设计中通常会将中式元素与现代元素巧妙融合。
- 新古典风格：低调奢华，复古流畅，家居家纺类商品设计中通常会采用扇形、玫瑰花等元素。
- 欧式风格：古典奢华，家居家纺类商品设计中通常将古典奢华之风与简洁实用的现代设计相融合，将"时尚""健康""实用"三大要素融入产品之中，以白色、金色、黄色、暗红为主色调，多采用镶绣、镂花、缎带等造型。
- 现代风格：简约大气、时尚，家居家纺类商品设计中多采用简单的几何图形、线条等元素进行拼铺。
- 民族风格：新颖、时尚，家居家纺类商品设计中多采用鲜亮或中度色系的色彩，呈现出民族特色。

（5）保养方法

为了增强直播内容对用户的吸引力，主播可以讲解家居家纺类商品的保养方法，让用户在观看直播时学到有用的知识。例如，主播可以介绍不同面料的床上用品所采用的洗涤方法、晾晒技巧，以及收纳、保存技巧等。例如，"这款床单是纯棉的，建议用手洗。洗涤时，水温最好不要超过30℃，洗涤浸泡的时间最好不要超过30分钟，以免床单褪色。洗涤后不要暴晒，应该阴干。"

（6）色彩搭配

在家居装修中，家居家纺类商品的色彩最好与房间、家具的色彩相协调。因此，主播在讲解家居家纺类商品时，可以介绍一些商品色彩搭配的技巧。例如，春夏两季气温相对较高，可以选择清新、淡雅的冷色调且质地较薄、吸湿性较好的面料做成的床罩；秋冬两季气温较低，可以选择暖色调的质地较厚的面料做成的床罩。

（7）商品展示

在讲解家居家纺类商品的过程中，主播可以采取多种方式来展示商品，以凸显商品的品质，提高用户对商品品质的信任度。例如，主播可以将水倒在毛巾上，展示毛巾迅速将水吸收，以体现毛巾的吸水性好；还可以将羽绒被或枕头剪开，展示羽绒被或枕头里面的原材料，以体现羽绒被或枕头用料真实、品质好。

5. 饰品类商品讲解要点

饰品类商品的直播市场潜力非常大。爱美是人的天性，不仅女性会购买饰品类商品，男性也会购买饰品类商品来作为礼物送给女性。随着社会的发展，佩戴饰品的男性也越来越多。饰品类商品的讲解要点如表7-3所示。

表7-3　饰品类商品的讲解要点

讲解要点	说明	话术示例
尺寸	饰品的尺寸，如长度、宽度、高度、半径、直径等	这款字母项链的字母高度为21毫米，宽度为7毫米
材质	饰品的材质，如水晶、翡翠、925银、黄金、铂金等	这款耳环采用标准银材质，亲肤不过敏
设计亮点	饰品的设计理念、设计特色等	这款戒指通过不规则的图形和重组工艺，表达人的多面性和释放自我的突破力
做工	饰品的制作工艺等	这款项链添加了防褪色保护层，3层加厚电镀，持久保色，做工精致，媲美铂金质感
搭配技巧	饰品与服装、其他配饰搭配佩戴的方法、技巧等	你可以考虑在穿高领毛衣的时候佩戴这款项链，它能给上半身起到很好的装饰作用
保养方法	饰品佩戴时的注意事项及保养方法等	避免洗澡时佩戴，洗手液、沐浴露、肥皂等会对饰品表面的镀层起到严重的分解、腐蚀等作用；避免摩擦，饰品应尽量避免与硬物碰撞和摩擦，以免把表层电镀磨掉，影响亮度；应保持银饰的干燥，避免氧化；使用柔布擦拭，饰品在佩戴时，如果不小心沾上污渍或汗液，尽量使用柔布擦拭干净，避免水洗及粗布擦拭；分开存放，饰品长时间不佩戴时，需擦拭干净，放进单独的包装盒内，不要混放，以免造成饰品摩擦损坏
售后说明	饰品的发货、退换货等售后服务情况	这款耳钉支持7天无理由退换货（定制商品除外），30天内褪色，包退包换，365天内免费换新一次

三、直播商品讲解话术的设计

直播商品多种多样，每种商品的讲解话术是有所区别的。直播运营团队在设计直播商品营销话术时，应围绕商品营销的核心逻辑，即让用户了解商品，让用户需要商品，让用户购买商品，然后灵活运用不同的讲解方法，设计出优秀的讲解话术，对商品进行有针对性的讲解推广。

1. 直播商品讲解 FABE 法则

FABE 法则被称为"万能销售介绍法则"，同样适用于直播销售。在直播间讲解商品时，很多新手主播在介绍商品卖点时缺乏条理性，东一句西一句，无法吸引用户。FABE 法则通过 4 个关键环节，帮助主播巧妙地处理用户关心的问题，顺利地实现商品销售。

FABE 法则的 4 个关键环节如图 7-7 所示。

图 7-7　FABE 法则的 4 个关键环节

- F——属性（Feature）：材质、成分、工艺、技术等。
- A——优势（Advantage）：由属性决定的该商品所具有的不同于竞品的特色。
- B——好处（Benefit）：由属性、优势决定，主要是指商品可以给用户带来的利益，主播在讲解时要具体化、场景化。
- E——证据（Evidence）：包括成分列表、专利证书、商品实验、销量评价、行业对比、权威背书等。

例如，某主播在推荐一款榨汁机时，可以运用 FABE 法则来介绍。

F：今天给大家带来的某品牌榨汁机，它具有 4 大技术——声源降噪、3 步完成自动清洁、8 大菜单及 0.3～1L 自由选择容量。（属性：从技术特点引入，让用户第一时间对商品留下深刻的标签印象。）

A：这款商品的优点是超级静音，解放双手，自动清洁，满足家庭的多种料理需求。（优势：通过技术特点引入商品卖点。）

B：记得小时候那种老式豆浆机声音异常大，所以每天早上叫我起床的不是闹钟，而是家里的豆浆机。现在的这款榨汁机和以前的完全不一样，几乎不发出声音。如果你们爱在早上喝豆浆，又嫌在外面买的不健康，想要自己做，千万不要错过这款榨汁机。（好处：用具体的场景化描述凸显商品特点，激发用户的共鸣。）

E：我给大家现场演示做一杯新鲜的豆浆。（证据：在直播间以举证、实验的方式证明商品的特点及优势。）

2. 直播商品讲解"五步法"

直播商品讲解"五步法"分别为提出问题、放大问题、引入商品、提升高度与降低门槛。

第一步，提出问题。结合消费场景挖掘消费痛点及需求点，给用户一个购买的理由。

第二步，放大问题。放大问题时要全面化和最大化，把大家容易忽略的问题和隐患尽可能放大。

第三步，引入商品。以解决问题为出发点引入商品，解决用户之前提出的问题。

第四步，提升高度。详细地讲解商品，并从品牌故事、做工精细等角度提升商品附加值，这一步需要结合主播自身的专业知识及口才，让用户对商品产生一种仰视的态度。

第五步，降低门槛。为用户讲解商品优势和优惠活动，使用户愿意购买且有能力购买，打破影响用户购买的最后一道心理防线，最终促成销售。

例如，某主播在推荐一款服装时运用"五步法"来进行商品讲解。

第一步，提出问题。主播以求职面试的着装为话题，找到用户的消费痛点，即不知面试时应如何穿着搭配，从而引起用户观看直播的兴趣。例如，"大家好，不知道大家在求职时是否有这种困扰，参加面试时不知道该穿哪种风格的衣服，不知道如何搭配。"

第二步，放大问题。主播全面地放大问题，就像与朋友聊天一样，与用户一起展开讨论，找到用户共同关注的焦点。例如，"求职是人生中的大事，因为面试不成功会让自己产生挫败感，甚至很长时间振作不起来，而找到一份满意的工作会提升自信。不知道大家有没有注意到，面试的关键往往在于留给面试官的第一印象，如果我们给面试官留下了很好的第一印象，成功率自然就会高很多。"

第三步，引入商品。主播在分享服饰穿搭技巧的同时，引入要推荐的商品，整个过程自然、流畅，不仅不会引起用户的反感，还会激发其继续观看的兴趣。例如，"要想给别人留下美好的第一印象，个人形象非常重要，其中穿着搭配关系着第一视觉印象。在参加商务型面试时，在穿着上要展示成熟、干练的气质，可以用黑色西装搭配高跟鞋，这样会散发出时尚感和自信，像我推荐给大家的3号服装，就非常适合商务型面试；如果是大学生参加面试，就要让自己看起来更专业和自信，可以用经典的白衬衫＋黑色西裤来搭配，这样既整洁又大方，还不乏自信……"

第四步，提升高度。主播从多个角度阐述商品的优点，让用户感觉这款服装确实不错，从而增强其购买的积极性。例如，"这款××品牌的西装材质柔软，款式新颖别致，穿着舒适，质感十足，素雅、简洁之中透着时尚和大气。另外，我还为不喜欢黑色的朋友准备了一款灰色的，也非常时尚……"

第五步，降低门槛。主播主动降低门槛，通过商品价格落差让用户感觉物超所值，从而打破用户最后一道心理防线，促使其迅速下单购买。例如，"大家是不是非常喜欢这款衣服，今天我给大家带来特大惊喜，原价198元，今天直降100元，只卖98元，大家抓住机会，赶紧购买吧！"

3. 直播商品讲解"三板斧"

直播销售的本质是商品销售。要想打动用户，让用户购买商品，主播的讲解话术非常关键。主播要把商品的优势表达出来，让用户感觉自己确实需要该商品，才有可能打动用户，促使其购买商品。直播商品讲解有"三板斧"，即说明商品与用户有关、用户选择商品的理由、用户现在购买的理由。

（1）说明商品与用户有关

设计商品的营销话术时，主播要先弄清楚用户心理。用户之所以关注直播间，关注主播推荐的商品，是因为主播推荐的商品与用户有关。

此环节的 3 个核心要素是商品受众、诱因和需要。

① 商品受众

主播必须清楚商品的受众是哪类人，其特点是什么，这样才能做到有效沟通，否则有可能是对牛弹琴，结果事倍功半。

② 诱因

诱因是指主播所针对的受众群体所面临的问题，或者他们心中的期望或渴望。

③ 需要

需要就是针对这一类人的问题或渴望，告诉他们需要做什么事情，或需要某类商品。例如，女性服装主播必须先刺激女性用户对美的强烈需求，让用户意识到衣服质量不好、样式不合适带来的问题的严重性。例如，"质量不好的衣服其实可能对身体不好，这款衣服虽然价位高一点儿，但是它的性价比很高，您穿出来还很显气质，可以充分展示您的气质和美丽，何乐而不为呢？"主播要尽可能让用户意识到购买质量不好衣服的后果，这样才能激发用户对推荐商品产生切实的需求感。

（2）用户选择商品的理由

主播销售商品的目的是让用户看中商品并有理由选择商品，这就需要主播给出用户选择此商品的理由。

此环节的 3 个核心要素是"我是谁""卖点"和"资历"。

● "我是谁"是指主播推荐的独特的商品及品牌定位，告诉用户此商品是某个品类当中最好的，或者独一无二的。

● "卖点"指的是商品的价值特色，能带给用户一些独特的价值。

● "资历"指的是商品有强大的信任优势，能让用户明白选择此商品是可信的、靠谱的。例如，"我是卖服装的，我做这个行业已经好几年了，我充分了解服装的流行趋势，我的服装定位是中高端，穿上显档次的同时还可以显瘦、显腿长。"

（3）用户现在购买的理由

用户犹豫、拖延往往是阻碍用户购买的因素。在介绍完用户选择商品的理由后，主播要给出用户现在购买的理由。这一环节包括以下要素。

① 增强用户对商品的感知

主播要提前把用户穿上此衣服的效果用生动的语言描绘出来，使用户产生联想，增强其对商品的感知，激发用户的行动欲望。

② 让用户觉得值得购买

如果主播能让用户感知到购买自己推荐的商品的确物超所值，而且比购买他人的更值得，那么用户就更有可能购买自己推荐的商品。

四、使用文心一言写作商品讲解话术

主播使用文心一言写作商品讲解话术时，设计提示词需要注意以下 3 个要点。

（1）明确商品信息：说明商品信息，如商品的材质、功能、优势等。

（2）引导风格：添加能够体现话术要求、风格的描述，如采用 FABE 结构，突出吸引力、说服性和专业性，采用某主播的讲解风格等，引导 AIGC 工具生成符合需求的话术。

（3）补充相关信息：提供目标受众的特点、直播主题、直播场景等信息。

例如，使用文心一言生成小站稻的讲解话术，在文心一言对话框中输入提示词："请为我撰写一段关于小站稻的商品讲解话术，要突出小站稻米粒完整洁白有光泽、垩白少、色泽清亮、细腻润滑、清香可口、回味甘醇的特点，语言风格要亲切且有感染力，在直播中使用。"单击生成按钮 ◈ ，如图 7-8 所示。

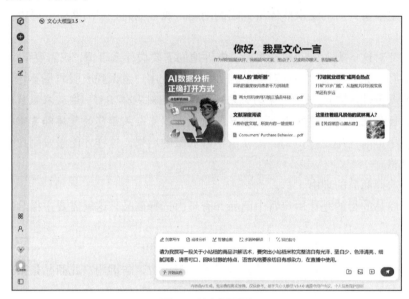

图 7-8　输入提示词

此时，文心一言就会生成讲解话术，如图 7-9 所示。主播可以对文心一言生成的内容进行适当的调整和优化。

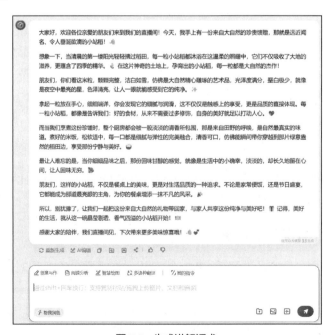

图 7-9　生成讲解话术

📖 学思融合

　　诚信是可持续发展的生命线。主播设计销售话术时，应以商品的真实属性为核心，客观地描述商品特点，并坦诚地说明商品的局限性。在使用 AIGC 工具生成销售话术时，必须以商品的真实属性为基准，构建可溯源的信息传播体系。当 AIGC 工具生成夸张化表述时，主播要发挥主观能动性进行伦理审查，避免形成"算法黑箱"式的虚假营销。

任务三　直播商品卖点的提炼

　　在直播销售过程中，主播要对商品进行立体化推广，围绕商品卖点，针对用户需求进行介绍。因此，提炼商品卖点至关重要。主播要了解影响商品卖点提炼的各种因素，搜集各方面的信息，全面、立体、分人群、分场景地进行商品讲解与推广，运用多种卖点表述方法，持续输出高质量内容，生动地将商品关键信息传递给用户。

一、影响商品卖点提炼的因素

　　影响商品卖点提炼的因素主要包括外部因素和内部因素。

1. 外部因素

　　影响商品卖点提炼的外部因素可以从商家、市场及用户 3 个方面阐述。

　　（1）商家——商品信息的提供

　　商品信息包含两个方面：一是品牌价值优势，如品牌历史、品牌知名度及品牌商业地位等；二是商品核心竞争力，包括商品的功能价值、价格优势与服务体验优势等。

- 商品的功能价值：指该商品相较于同类商品在功能上的核心优势。
- 商品的价格优势：指该商品相较于自身历史价格或其他同类商品价格的优势。
- 服务体验优势：指该商品相较于同类商品在服务体验上的优势。

　　主播要通过与品牌商沟通，充分了解关于品牌价值优势和商品核心竞争力方面的信息，深入挖掘商品的核心卖点。

　　（2）市场——商品分析报告

　　关于商品分析报告，主播要重点了解商品的销量数据与商品受众群体画像分析。

- 商品的销量数据：重点关注该商品在其他平台的销量及排名情况。
- 商品受众群体画像分析：重点关注该商品的潜在消费群体与该商品既有消费群体的特征。

　　主播可以收集关于商品的数据分析报告，通过查看销量及用户群体画像情况，提炼商品带货效果及适用人群这两个核心卖点。

　　（3）用户——商品评价反馈

　　商品评价反馈包括用户对商品的正向反馈与负向疑问。

- 正向反馈：主要包括商品的价格优惠，功能满足用户需求，包装精美，售后及物流服务良好等。
- 负向疑问：主要涉及商品功能、适用人群、应用场景、服务等方面的疑问。

主播要善于总结用户对商品的正向反馈，这样可以证明商品的优势，还要通过解答用户的负向疑问消除用户的下单顾虑，促使用户快速下单购买。

2. 内部因素

内部因素主要是主播与商品的关联性，包括亲自体验与亲友反馈。

（1）亲自体验

- 对商品的外在感知，如使用前后的效果感知等。
- 对商品的内在分析，如使用心得、技巧与方法等。

（2）亲友反馈

- 亲友对该商品的正向评价。
- 亲友将该商品推荐给自己的经过。

主播可以通过收集自身或亲友使用商品的感受，提炼商家及市场数据未提及的商品卖点。

二、提炼商品卖点的方法

提炼商品卖点的具体策略如下。

1. 巧用对比，差异明显

主播可以采用对比策略提炼商品的卖点，具体可采用价格对比或功效对比的方法进行提炼。需要注意的是，无论采用哪种对比方法，对比结果都要十分明显，能够让用户清楚、直观地看到推荐商品的优势。

- 价格对比：包括本商品历史价格对比、与同类商品的价格对比、与其他平台商品的价格对比。
- 功效对比：包括商品使用前后效果对比、与同类商品的效果对比。

例如，"这款防晒霜在天猫旗舰店的价格是99元/瓶，今天晚上在我们直播间的用户，享受买两瓶直接减99元的优惠，相当于第一瓶99元，第二瓶不要钱，真的是特别划算。夏季人手必备的一款防晒霜，买到就是赚到……"

2. 化繁为简，取其精华

主播在讲解商品时，要善于提炼商品信息的关键点，而不是一股脑地把所有的商品信息都讲解给用户，否则只会消磨用户的兴趣，导致用户离开直播间。

主播要学会化繁为简。一方面，主播可以直接简化商品信息，只介绍商品信息的核心关键点。例如，主播在介绍商品的背景信息时，只介绍商品具有多少年的历史及商品品牌的知名程度，不用阐述过多的内容。提炼商品的功能信息时，主播从商品的所有功能中最多提炼出3个最为核心的功能，这样有助于加深用户对商品的印象。另一方面，主播要善于删减，去除繁杂冗余、无关紧要的内容。例如，主播在介绍商品背景信息中品牌的各项荣誉奖项时，不用一一罗列，选择一两个重要的进行介绍即可，其他的都剔除掉；在介绍商品详情表中的信息时，切忌一条一条地读，非核心的内容都要删减掉。

3. 化抽象为具象，易于理解

主播在进行商品讲解时，要尽量将用户难以理解、难以直观感受的抽象卖点具象化，使用户更容易感知，更易于理解。

- 商品使用场景具象化。主播在直播间向用户展示商品的使用过程，让用户直接了解商品的使用场景；类比生活中的类似场景，让用户能够联想到未见过的使用场景，从而有所感知，加深用户对商品的理解。

- 商品功效具象化。主播借助真实的实验，将复杂的科学原理变成直观效果的展示，提高用户对商品功效的信任感；主播分享自身使用体验，用具体形象化的语言进行表述，把看不见的商品功效表述出来，使用户有所感知。

三、商品卖点表述的方法

商品卖点表述的方法有直接介绍法、故事法、实验法和证明法等。

1. 直接介绍法

直接介绍法是指主播直接讲述商品的优势和特色，从而说服用户购买的方法。这种表述方法的优势是非常节约时间，可以让用户直接了解商品的优势，省掉不必要的询问过程。例如，某款服饰的材质非常轻薄贴身，适合夏季穿，主播可以直接介绍服装的优点，点出商品的优势，以吸引用户观看。

2. 故事法

人们都喜欢听故事，主播在直播间讲好商品的故事，能够唤起用户的同理心，快速拉近商品与用户之间的距离，加深用户对商品的印象，提升用户对商品的感知。主播可以讲自己的故事，也可以讲用户的故事。主播讲故事时要注意，语言应生动有趣，不能过于直白，要展示自己的风格，让用户在轻松、舒适、娱乐的氛围中接受商品。

- 自己的故事：包括自己选择该商品的原因；自己使用该商品的感受；自己曾推荐该商品给身边的人，他们用了都说好等。
- 用户的故事：包括使用该商品的正向感受，用户不断复购并向身边人推荐该商品等。

3. 实验法

在直播间开展商品实验，直观展示商品效果，有助于提升用户对商品的信任感。主播可以边做实验边组织商品的讲解话术，根据不同的实验对商品进行相应的讲解。实验一般分为对比实验和类比实验。

- 对比实验：对比商品使用前后的效果，对比同类商品的效果差异。例如，主播在推荐卸妆类商品时可以只卸左半边脸的妆容，和右半边有妆容的脸形成鲜明的对比，突出商品的使用效果。
- 类比实验：通过实验展示商品的功能原理与使用场景。

4. 证明法

主播向用户讲解了商品的优势后，要找到相关的证据来证明自己的说法是正确的，这样才能让用户相信。证明法常用到数据材料和证书材料。主播需要收集相关资料并围绕这些资料组织话术。

- 数据材料：商品销售数据、用户正向反馈信息。
- 证书材料：相关科学证明、相关奖项证明。

四、使用 DeepSeek 提炼与设计商品卖点的表述

主播可以使用 DeepSeek 来提炼商品卖点并设计商品卖点的表述。主播可以采用公式"我是

一名主播，要在直播中介绍［商品名称］，请你帮我提炼［商品名称］的卖点，卖点要突出［卖点的具体要求］。"来设计提示词。

例如，使用 DeepSeek 提炼赣南脐橙的卖点，设计提示词如下："我是一名主播，要在直播中介绍赣南脐橙，请你帮我提炼赣南脐橙的卖点，卖点要突出赣南脐橙相较于其他品种脐橙的独特之处。"此时，DeepSeek 会经过深度思考生成内容，如图 7-10 所示。

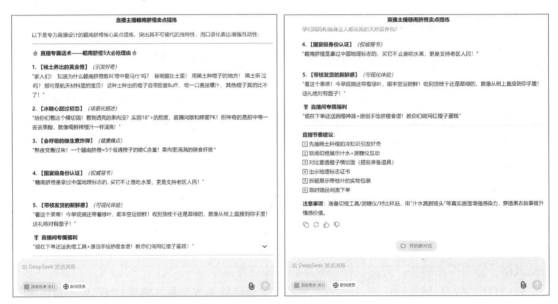

图 7-10　生成商品卖点

继续要求 DeepSeek 根据生成的卖点设计介绍赣南脐橙卖点的话术，例如，输入提示词"根据以上卖点，撰写介绍赣南脐橙卖点的话术，卖点介绍话术可以采用直接介绍法、对比实验法、证明法，卖点介绍话术在直播中使用。"此时，DeepSeek 会生成卖点介绍话术，如图 7-11 所示。

图 7-11　生成卖点介绍话术

项目实训 1：使用 DeepSeek 写作天宝香蕉讲解话术

1. 实训背景

天宝香蕉是福建省漳州市芗城区天宝镇的传统名果，具有悠久的栽培历史和独特的品质特点。作为地方特色农产品，天宝香蕉以皮薄、肉质细腻、无心丝、清甜爽口、香味浓郁著称，还获得了国家地理标志保护产品认证，其销售渠道覆盖全国，并通过"一带一路"倡议进一步拓展了国际市场。

2. 实训要求

运用 DeepSeek，结合商品特性和话术技巧生成天宝香蕉的直播讲解话术。评估生成的话术，对其进行必要的修改和优化，确保话术既符合商品特点，又能吸引用户。

3. 实训思路

（1）准备阶段

商品调研：通过查阅资料、访问果农或实地考察等方式，全面了解天宝香蕉的产地环境、种植技术、品质特点、食用方法等。

熟悉工具：熟悉 DeepSeek 的功能、界面及操作流程。

（2）生成话术初稿

根据收集的天宝香蕉的资料和商品讲解话术技巧，设计提示词，例如："你是一名带货主播，下面是关于天宝香蕉的介绍：[天宝香蕉相关介绍]，请生成天宝香蕉的直播讲解话术，按照[主播名称]的讲解风格来写作。"随后要求 DeepSeek 生成讲解话术初稿。

（3）评估与优化

从内容准确性、语言流畅性、话术吸引力等维度评估 DeepSeek 生成的讲解话术初稿，对其进行必要的修改和优化，确保其既符合商品特点，又能有效吸引用户并促进销售。

项目实训 2：直播讲解天宝香蕉

1. 实训背景

直播是促进农产品销售的重要力量，通过直播销售天宝香蕉不仅能够拓宽其销售渠道，还能提升其品牌知名度与消费者认可度。然而，主播的讲解技巧与互动能力会对直播效果产生直接影响。因此，掌握直播讲解商品的技巧，对提升天宝香蕉的销售效果至关重要。

2. 实训要求

学习并掌握直播讲解商品的基本技巧，包括开场白设计、语言表达、镜头运用、互动方式等，提升直播吸引力与用户参与度。

在直播过程中，注重商品展示的细节，如摆放角度、光线运用等，确保用户能够清晰、直观地看到商品；同时，关注直播间的氛围营造，如背景音乐、装饰布置等，以提升用户的观看体验。

3. 实训思路

（1）准备阶段

提前准备直播销售话术，包括开场话术、互动话术、商品讲解话术、刺激下单话术、直播结束话术，并测试直播设备，确保网络稳定、画面清晰、声音清晰。

准备天宝香蕉样品和其他直播道具，用于直播过程中进行商品展示。

（2）直播讲解

模拟直播场景，一名同学扮演主播，其他同学扮演直播间用户。主播对天宝香蕉进行讲解时，保持自然、亲切的态度，与用户建立信任关系。

主播可以用简短而富有吸引力的语言开场，如"大家好，欢迎来到我们的直播间！今天我将为大家带来一款来自福建漳州的特色水果——天宝香蕉。"介绍天宝香蕉的特色和本次直播的优惠活动，激发用户兴趣。

展示天宝香蕉时，呈现其外观特征，如颜色、形状、大小等，简要说明其品种和产地；切开天宝香蕉，展示其内部质地和口感，介绍其营养价值和食用方法；结合实际场景或故事元素对其进行介绍，增强商品的吸引力和感染力。

主播通过提问用户对天宝香蕉的了解或食用体验，鼓励用户留言互动。同时，设置抽奖环节，赠送天宝香蕉样品或优惠券，提升用户的活跃度。

（3）总结

总结直播讲解商品的技巧和注意事项，制定针对性的优化策略和改进方向，积累自己的直播带货经验。

项目八
主播应变能力培养

学习目标

知识目标
➤ 掌握处理直播间突发状况和直播"翻车"事故的方法。
➤ 了解主播处理突发状况必备的能力。
➤ 掌握向直播间用户进行致歉的技巧。

能力目标
➤ 能够冷静、及时地处理直播间各类突发状况。
➤ 能够积极、冷静地处理直播"翻车"事故。
➤ 能够根据突发状况做出及时、有效的致歉。

素养目标
培养冷静、果断处理问题的能力，能在危机中保持冷静，用恰当的方式化解矛盾。

引导案例

自信回击，彰显大国自信

2025 年 3 月 5 日，深圳一家跨境电商直播间内，主播正在向镜头展示手中的国产手机。然而，一条不友好的弹幕出现："这些中国制造就是差，应该丢掉。"

扫码看视频

面对这番带有明显歧视意味的言论，主播没有被对方的言论干扰情绪，而是冷静地分析其不合理性，并迅速做出反应，自信地反击："告诉我中国制造怎么了？如果你要抵制中国制造，你至少要扔掉 80% 以上的东西！现在回家扔东西，立刻，马上！事实上，中国制造一点问题都没有，只是你的思想狭隘，无法接受新事物。"她还进一步指出，中国制造不但质量过硬，而且价格实惠，产品种类繁多，早已成为全球市场的宠儿。

主播的回怼不仅让外国网友哑口无言，也赢得众多网友的支持与称赞。她的言辞简洁明了却极具力量，展现出中国女性的魅力和对中国制造的信心。这场直播的小插曲既彰显了中国人对本国产品的自信，也让更多人看到中国制造在国际舞台上的重要地位。

案例讨论： 主播在遭遇负面言论后，如何通过有效的言辞和态度调控直播氛围，使其重新回归积极、正面的状态？

网络直播是一场不可重来的表演。直播过程中，主播不可避免地会遇到各种各样的突发事件，如设备故障、内容失误、用户质疑等。处理得当，可化危机为转机；处理不当，则可能导致直播"翻车"。因此，主播必须掌握处理直播间突发事件的方法，了解直播"翻车"的原因，具备灵活的临场应变能力，并掌握致歉技巧。

任务一　直播间突发状况的处理

直播行业比较特殊，一场直播可以说是一场不可重来的表演，对主播的能力要求较高。应对突发状况的能力成为考量主播职业素养和直播能力的重要标准。高手主播通常能巧妙处理，化危机为转机，不仅能避免局面尴尬，还能强化自己的人设，活跃直播间的氛围。

一、直播间技术故障的处理

主播在直播过程中经常会遇到一些突发状况，如直播没声音、没画面、卡顿、掉线等。这些因技术、设备引发的故障不可控，主播必须保持镇静，临危不乱，理智、快速地解决问题。

面对突发状况，主播无须慌张，而是要保持冷静，马上排查故障或更换设备，尽快解决问题并恢复直播。

1. 直播间技术故障

直播间技术故障的几种常见状况如下。

（1）直播没声音、没画面

如果直播开始就出现这种情况，可能是设备没有调试好，主播可以及时检查声卡、摄像头等是否存在问题。

（2）直播闪退、黑屏

直播闪退或黑屏可能是由于直播设备内存被其他程序占用，解决方法是退出直播程序后重启并再次登录；也可能是直播设备内存已满，解决方法是扩大直播设备内存，或者及时更换直播设备。

（3）直播卡顿、掉线

直播卡顿的原因除了网络不流畅，还有可能是直播设备的配置不足，解决方法是优化直播设备的配置。直播掉线通常是网络信号不稳定，主播需要尽快更换到网络稳定区域进行直播。

（4）商品链接失效或错误

商品链接失效或错误会导致用户的消费行为中断，解决方法是主播在第一时间安抚用户情绪，告知用户停止购买，并向已经下单的用户道歉、退款，同时与商家进行交涉并更正。如果无法妥善解决，主播应直接下架该商品，并完成后续内容的直播。

无论是哪种情况，等直播恢复后，主播都要向用户真诚地道歉，然后灵活应对。主播可以用一些新内容活跃直播间的氛围，或者再次引导用户关注。

2. 直播测试

即使直播运营团队准备充分，直播过程中仍可能发生意外情况。为了确保万无一失，在正式直播前，直播运营团队最好进行一次直播测试，以减少故障的发生，同时通过全流程展示来查漏补缺。

直播测试的基本步骤如下。

（1）开启直播设备

检查计算机、手机、支架、网络、灯光等设备是否存在问题，发现问题立即修复或更换设备，确保直播硬件不出现任何纰漏。

（2）进入直播间

登录直播平台，进入直播间，查看开启步骤是否熟练，直播画面是否清晰、流畅。如果发现问题，应立即标记并快速解决。

（3）演练直播方案

主播可以使用另一个账号按直播方案进行直播，从开场互动到中场造势，再到后期引流下单，检验直播方案是否存在漏洞。

二、直播间商品问题的处理

当在直播间遇到有关商品问题时，主播应站在用户的立场与商家沟通，以真诚的态度向用户致歉，协商出更好的解决方法。

1. 直播间商品问题类型

直播间商品问题主要涉及质量问题、价格问题及售后问题。

（1）质量问题

质量问题主要是指商品本身的质量或性能在直播间展示时出现问题。直播运营团队只有确保商品质量，让用户买得舒心、吃得放心、用得安心，才能赢得好口碑。直播运营团队要以用户利益为重，着力强化品控，严把商品质量关，用心做好服务，这样才能赢得用户的信任与支持，最终获得用户的持久信赖和良好口碑。

主播在直播间进行商品展示时有时会出现商品质量问题。例如，某主播在一次直播中向用户推荐某款不粘锅，在使用这款不粘锅煎鸡蛋时，出现了鸡蛋严重粘锅的情况。对于这类事件，主播需要及时向用户道歉。如果是已经售出的商品出现了严重的质量问题，主播要及时联系用户退换货。

（2）价格问题

直播间的商品常以"物美价廉"的特点吸引用户，这就意味着主播，尤其是有一定流量的头部主播通常能够争取到"全网最低价"的商品。有的主播甚至会与商家签署保价协议，以确保在协议期内该商品不会以更低的价格出售。

然而，在实际操作中，并非所有品牌或商家都能遵守"最低价"约定，导致直播间商品有可能并不是真正的最低价。一旦用户发现购买的商品并非最优惠，就可能直接引发与主播之间的冲突。

还有一种情况是，一些主播告知用户商品原价和优惠价格，但有可能商家操作不当，导致购买页面的商品原价低于主播告知的商品原价。例如，主播在推荐某款商品时，称原价为99元，优惠价为49元，但用户进入购买页面后发现原价仅为59元，就会认为主播在虚假宣传。对于类似的价格问题，主播要以真诚的态度向用户致歉，及时与商家协商解决；如果无法与商家达成共识，就要果断停止合作。

（3）售后问题

直播销售的售后问题涉及面广，包括货不对板、提货困难、退换货难等。

用户在直播间购买商品后，有时会发现货不对板。例如，2024年6月3日，某用户在一知名主播直播间看到其展示的蛋黄酥个大饱满、色泽诱人，但购买后收到的实物严重缩水，不仅外皮易碎且味道不好，找到客服投诉后也没有下文。对此，商家解释称，6月3日售卖的是45克/个的定制款，与常规款80克/个不同，价格也便宜许多。很多用户并不认可这一解释，在维权时面临主播和商家责任界定不清的问题，导致追责措施难以落实。

还有用户会遇到提货困难的问题。例如，某主播在直播中推荐某品牌大闸蟹，原价299元的商品，用券折后价仅66元，并承诺用户可在9月23日到线下店铺提货。但用户提货时，却被告知提货期推迟至10月中下旬，而提货系统显示10月30日的预约已满额。提货遥遥无期，用户纷纷表示不满并讨要说法。

退货难的问题也比比皆是。例如，某女士观看直播，购买了某主播推荐的什锦枣夹核桃，收到货后发现枣的大小"缩水"、核桃受潮，口感也与描述相差甚远。最糟糕的是，该产品还是"三无产品"。该女士表示不满，想要退货。她在购买时为了拿到优惠券，加了商家微信号，并用发红包的方式进行支付。当她提出退货时，商家在微信上将她拉黑，且直播平台也已下架该商品，她根本无法退货。

2. 主播、直播平台和品牌方协同发力

在直播销售中，用户反映的商品质量、价格、售后等问题比较集中，应引起主播、品牌方等各方的重视。直播经济依靠的是口碑和信任，直播运营团队的诚信守法是直播行业发展壮大的基石。主播和品牌方应秉持诚信原则，以"用户至上"的态度严格把控商品质量，提供周到的服务，杜绝问题商品进入直播清单。

直播运营团队要想化危机为转机，必须以用户为导向，积极完善以用户感受为核心的服务模式，提供专业、及时、贴心的服务，以赢得用户的认可，最终实现自身品牌价值的提升。为更好地处理直播间商品问题，促进直播销售健康发展，主播、直播平台和品牌方要协同发力，完善售后服务机制。

（1）主播

主播作为商品的代言人，应承担相应的责任。如果主播自己就是店铺的店主，通过直播推荐自家商品，则既是广告主又是商品经营者，应承担广告主、广告发布者和销售者的法律义务，不仅要对广告的真实性负责，还要对商品的质量和售后负责。

因此，主播在介绍商品时切忌夸大其词、虚假宣传，避免出现货不对板的情况。在直播销售过程中，主播除了需要拥有丰富的专业知识，更重要的是态度要真诚，要实事求是地推广商品。主播最好接受系统性培训和规范化考核，以提升自身的职业素养和规范意识。

（2）直播平台

直播平台虽然不是交易的直接相对方，但也有义务向消费者披露销售者信息，尽到审慎监督义务。因此，直播平台要严格按照相关法律法规和政策要求，明确内部监管措施，完善自治规则，对入驻审核、商品抽检、营销推广、商品评价、违规管理、售后保障、纠纷解决等全流程进行严格把关和生态治理。同时，主动开展行业自查自纠，严厉打击人气造假、评论造假等不法行为，以及诱导交易、虚假交易、规避安全监管的私下交易行为，并依法配合有关部门监督检查和调查取证，保障消费者的合法权益。

（3）品牌方

直播销售中的品牌方一般指为消费者提供商品或服务的商家，也是商品质量和售后服务的第一责任人，应承担《消费者权益保护法》《食品安全法》《电子商务法》等相关法律法规规定的经营者责任和义务。

对于夸大宣传、欺骗误导消费者、生产商品没有质量保证、售后服务不健全的品牌方，应纳入社会诚信评价体系，给予其行政性、市场性、行业性、社会性约束和相应惩戒。对于违法情节严重、频次较高的品牌方，应列入直播"黑名单"，清除出直播市场，以维护网络直播的良好秩序。

三、直播间用户负面评价的处理

在直播过程中，主播常会遇到用户发送的负面评价弹幕，经验丰富的主播常常忽视这些信息，不把这类留言放在心上。但对于大多数主播来说，他们往往难以承受内心的委屈，甚至在直播过程中情绪崩溃，与"黑粉"争吵，甚至"互怼"。

主播也是普通人，也有自己的情绪。他们很多时候难以做到无视负面言论。但作为互联网信息的传播者，主播需要约束自己的行为，控制自己的情绪。如果实在无法控制，就要为情绪失控后的行为负责，及时补救，避免成为负面话题，损害人设形象。

主播处理用户负面评价主要有以下两种方式。

1. 致歉

直播结束后，主播在平复情绪后，要真诚地向用户道歉。即便不是自己的过错，主播也要说明原因，主动道歉。这样做并不是代表自己软弱可欺，而是为了让更多用户和粉丝理解自己的难处，看到自己的成长，并接受自己的道歉。这样做不仅能争取到大多数粉丝的理解与谅解，还有助于塑造人设形象。而对于那些不依不饶的"黑粉"，主播直接无视即可。

2. 私聊

如果能够确认与自己起争执的用户是粉丝，且仅因某个问题产生摩擦，那么在微博、微信等公众平台道歉后，主播不妨与这位有情绪的粉丝私聊，说明当时的情况，让其感受到自己的真诚态度，尽可能让其谅解自己并释怀。

这样做一方面可以避免用户在愤怒情绪下在社群发布负面信息，影响形象；另一方面，在征得对方同意后，将聊天记录截图发布到公众平台，说明问题已解决，以安抚其他用户的情绪。

在进入直播间前，主播要调整好心态，做好应对突发事件的心理准备，暗示自己作为主播受到外界质疑和非议在所难免。有时直播间用户很多，有人可能喜欢搬弄是非或爱挑刺，主播虽不能左右用户，但能够调整自己，对无关紧要的言论选择漠视或无视，微笑着面对用户进行直播。

主播要不断锻炼自己，拥有强大的内心承受力，无视莫名攻击，不被情绪所左右，不纠结于负面评价，不与粉丝起不必要的争执。主播要知道，做好直播，达到直播目的才是最重要的。

要想成为直播高手，主播就要学会控制自己的情绪，不能被情绪所左右。如果一时没有控制住，主播必须及时主动致歉，让公众看到自己的行为与态度，争取得到公众的理解与谅解，这样才有助于自己在直播的道路上走得更远。

四、直播间用户无理要求的处理

在互联网时代，直播间的用户很多，其个人素质、教育背景、人生经历、生活习惯等各不相同。大部分喜欢主播的粉丝会尊重主播，并以积极的态度与其交流互动。然而，也有个别用户会在直播过程中提出无理要求，甚至故意发一些充满恶意的弹幕，想让主播陷入尴尬境地。

面对用户的无理要求，主播应妥善处理，不能让其影响直播效果。针对不同的情况，主播可以选择不同的处理方法。

1. 淡然处之

在直播过程中，主播如果看到用户发布毫无根据的攻击言论或提出完全没有任何正当理由的要求，甚至涉及人格侮辱，可以选择无视，对其淡然处之。主播要保持良好的心态，控制好自己的情绪，不能因为看到恶意弹幕就愤怒、激动，与"黑粉"发生争执。这样做不仅无法解决问题，反而会影响直播效果，不利于自己人设形象的塑造。

2. 投诉处理

在直播过程中，直播间通常会有专人负责控场，他们的职责是维护直播间的秩序。如果发现某一用户、同一ID多次发送不当言论，他们就可以采取封锁该用户ID、将其投诉至平台等措施。在直播开始前，直播运营团队可以做好规划，向场控说明直播间的规则。一旦发现有用户提出无理要求或进行人身攻击，场控就可以立即采取措施，避免影响主播的情绪和其他用户的观看体验。

3. 巧妙拖延

在直播过程中，有些用户只是单纯提出一些无理要求，并不涉及人身攻击，这时主播可以巧妙地采用拖延的方式应对。例如，"我会考虑""以后可能会尝试"等模棱两可的回答。这既能体现主播的高情商，又能够有效化解尴尬。

例如，粉丝要求主播表演不会的才艺或唱不会的歌曲，这时主播可以说："这首歌我唱得不熟练，我再好好学一下，等我学会了，再唱给你们听，好不好？"

4. 委婉拒绝

主播在直播时，某些忠实粉丝可能会提出一些不合理但没有恶意的要求。对于这类要求，主播首先应感谢粉丝的关注，然后对其提出的不合理要求进行委婉拒绝。

例如，主播说："大家喜欢听什么歌，我唱给大家听。"一位忠实粉丝说："你会跳舞吗？我想看你跳舞。"主播如果直接拒绝，会让彼此都尴尬。此时，主播可以委婉地拒绝，说："我会跳舞，但跳得不好，你不介意的话，我就给你跳一下。"（拿笔在纸上写个"舞"字，挥动双手让这个字跳动起来）然后再跟粉丝说："我真的不会跳舞，我唱歌还行，要不我还是给你唱首歌吧。"通过这种诙谐的方式，主播既拒绝了忠实用户提出的跳舞要求，又避免了尴尬的气氛，还用自己真诚的态度获得了用户的理解和接受。

还要注意的是，主播在每次下播前要感谢所有的粉丝，特别是喜欢自己的忠实粉丝，无论其是否在线。如果有粉丝群，如微信群、QQ 群等，主播还可以在群里与粉丝互动、发布动态，让粉丝感受到主播的关怀。这样，即使主播拒绝了粉丝的要求，粉丝也不会介意。

5. 以理相对

如果主播在直播过程中一味地拖延或躲避，可能无法起到积极作用。此时主播可从正面以理相对。尤其对于女性主播来说，部分用户会说其成功就是依靠一张漂亮的脸蛋，并提出无理的要求。面对这种要求，主播要主动出击，以理相对。

当然，在有理有据的情况下，面对用户的无理要求，主播可以选择针锋相对式的回复，但这样做非常考验主播的语言表达能力、临场反应能力和情绪控制力。主播如果情绪失控、反驳毫无逻辑，可能会适得其反，不仅起不到积极作用，还可能让自己陷入愤怒的情绪。采用这种方式回复用户，最重要的是抓住用户语言表达中的漏洞，有针对性地进行"回怼"，这要求主播不仅要知识渊博，语言表达能力强，同时还要思维敏捷。这需要长期训练和积累丰富的经验，新手主播在较短的时间内一般很难掌握并自如运用。

任务二　直播"翻车"事故的处理

随着直播的快速发展，直播"翻车"事故频发，如燕窝变糖水、不粘锅粘锅、羊毛衫不含羊毛等。直播作为新兴业态，涉及的主体较多，直播行业最终考验的是主播的内容输出能力、商家的商品质量、供应链管理等综合素质。直播运营团队只有站在消费者的立场，妥善处理直播"翻车"事故，才能赢得消费者的信任，促使消费者再次购买。

一、直播"翻车"的常见原因

直播"翻车"的原因有很多，主要包括以下 5 种。

1. 直播主体重视营销，忽视质量

直播销售的本质就是营销，是通过直播的形式销售商品。直播主体进行直播的目的就是完成商品销售。主播常以其粉丝为基础，以较大的价格优势吸引更多的流量，以直播销售的形式

将商品推荐给用户，所以大部分主播会将主要精力放在活动宣传和商品推广上，而忽视了商品的质量。

对于商家而言，他们的目的也非常明确，就是通过拥有流量的主播销售自己的商品。主播想把商品卖给粉丝，通常以性价比高为前提，也就是商品价格不能过高，那么对于商家来说，其就必须压低利润。为了实现平衡，商家一般会从减少成本上想办法。一旦商家的成本支出减少，那么其商品质量就很难得到保证。

因此，直播用户看似在直播中买到了性价比很高的商品，但收到货后可能发现商品质量与自己的心理预期有很大的差距，这会直接导致用户退货，使商品的退货率居高不下。未来直播主体不能单纯考虑营销，而要注重商品质量，严把质量关。

2. 直播运营团队对直播流程不熟悉

很多人认为直播销售很简单，就是准备好商品，主播对着镜头讲解商品的特色和亮点。其实直播销售听起来简单，真正做起来并非如此。直播销售涉及面很广，包括主播、商品、设备等。主播及运营团队对直播流程不熟悉，对直播设备操作不熟练也是直播"翻车"的主要原因。例如，某知名企业的领导第一次直播时遇到直播卡顿，严重影响直播效果，从而导致直播"翻车"。

如今的直播流程更加规范，主播需要提前熟悉商品特性、使用方法等，直播运营团队应按直播流程提前进行一次演练测试，以提升团队人员设备操作的熟练度和团队人员合作的默契度，尽量减少意外状况的发生。

3. 主播的直播能力参差不齐

直播销售准入门槛低，很多平台开放了直播销售渠道，用户只要提供个人信息，便能轻松注册直播账号，开通直播功能，走上直播销售的道路。随着直播的快速发展，越来越多的人涌入主播行列，由于其教育背景、专业知识等存在差异，因此主播的直播能力参差不齐。

很多主播个人专业程度不够，在直播过程中经常出现口误，介绍商品时张冠李戴，说不出商品名称，不了解商品功能，甚至夸大其词、虚假宣传，这在很大程度上降低了用户的接受度和信任感。部分影视剧演员开展直播销售，他们或许有很好的演技，但在直播销售领域没有太多的经验，欠缺主播方面的专业知识，常常陷入前期宣传力度很大，但直播效果一般的境地。

4. 大部分用户有较强的从众心理

直播间的大部分用户有较强的从众心理，他们看到别人都买了，就认为商品不错，大家都在抢着购买，自己也不能错过机会，一定要去购买，然后在主播运用的各种销售手段下完成购买。其实用户的这种想法很危险，因为在直播销售中可能存在一些数据夸张的情况，这些数据就是为了吸引用户进行购买。因此，直播间的用户在购买商品时要保持冷静，不要盲目跟风。

5. 从业者自律不够，各方监管不到位

网络直播行业发展迅速，但监管可能滞后，部分直播平台监管乏力，一些主播欠缺自律。例如，部分直播平台为了自身利益，对主播及商家往往倾向于包容的态度，相关的审查机制不严格，甚至完全不会检查主播及背后的团队是否有运营资格，也不会检查售卖的商品是否来源正规、具有相关的生产许可证，对直播内容的监管力度也不够。

在直播销售的过程中，除了从业者要接受道德上的约束，还需要监管部门进一步深化法律监管制度，使直播销售的整个流程更加透明，从而为消费者的利益及权利提供更多的保障，也为整个行业的健康发展提供更多的动力。

直播销售是一种新兴行业，需要从业者自律、相关监管部门制定和完善相关的规章制度，以及企业和直播平台落实监管责任。只有各方齐心协力，才能维护直播电商的健康发展。

二、直播"翻车"事故处理的策略

直播销售中发生"翻车"事故后，直播运营团队应按相应的策略立即采取事故处理的措施。处理直播"翻车"事故的策略如下。

1. 快速反应

快速反应并做出判断，对发生的事件及时表明态度是处理直播"翻车"事故的第一步，也是关键一步。如果在事件初期，主播或商家无视用户的投诉，而是到事情闹得沸沸扬扬时才不得不做出反应，势必会影响主播的形象，企业形象和信誉度也会一落千丈。

例如，"花点时间"事件发酵当天，主播方就立刻做出反应，在微博上发布道歉声明，认真地回复重点投诉内容，真诚地向用户道歉，强烈谴责品牌方，并给出详细的补偿方案。此举不仅平息了大部分买家的怒火，还提升了主播的信誉度。

2. 态度真诚

主播道歉的态度决定着直播"翻车"事故平息的程度。

例如，某主播在一场直播中接连"翻车"，如叫错商品名称、报错商品价格、演示时出现操作失误等，但他通过"自黑自嘲""用户权益至上""差额自己补"等方式完美补救。该主播真诚地对待自己的粉丝，出现事故后真诚致歉，第一时间给出赔偿方案，不仅赢得了更多粉丝的信任，还强化了自己的直播人设。

3. 解决方案恰当

在直播过程中，出现事故后，主播口头道歉必不可少，但大部分用户更关心具体的解决方案。主播要尽快查明原因，向用户解释、道歉，并给出切实、具体的赔偿方案，以求得用户的谅解与接纳。

例如，"花点时间"事件中，主播方表示，不是因为用户投诉才赔偿，而是因为主播自己错了，所以应该赔偿，除了品牌方要进行赔偿外，主播还要自己掏腰包对用户进行赔偿。主播不辜负用户的信任，做到言出必行，收获了更多粉丝的支持与信任。

4. 借媒体澄清

直播"翻车"事故发生后，用户投诉会造成恶劣影响。因此，主播要借媒体热度，解释事故原因，或者阐述事情始末，正视舆论，积极塑造正面舆论影响。

同样，"花点时间"事件中，主播积极塑造正面舆论影响，通过真诚道歉和积极赔偿，不仅保全了自己的名誉，还收获了"有担当、负责任、体面人"的好评。

下面以"不粘锅翻车"事件为例说明直播"翻车"事故的处理步骤。

第一步：直面问题，立即回应。

在"不粘锅翻车"事件发生后，主播第一时间在直播间回复了用户，称这次直播"翻车"是因为自己在煎鸡蛋时没有放油，没有正确使用不粘锅，所以事故原因在于自己，与生产厂家和商品无关。

第二步：真诚道歉，表明立场。

主播称事故原因在于自己，直面问题，真诚地向用户道歉。

第三步：下架涉事商品。

在"不粘锅翻车"事件发生后，主播立即下架了相关商品。此举动有效地避免了负面影响进一步扩大。

第四步：在各大媒体平台正面回应。

在"不粘锅翻车"事件发生后，主播针对此事在各大媒体平台上做出了正面回应，解释在直播间使用不粘锅煎鸡蛋出现粘锅是因为他在使用这款不粘锅时没有按照说明书上的要求来做，是自己操作不当导致的；同时在当天下午向记者展示了锅具说明书，并且在现场做了试验，验证了其说法。

在"不粘锅翻车"事件发生后，品牌方也做出了合理解释。品牌方及时发布公告，声明直播所涉产品符合国家标准，并且表明由于操作方法不当，很可能引起不粘锅烹饪时发生粘锅现象。

在完成以上步骤后，主播还做出了一个至关重要的举动，那就是再次就"不粘锅翻车"事件向大众道歉，并诚恳地提出希望在以后的直播中，继续接受大家的监督。

总之，这次"不粘锅翻车"事件处理得当，主播和品牌方没有刻意回避问题或捏造事实，而是积极寻找原因，并给予正面回应，给了所有质疑产品质量的用户一个交代，因而主播和品牌方都没有因为此事受到太大的负面影响。

> 📖学思融合
>
> 主播要对直播内容和用户负责。当遇到突发状况时，不能惊慌失措，而要迅速采取措施，妥善处理问题，从而减少对用户和品牌的不良影响。在处理问题的过程中，主播要始终保持专业语态与理性思维，避免情绪化的回应。

任务三　主播处理突发状况必备的能力与致歉技巧

网络直播没有预演，不可重来，对主播的能力要求也比较高，并不是所有人都能轻松地完成一场完整的直播。直播过程中，突发状况不可避免，这非常考验主播的临场应变能力。另外，由于各种失误影响到用户利益或观看体验时，主播通常需要向用户道歉。高手主播一般都具备处理突发状况的能力和致歉的技巧。

一、主播处理突发状况的必备能力

主播处理突发状况时一般需要三大能力，即临场反应能力、话题掌控能力和心理承受能力。

1. 临场反应能力

在直播过程中，主播随时会遇到各种突发状况，如展示的商品出现问题，主播与直播运营团队的其他人员配合失误，忘记了准备好的台词，说错品牌方的名称，设定的环节未能按照计划顺利进行等。高手主播能够凭借专业知识和智慧随机应变，在短时间内化解失误，将事故危机转化为塑造人设的契机。

例如，某主播在直播时唱歌，忽然看到用户留言称听不到伴奏声。她赶紧检查，发现忘记打开伴奏的声卡，于是唱完前几句后停了下来，说："哈哈，我是故意清唱的，接下来才是正式开始哦！现在，你们可以点歌啦！"随后，她快速调整好声卡，既展示了自己的歌唱功底，又未影响直播进度。

在直播过程中，小意外不可避免，主播处理得当能达到锦上添花的直播效果，处理不当则可能成为直播"翻车"的导火索。突发状况越紧急，越考验主播的临场反应能力。快速机智的临场反应能力是高手主播必备的。主播在直播间扮演的角色就像主持人，因此主播在业余时间可以多观看并研究一些著名电视节目主持人的救场方式，学习他们处理突发事件的方法和技巧，不断积累经验。

2. 话题掌控能力

在一场带货直播中，主播既是直播的主持者，又是商品的营销者。想要做好直播，主播必须有很强的语言能力，而语言心理、语言效果及话题掌控能力又是决定主播语言能力的重要因素，必须均衡发展，缺一不可。

互动性是直播的一大特点。在直播过程中，主播要时刻与直播间用户保持深度交流，这就意味着主播必须抓住核心话题，深刻地理解话题，并对话题进行一定的扩展发挥，引导用户讨论，带动用户交流，同时要能控制话题讨论的方向和节奏。

此外，在直播过程中，用户可以自由留言、发弹幕。如果某个用户突然抛出一个尖锐的话题，高手主播可以凭借良好的话题掌控能力化解危机，最大限度地减弱直播受到的负面影响。

3. 心理承受能力

由于直播的特殊性，主播是一场直播的焦点，始终被直播间用户甚至媒体关注。主播在被关注的同时，会收到许多正面与负面信息。因此，主播必须具备强大的心理承受能力，不仅要能接受赞美与支持，还要能包容与接纳负面信息。

在直播过程中，主播虽然能够影响直播间的用户，但当主播的某些言行与直播间用户的期望出现偏差时，主播也会受到负面信息的干扰。这时，如果主播心理素质较差，没有处理、接纳负面信息的能力，任凭负面信息扩散，就可能会影响到自己的情绪，进而影响直播的进程与效果。

很多时候，主播无法控制负面信息的源头，但可以增强自己的心理承受能力，增强自己应对负面信息的能力。主播可以采用以下手段来应对负面信息。

● 调整好心态，控制好情绪。通常一个人在遭受指责、非议时会产生强烈的心理波动，控制情绪从而减弱心理波动有助于主播舒解压力。这就要求主播不要把注意力长时间放在负面信息上，可以选择忽视或无视，而多思索一些愉快的事情。

● 接纳负面信息并找到正确的处理方式。既然负面信息已经出现的事实无法改变，那么不妨接纳负面信息，并采用正确的处理方式将其影响降到最低。至于如何处理负面信息，需要主播根据具体情况具体分析。

二、主播致歉的常用技巧

网络直播中，主播经常会出现各种失误，遇到各种突发状况，许多时候需要给用户道歉。主播给用户道歉并不能简单地说一句"对不起"，不能让用户觉得敷衍，太过表面化、形式化，否则道歉不但起不到积极的作用，而且会适得其反。因此，主播需要掌握相应的致歉技巧，高手主播的致歉能让用户欣然接受，其常用技巧如下。

1. 陈述原因

在直播间，无论主播出现什么失误，只要影响到用户观看直播，主播最好都及时向用户说明，并主动陈述失误原因。主播对待用户要坦诚，让用户感受到自己的诚意。当然，对于某些状况，主播可以采用幽默诙谐的自嘲方式化解，但对于较严重的错误，主播绝不能含糊其词，试图掩盖，否则不仅不能解决问题，还可能导致用户出现更加强烈的不满情绪。

主播主动向用户分析自己失误的原因，坦诚诉说自己的难处，更容易赢得用户的理解与谅解。例如，某位美食主播被用户怀疑直播时选用国家保护动物为食材，主播没有在此问题上与用户争执，而是第一时间录制专门的道歉视频，首先向用户进行真挚的道歉，随后展示所用食材来自有专业养殖许可证和经营利用许可证的人工养殖场。主播用一期特别节目专门进行道歉，并详细陈述其中的原因，这种真诚的态度不仅避免了事态进一步扩大，还赢得了更多用户的信任与好感。

2. 承认错误

直播间的用户与现实中的购物者有所不同，他们在互联网上发表言论更自由，情绪也更容易被放大，所以他们发出的批评与指责往往更加尖锐，他们会觉得自己说得绝对正确。因此，在向用户道歉时，主播必须主动承认错误，让用户觉得主播特别重视他们指出的问题。

主播在承认错误的同时，还可以感谢用户指出自己的错误。这种诚恳的道歉方式也会让观看直播的用户更容易地接受道歉；反之，如果主播各种狡辩，认定自己没错，或者只是无心之举，则有可能会激起更多用户的反感，甚至反对，进而影响直播效果，或者影响自己的人设形象。

3. 赞美用户

主播在向用户道歉的同时，要记得赞美对方，感谢用户对自己的监督与提出批评，自己会虚心接受，让用户觉得主播明事理，心胸宽广，值得他们喜欢。

例如，主播道歉后可以这样说："再次感谢大家对我的监督，我虚心接受大家的意见。在这里我还要特别感谢××及时发现问题，批评指正，我深刻意识到了问题的严重性，这里还要对其他粉丝的支持一并表示感谢。你们的批评是对我的督促，未来我还会一如既往地倾听你们的意见，希望我们成为越来越好的朋友！"

4. 及时道歉

在互联网时代，信息的传播和发酵速度都很快，因此，主播做错了事情一定要及时道歉，拖延时间只会加深用户的不满情绪，置之不理只能使事件进一步恶化，如果到那时再道歉，只会让自己更加被动，而且很可能达不到自己想要的效果。

例如，某美妆主播对粉丝质疑其整容的说法置之不理，直到话题发酵至全网，迫于压力才选择道歉与说明。虽然主播洋洋洒洒地写了几千字的道歉文案，但不少粉丝认为这不过是敷衍。如果该主播当时采取积极的态度，直接面对，及时道歉，说不定可以很快化解危机。

5. 采取补救措施

主播在向用户道歉时，不仅态度要真诚，还要及时采取补救措施，这样做更容易得到用户的信任与谅解。向用户道歉不是单纯录制一段视频、编辑一段文字这么简单，更重要的是考虑到用户的利益，在行动上对用户有所补偿，真正表现出自己的歉意。

对于不太严重的错误，主播不妨给用户发红包；对于较严重的错误，除了道歉外，还应实施相应的补救措施，如双倍赔偿等，以表明自己的态度。

6. 给予时间

主播向用户道歉之后，不要期待立刻得到用户的谅解，要给用户接受自己的时间。无论主播犯了何种错误，道歉后总会有一部分用户表示"不接受""决定脱粉"等。面对这些用户，主播不要急于为自己辩解，更忌讳直接"怼"。最好的做法就是暂时不做回复，或者简单表明自己改正的决心，自己会以实际行动让大家看到自己的改变，其他的交给时间。

项目实训：模拟处理直播突发状况

1. 实训背景

直播过程中可能会遇到各种突发状况，如技术故障、内容失误、用户质疑、外部干扰等，这些状况若处理不当，不仅会影响直播效果，还可能对主播的声誉造成负面影响。对主播来说，其掌握一定的直播突发状况处理方法至关重要。

2. 实训要求

设置多种直播突发状况情景，如技术故障、内容失误、用户恶意攻击等，并根据情景对突发状况做出相应的处理。

3. 实训思路

（1）学生分组

3~5人为一组，每人在组内扮演不同角色，如主播、场控、技术支持、客服等。根据角色准备相应的道具和资料，并熟悉角色职责。

（2）状况设计

设计直播过程中可能遭遇的突发状况，示例如表8-1所示。

表8-1 直播突发状况示例

突发状况	说明
技术故障	直播设备（如摄像头、话筒）突然失灵，网络连接不稳定等
内容失误	主播在直播中说出不恰当的言论，或者展示错误信息
用户质疑	用户提出尖锐问题，或者进行恶意攻击、刷屏等
外部干扰	直播现场出现意外噪声、人员闯入等

（3）模拟演练

每组按照设计的直播突发状况，逐一进行模拟演练。当突发状况发生时，各角色根据自身掌握的应对策略进行快速响应和处理。

（4）总结与反馈

各组汇报演练过程中的经验教训，分享处理突发状况的有效方法。教师对各组的表现进行点评，指出存在的问题，提出改进建议。

学生根据实训经历，撰写一篇关于处理直播突发状况的报告，包括情景描述、处理过程、心得体会等。教师鼓励学生结合所学知识，设计一套完整的直播突发状况应急处理方案。

项目九
直播复盘与
数据分析

学习目标

知识目标

➤ 掌握直播复盘的维度和步骤。

➤ 掌握直播数据分析的常用指标、基本思路和方法。

➤ 了解常用的直播数据分析工具。

➤ 掌握使用豆包分析直播数据的方法。

能力目标

➤ 能够实施直播复盘。

➤ 能够选用合适的数据分析指标和方法进行数据分析。

➤ 能够使用豆包进行直播数据分析。

素养目标

培养反思能力和自我完善意识，形成持续改进、追求卓越的工作作风。

引导案例

DeepSeek 助力创造销售奇迹

扫码看视频

2025年3月8日，某主播团队借助 AI 工具 DeepSeek 创造了单日直播销售额新高。该团队将 DeepSeek 接入自主研发的直播业务中台，在内容创作、选品决策、合规风控等方面实现了全链路智能化升级。借助 DeepSeek 大模型，直播业务中台可以自动生成标准化的口播话术，精准提炼商品卖点，还能根据不同的直播场景灵活调整话术，极大地提高了内容生产的效率和质量。例如，以前人工撰写一条口播稿需要花 20 到 40 分钟，现在交给 DeepSeek，2 分钟就能完成。

这不仅彰显了 AI 技术在电商领域的强大效能，还引发了社会各界对技术发展与社会影响的反思与探讨。AI 与直播行业的深度融合已成为趋势，未来 AI 将在内容创作、用户互动、数据分析等方面发挥更大作用。

案例讨论：探讨 AI 技术在商业应用中可能带来的机遇与挑战。主播应如何应对这些挑战，以实现技术与社会的良性互动？

一场直播活动的结束并不意味着直播运营工作完结，直播运营团队还需要进行直播复盘，这对主播来说尤为重要。通过直播复盘，主播可以发现直播过程中的不足之处，以及提前发现一些潜在问题，从而查漏补缺，不断优化直播流程，提升直播销售能力。直播运营团队通过对直播数据的准确分析，充分挖掘数据的价值，能够提升团队的竞争力及每位直播从业者的工作能力。

任务一　直播复盘策略

复盘是指人们在完成任务后对任务进行回顾、分析与总结的过程，旨在查漏补缺、积累经验。直播复盘即主播在每场直播结束后，对整场直播的情况进行梳理，通过对直播数据进行深入分析，发现问题并找到解决方案。

一、直播复盘的必要性

随着直播行业的快速发展，直播销售及变现模式受到越来越多商家的青睐，越来越多的人加入直播行业，主播数量不断增加。这就导致直播行业的竞争越来越激烈，主播想要脱颖而出也变得愈发困难。主播在直播过程中的任何小疏忽或失误都可能影响直播效果，甚至对其直播生涯造成致命打击。

因此，直播复盘对直播销售来说非常重要。主播只有通过科学、专业的复盘，才能更准确地发现其在直播过程中存在的问题及其影响，并根据这些发现对直播做出更准确、更有针对性的调整，从而优化下一次的直播，使直播效果更好。主播只有不断积累丰富的运营经验，才能最大限度地解决问题、规避风险，不断提升自己的直播技巧与带货能力，从而在直播销售的道路上走得更远。

在实践中，很多主播在直播结束后，如果觉得转化数据已达到预期目标，就认为自己已经完成任务，从而忽略直播复盘环节，这是一种错误的认知。其实，一个完整的直播流程不仅包括前期准备、直播过程，还包括复盘环节。

直播复盘是直播销售的关键。单场直播销售的成绩并不能代表主播直播销售能力的高低，决定主播直播销售能力的是主播在整个直播生涯中取得的总成绩。主播要想提高总成绩，必须想办法提高单场直播销售的成绩，而提高单场直播销售成绩的有效途径就是直播复盘。从这个角度来说，主播必须具备直播复盘的能力，学会总结分析，找出得失，扬长避短，才能不断提升自己的直播销售能力。

二、直播复盘的维度

了解了直播复盘的必要性后，接下来就要考虑如何做好直播复盘。想要做好直播复盘，首先要明确直播复盘的 3 个维度，即结果维度、策略维度和团队维度。

1. 结果维度

结果维度是指直播运营团队对整个直播过程进行完整的复盘。在复盘过程中，主播首先要对自己的销售目标有清晰的认知，也就是通过直播想获得一个什么样的结果，如观看人数达到多少、商品销量达到多少等。然后，基于销售目标对整个直播过程进行层层梳理和分析，弄清楚在直播过程中哪些方面做得好，哪些方面还有所欠缺，并根据实际的粉丝增长情况和商品销售情况对核心关键指标进行调整。

基于结果维度的直播复盘，即把直播结果通过数据清晰地展现出来，并从结果中发现问题，进而解决问题。在结果维度中，主播要对最终数据进行深度思考，这是非常重要的一步。具体来说，主播在复盘时必须把这场直播的时间段、时长、累积互动量、累积商品点击量、粉丝点击量占比、最长在线时长、粉丝平均停留时长、粉丝回访量、新增粉丝量、转粉率、本场开播前累积粉丝量、场间"掉粉"量、订单数、转化率等数据清晰地总结、罗列出来，通过对这些数据进行分析，从中看到自己在直播过程中的优势及存在的问题，并对问题进行剖析，查找问题出现的原因，进而解决问题。

2. 策略维度

策略维度是指直播运营团队系统地总结直播过程中的成功经验和失败教训。主播为了达成直播销售目标，会采用不同的直播技巧与销售策略。通过基于策略维度的直播复盘，主播可以判断出究竟哪些直播销售的方法和技巧是正确、可取且值得复制推广的，这对提升主播的直播销售能力至关重要。

基于策略维度的直播复盘的主要任务是，主播判断自己直播思路的正误，分析直播策略的优劣，然后根据实际分析结果制定工作标准，明确日后直播工作中应该做什么和不应该做什么，以及哪些方法和策略应复制推广，哪些应舍弃。

3. 团队维度

随着直播的快速发展，直播销售逐渐规模化、规范化。以前是主播单独作战，现在发展为直播运营团队共同作战，未来由直播运营团队共同打造直播将成为常态。在直播运营团队中，不同的人负责不同的板块，执行不同的任务。例如，有人负责选品，有人负责拍摄，有人负责商品供应链，有人负责发货和售后，主播在这个团队中只在直播过程中扮演了主要角色。

要想做好一场直播，除了要基于主播个人层面做复盘，还要从整个团队的角度出发做复盘。具体来说，就是团队中的每个成员都要着眼于自己的本职工作进行复盘，把工作实施情况展示给团队其他成员，接受所有团队成员对自己工作的判断和评价，利用集体智慧查找问题和原因，得出结论。

基于团队维度进行直播复盘一方面可以使团队成员看待问题更加全面，利用集体智慧对直播进行分析总结，可以把团队中每个成员的优缺点及其在工作中的表现更全面地展现出来；另一方面能够有效增强团队的凝聚力。可以说，基于团队维度的直播复盘也是很好的团建活动，能拉近团队成员之间的关系，增强彼此的信任感，提升合作的能力。

基于团队维度的直播复盘分为 3 步。

（1）自我阐述

首先，团队中的每个成员都要进行自我阐述。阐述的内容主要包括自己在这次直播中扮演的角色、工作目标及目标的完成情况、没有完成目标的原因，以及在完成目标的过程中哪些方法比较好、哪些方法需要改进等。

（2）判断利害

在这一步中，直播运营团队中的所有成员要对每个团队成员的工作情况进行深入剖析，找出其未完成目标背后的真实原因，也就是问题所在，然后把这个问题解决掉，这是整个复盘过程中最关键的环节。判断出利害关系，对有利的方面进行推广发扬，对有问题的方面坚决改正。经过这一步，团队成员会有巨大的收获，获得成长和进步。

（3）做出反馈

找到问题后，最重要的一步是团队成员要分析如何解决问题。不同成员适合不同的方法或方案，有的成员需要培训、学习，有的成员可能需要鼓励、赞美。总之，对于不同个体要采用不同的方法帮助他们成长。这需要直播运营团队的带头人既具备直播专业知识，又具备领导管理能力，还要做到心中有数，针对不同管理对象采用合适的方法帮助其成长。

三、直播复盘的步骤

直播复盘的四大步骤如下。

1. 回顾目标

回顾目标即回顾直播前所设定的直播目标等。这样做不但可以检验设定的直播目标是否科学，而且在这个过程中能够不断总结和优化直播目标，使其更合理、更准确。

直播复盘的第一步是对直播运营团队当初设定的目标进行回顾，从源头出发进行目标分解，进而复盘整个过程。清晰、明确、有共识的目标是直播运营团队确立评估结果、分析差异的基准。但在实际操作中，直播运营团队要么目标不清，要么各个成员对目标的理解不一致，要么缺乏对实现目标的策略、办法与措施的整体规划，这些问题都有可能影响到直播的效果。为了解决这些问题，直播运营团队在回顾目标时可按以下 3 个步骤进行。

（1）回顾目标是否合理

回顾目标是否合理可以参考 SMART 原则。

- 目标必须是具体的（Specific）。
- 目标必须是可衡量的（Measurable）。
- 目标必须是可达到的（Attainable）。

- 目标要与其他目标具有一定的相关性（Relevant）。
- 目标必须具有明确的截止期限（Time-bound）。

例如，某直播运营团队策划了一场直播，目标是在直播活动期间（直播时长为 4 小时）吸引 30 000 个用户观看直播，销售额达 20 万元。

直播活动结束后，该直播运营团队对上述目标进行复盘，发现这一目标是符合 SMART 原则的。第一，目标是具体的，吸引 30 000 个用户观看，销售额达 20 万元；第二，目标是可衡量的，在直播活动结束后通过后台数据即可衡量目标；第三，目标是可达到的，该主播自身拥有 100 000 个粉丝；第四，这一目标和其他目标紧密相关，销售额达 20 万元是根据以往的直播数据推算出来的；第五，目标是有明确的截止期限的，即在直播的 4 小时内完成。

（2）回顾方案是否有效

这一步是为了解决直播运营团队共识和具体规划的问题。通常一场直播活动由多人共同完成，虽分工不同，但最终目标是一致的。为了避免团队成员之间发生分歧、矛盾和冲突，直播运营团队成员在直播前要充分研讨，保证大家对目标的理解一致，让每个参加行动的成员都能明确目标。

同时，团队在直播前要有清晰的规划，制定详细的实施方案，这样有助于团队厘清复盘主线，找到失败和成功的根本原因。否则，在直播复盘阶段，团队会提出很多不可验证的事情，也无法以计划为准绳衡量实际执行过程中的不足。

因此，直播前团队成员要就实现目标的策略、行动计划进行周密安排，制定可执行的方案，进行目标分解，并将任务具体落实到个人，进而以此为准绳进行原因分析。

（3）回顾设想的事情及应对措施

在直播开始前，直播运营团队要对直播过程中可能发生的事情进行设想，并事先制定应对措施。在直播过程中，突发情况数不胜数，直播运营团队不仅要考虑客观因素的影响，还要考虑市场环境、生产链等其他问题。

在直播复盘过程中，回想当初设想的状况是否发生，考虑是否有其他没想到的突发状况，回忆当初针对这些事情计划的方案是什么，采取的措施是否有效、是否具有针对性等。

之所以要回顾上述问题，是因为它们都会影响直播销售的最终效果，也是直播复盘过程中总结经验以供日后借鉴的关键点。

2. 评估结果

评估结果是根据目标对直播结果进行评估，判断结果是超出预期还是低于预期，从而发现结果与目标之间的差距。一场直播活动的结果一般有以下几种。

- 超预期完成并取得优异成绩。
- 顺利完成目标任务。
- 在过程中添加了新事件。
- 未完成且与目标存在较大差距。

评估结果并非单纯为了发现差距，而是为了发现问题。在实际操作中，直播运营团队在复盘时往往只对表面数据（如点赞量、粉丝量、商品销量等）进行分析，并没有全面地分析直播的诉求及投入产出等其他因素，因此很难发现直播存在的问题，这样的复盘显然是没有任何意义的。需要注意的是，直播运营团队在评估结果时必须注重实践，从根源寻找问题所在。

评估结果一般按以下两步来操作。

（1）展示数据

在复盘时，直播运营团队必须将所有的数据毫无保留地展示出来，还要将实际结果数据与目标数据进行对比，以便大家更直观地看出直播结果是否达到预期。此外，为了让评估结果的数据更客观、更准确，在陈述结果时，团队负责人还应尽可能多地引入外部典型项目的数据作为样本。

（2）发现亮点，找出不足

通过数据对比，直播运营团队可以发现直播过程中的亮点与不足。亮点包括主播在直播过程中快速找准了粉丝需求；分析了粉丝特征，并根据粉丝的不同需求选择了合适的商品；在直播中发起了互动游戏，大量用户参与其中；直播视频封面提高了点赞量；整场直播销售额超出了预期；等等。不足包括某些互动话题设置不合理，直播间用户有轻微的抵触情绪；商品价格还有降低的余地，选品团队需要进一步与商家对接；粉丝流失较快；等等。

3. 分析原因

分析原因是指直播运营团队进行更加深入的复盘，弄清楚做得好的方面和做得不好的方面背后的原因，因为只有找到原因，才能更好地完善和优化以后的直播。分析原因可以使用鱼骨图进行层层剖析，也可以采用表格形式呈现成败的具体原因。

分析原因一般按以下步骤进行。

（1）描述过程

描述过程涉及整个直播运营团队，其目的是向所有参与复盘的工作人员讲述事情的经过，为大家创造讨论的基础。

（2）自我分析

自我分析要求复盘人员分辨事情的可控因素，弄清楚是自己负责的部分出了问题，还是其他人负责的部分存在问题。复盘人员在进行自我分析时要客观，保持清醒的头脑，找到问题的关键所在。

（3）众人讨论

众人讨论是指复盘人员从团队视角提出各种设问，突破个人认知的边界。在众人讨论中，复盘人员要探索多种可能。

4. 总结经验

直播复盘的关键是直播运营团队从行动中总结经验教训，并有的放矢地进行改进、优化。总结经验就是总结直播活动成败的关键因素，通过对这些关键因素的认知与掌握来丰富运营经验，为下次直播活动做好铺垫。

直播运营团队在总结经验时要考虑以下几点。

（1）开始怎么做

主播根据经验教训，为了改进直播间当前的运营现状，对于直播开始怎么做，如何快速"吸粉"、涨人气，要做到心中有数。

（2）停止做什么

直播运营团队通过复盘一般会发现部分不恰当的做法，这些不恰当的做法会影响直播效果，需要马上停止。

（3）继续做什么

直播运营团队要找出表现良好或需要继续保持的直播间运营方法，然后继续使用这些方法。

> 📖**学思融合**
>
> 　　我们要树立持续改进和精益求精的工作态度，将每次直播都视为一次学习和成长的机会，通过复盘找出自身的不足和优点，不断优化直播策略和内容。要从"经验驱动"向"数据驱动＋用户思维"转型，在持续精进中锻造"人无我有、人有我优"的专业能力。

任务二　直播数据分析

　　直播数据不仅能体现直播效果，还决定着主播接下来如何改善、优化运营。因此，主播最好每天查看直播的相关数据，并对数据进行深入分析，找出数据变化的规律，以更好地改善和优化直播策略。

一、直播数据分析的常用指标

　　直播数据分析的常用指标主要有用户画像数据指标、流量数据指标、互动数据指标和转化数据指标。

1. 用户画像数据指标

　　用户画像数据指标包括观看直播用户的性别、年龄、地域、活跃时间（天/周）、兴趣、来源等。掌握这些数据，有助于主播更好地进行选品，并对直播间进行有针对性的优化。

　　例如，抖音某主播直播间用户的性别、年龄和地域分布如图 9-1 所示，消费商品偏好如图 9-2 所示。可以看出，该主播直播间的直播用户以 24～30 岁为主，占比为 36.15%，且女性用户较多。用户喜爱购买女装、美容护肤、彩妆/香水/美妆/美妆工具等商品，商品销售均价为 100～200 元的占比较高。

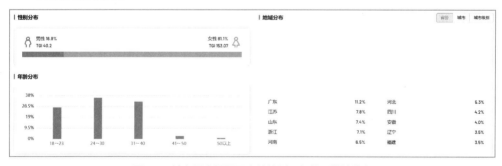

图 9-1　某主播直播间用户的性别、年龄、地域分布

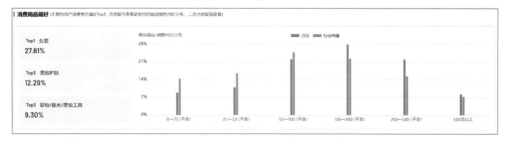

图 9-2　某主播直播间用户消费商品偏好

2. 流量数据指标

流量数据指标又称人气数据指标，主要包括观看人次、人气峰值、平均在线、分钟流量获取、平均停留时长、新增粉丝等。一般情况下，主播可以通过第三方数据分析工具采集这些数据。例如，第三方数据分析工具"飞瓜数据"汇总的某知名主播直播间的人气数据如图 9-3 所示。

图 9-3　某知名主播直播间的人气数据

主播还可以查看人气数据的波动情况，根据人气数据出现波动的时间节点分析数据波动的原因，从而优化直播间的引流方案和互动方案。某主播直播间的人气数据波动如图 9-4 所示。

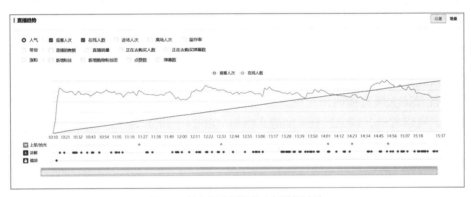

图 9-4　某主播直播间的人气数据波动

3. 互动数据指标

互动数据指标是指用户在直播间的互动行为数据。互动行为主要包括点赞、弹幕评论、分享和关注等。互动用户数占直播间用户访问数的比例即本场直播的互动率。

除了上述数据外，还有"弹幕词云"。"弹幕词云"是将用户评论中出现次数较多的关键词突出显示，从而让主播能够直观地看到用户互动频率较高的内容，进而据此快速地调整直播运营方案。某主播直播间的"弹幕词云"如图 9-5 所示。主播还可以根据弹幕内容分析用户的商品及品牌需求。

图 9-5　某主播直播间的"弹幕词云"

4. 转化数据指标

转化数据指标是指引导成交的数据。转化数据指标通常根据行业特点及营销目标而定，包括商品销量、咨询量、下载/安装/注册量等。

（1）商品销量

对于以提高网店商品销量为目的的直播，主播可以通过店铺后台的下单数量观察直播效果。一场有效的直播，在直播期间及直播后的发酵期会有明显的销量提升。除销量外，主播还可以对下单比例、成交比例进行分析。

下单比例指当日下单人数除以当日浏览人数，如果店铺当日浏览人数激增而当日下单人数很少，说明直播向网店引流的目的已达到，但页面吸引程度不够导致下单人数少，后续需要重点优化网店页面的设计。

成交比例指当日付款人数除以当日下单人数，如果当日下单人数多而当日付款人数少，说明店铺的支付功能可能存在问题，后续需要重点提升支付功能，或者更换销售平台。例如，在淘宝直播平台，转化数据指标主要包括商品点击次数和引导成交金额。其中，商品点击次数指用户点击直播商品进入详情页及直接将直播商品加入购物车的总数据，引导成交金额指用户通过直播间的引导把直播商品加入购物车并且支付成功的总金额。

如果商品点击次数过少，那么主播就可以初步判断推荐商品的力度或商品本身的吸引力不足，需要找出不足之处，积极改善推荐方法。如果商品点击次数多，但引导成交金额少，那么很可能是商品口碑、商品详情页或商品定价存在问题，从而影响了用户的购买决定。主播需要优化选品环节，优化直播间的商品配置，或者优化商品的促销方式。

（2）咨询量

传统教育、工业设备行业等通常不通过线上直接成交，仅通过互联网咨询并达成初步意向，随后在线下实现销售。因此，对于这类行业的转化情况，主播主要分析其咨询量，综合分析直播期间及直播后的微信咨询量、QQ咨询量、网站咨询量等各渠道的整体咨询数据，由此得出直播的咨询转化效果。

（3）下载/安装/注册量

一些软件企业的营销目标不一定是销售情况，有时是软件下载数量、软件安装数量、新用户注册数量等，在直播前后对这类数据进行对比，可以计算出直播对下载/安装/注册数量的贡献。

二、直播数据分析的基本思路

主播进行数据分析，是为了发现并解决直播运营中出现的问题，推动直播业务的发展。直播数据分析的基本思路如下。

1. 明确目的

主播首先要明确数据分析的目的。常见的数据分析目的有以下3种。

（1）分析现状

通过分析，了解有哪些直播竞品，与竞品相比自身有哪些优势和不足，直播商品的市场占有率是多少等。

（2）找出变化规律

分析数据升高或降低的原因，找出继续提升数据或避免数据持续降低的方法，总结数据变化的规律，建立自己的数据模型。

（3）做出更准确的预测

主播可以通过数据分析更准确地预测直播的发展变化趋势。例如，根据数据分析判断直播商品复购的增长率，从而提高直播商品的转化率；还可以根据数据变化规律，对直播内容做出相应的调整，以吸引更多用户关注。

2. 收集数据

明确数据分析的目的后，主播要了解如何收集相关数据。目前，大部分直播数据由直播平台提供。淘宝直播相较于其他直播平台更复杂一些，主播可以通过淘宝联盟、主播后台等渠道收集相关数据。一些数据属于隐藏数据，要想收集这部分数据，只能通过付费方式从第三方平台或特殊渠道获取。

3. 统计数据

主播收集好相关数据后，要对数据进行整理和处理，做好数据统计。需要统计的数据包括直播日期、直播时间段、最高在线人数、累计商品点击量、粉丝点击占比、粉丝评价、累计互动、人均观看时长、新增粉丝数量、"掉粉"数量、转化率和订单数量等。

数据统计并非简单罗列收集来的数据，而是要进行排查、修正和加工，便于后续分析。一般数据统计包括两个环节：数据修正和数据计算。

（1）数据修正

无论是从直播账号后台获取的数据、从第三方数据分析工具上下载的数据，还是人工统计的数据，都有可能出现失误，因此首先要对收集来的数据进行排查，若发现数据异常，要及时修正，以保证数据的准确性和有效性，确保数据分析结果的科学性和可参考性。例如，在收集的原始数据中，某一天某款商品的"直播销量"为"0"，而通过查看店铺的实际销售记录，发现当天该款商品在直播中是有销量的，所以"0"是不准确的，需进行修正。

（2）数据计算

确保数据的准确性后，主播可以根据数据分析目标对数据进行计算，以获得更丰富的数据信息，激发更多改进思路。数据计算包括数据求和、平均数计算、比例计算、趋势分析等。为了提高工作效率，主播还可以使用 Excel 的相关功能对数据进行统计计算，并将整理好的数据保存在 Excel 表格中，以备后续查看参考。

4. 分析数据

完成数据的收集与统计工作后，主播要对数据进行分析。主播可以采用一些数据分析方法对整理的数据进行分析，找出异常数据，分析相应的原因并得出解决方案。

三、常用的直播数据分析方法

数据分析本质上是一种量化方法。量化的数据往往更直观，主播可以从中发现问题并解决问题，因此根据数据分析得出的结论具有很强的逻辑性和推理性，对直播具有非常大的指导意义。主播要养成观察数据、分析数据的好习惯。

数据分析有法可循，在分析数据时使用科学、合理的分析方法可以快速、有效地分析数据，从数据中获取信息。在直播数据分析中，常用的数据分析方法有对比分析法、特殊事件分析法、曲线分析法、问题分析法和逻辑树分析法。

1. 对比分析法

对比分析法又称比较分析法，是指将两个或两个以上的数据进行对比，并分析数据之间的差异，从而揭示其背后隐藏的规律。对比分析包括同比、环比和定基比分析。

- 同比：一般情况下是指今年第 n 月与去年第 n 月的销售数据之比。
- 环比：指报告期水平与其前一期水平之比。
- 定基比：指报告期水平与某一固定时期水平之比。

通过对比分析，主播可以找出异常数据。这里所说的异常数据并非绝对值较低的数据，而是与平均水平差距非常大的数据。例如，某主播平均每场直播的新增用户数为 50～100 个，但某一场直播的新增用户数达到 500 个，新增用户数与之前相比偏差较大，因此属于异常数据，主播需要对此数据进行仔细分析，查找造成异常数据的原因。

在实际操作中，对比分析法的应用有以下 4 种维度。

（1）将完成值与设定的目标进行对比

例如，在直播前，主播会设定每场直播的业绩目标，因此可以将直播结束后达成的业绩与直播前设定的业绩目标做对比，以了解业绩完成率，分析目标设定得是否合理，是否需要调整。

（2）在行业内做对比

将自身发展水平与同行业竞争对手或行业的平均水平做对比，有助于主播了解自身的发展水平在行业中的位置，了解自身设定的指标是否具有先进性，从而为自身制定发展策略提供参考依据。

（3）与同级部门做对比

例如，在直播运营中，将公司内两位美妆类主播的直播销售额进行对比，这样能够让各个部门认识到自己的水平，进而找到下一步发展的方向。

（4）通过对比分析活动效果

实施了某项推广活动后，可将活动前后的相关运营数据进行对比，这样可以帮助主播了解推广活动的效果，分析推广活动是否达到了预期目标。例如，对投放 DOU+前后的直播数据进行对比，以了解投放 DOU+的效果。

2. 特殊事件分析法

许多直播数据出现异常可能与某些特殊事件有关，这些特殊事件会对数据产生或大或小的影响，如直播平台首页或频道改版、主播变更直播标签、主播变更开播时间段等。所以主播在记录日常数据的同时，也要注意记录这些特殊事件，以便在直播数据出现异常时找到数据变化与特殊事件之间的关系，然后进行对比分析。

3. 曲线分析法

曲线通常能够代表数据的走势，因此主播可以挑选 3 类相关度较高的数据放到一起对比分析其走势，从而预测趋势。主播可以通过曲线分析法预判直播过程中某些方面的发展趋势，从而提前做好准备工作和应对方案。

4. 问题分析法

问题分析法又称"5W2H"分析法，即何事（What）、何因（Why）、何人（Who）、何时（When）、何地（Where）、如何做（How）、何价（How much），具体内容如表 9-1 所示。它用 5

个以"W"开头的英语单词和 2 个以"H"开头的英语单词进行设问，有助于分析者从回答中发现解决问题的线索，寻找解决问题的思路。

表 9-1　问题分析法的内容

分析方向	说明
What	对象是什么？目的是什么？做什么工作？
Why	为什么？为什么会产生这种效果？为什么要这么做？可不可以不做？
Who	谁？谁来承担？谁来完成？谁来负责？
When	何时？什么时间完成？什么时机最适宜？
Where	何处？在哪里做？从哪里入手？
How	怎么做？如何提高效率？如何实施？方法是什么？
How much	多少？做到什么程度？数量如何？质量水平如何？费用产出如何？

例如，运用问题分析法对淘宝直播间中的热销商品进行分析，其分析思路如表 9-2 所示。

表 9-2　淘宝直播间热销商品分析

分析方向	说明
What	哪些商品热销？是零食类商品、生活用品，还是美妆类商品？是促销类商品，还是主播主推品？
Why	为什么热销？如价格因素、活动促销、商品口碑好等
Who	哪些人购买？例如，直播间新用户购买得多，还是老用户购买得多？用户属于什么年龄段？
When	用户什么时候下单付款？用户是在主播讲解此款商品时下单付款，还是在回看直播时下单付款？用户多久会再次购买？
Where	用户的来源渠道是哪里？例如，用户是由微信公众号吸引而来的，是由微博吸引而来的，还是由抖音预热短视频吸引而来的？
How	用户的购买方式如何？例如，用户是静默下单，还是咨询客服后再下单？用户是购买单品，还是购买商品组合？用户是下单后直接付款，还是下单后未付款？
How much	价格是多少？例如，热销品的销售单价是多少？热销品的客单价是多少？热销品的成交总额是多少？

表 9-2 只是给出了一个运用问题分析法构建直播数据分析框架的思路，主播在面对不同的问题时要具体问题具体分析，根据实际情况合理设计分析框架，切忌生搬硬套。

5. 逻辑树分析法

逻辑树又称问题树、演绎树或分解树，指将问题的所有子问题分层罗列，从最高层开始，并逐步向下扩展，即把一个已知问题当成树干，然后考虑与这个问题相关的因素；每想到一点，就给这个树干（也就是问题）加一个"树枝"，并标明这个"树枝"代表什么问题；一个大的"树枝"上还可以有小的"树枝"，依此类推，将每个问题都尽可能细化，形成一棵"树"，最终找出与问题相关联的所有因素。逻辑树分析法的基本框架如图 9-6 所示。

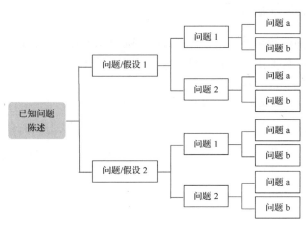

图 9-6 逻辑树分析法的基本框架

主播在运用逻辑树分析法时，需要遵循以下 3 个原则。

● 一致性：在细分问题时，每一层级问题的划分标准应保持一致。

● 关联性：各个层级的问题应与高一层级的问题密切相关。

● 穷尽化：遵守"不重、不漏"的原则，尽量把涉及的问题考虑周全。

例如，运用逻辑树分析法分析直播商品转化率低的问题，其分析思路如图 9-7 所示。

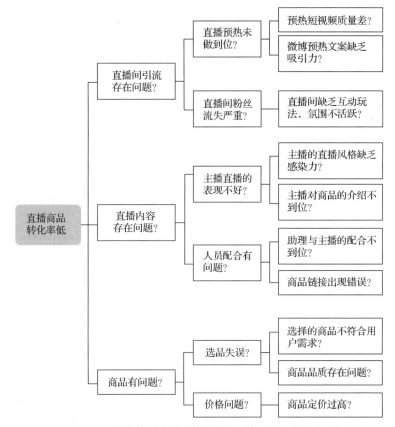

图 9-7 运用逻辑树分析法分析直播商品转化率低的分析思路

四、常用的直播数据分析工具

主播可以借助各种智能化的数据分析工具对直播数据进行收集、处理与分析，通过得出的结论进一步指导直播运营工作。下面介绍几款常用的直播数据分析工具。

1. 直播平台提供的数据分析工具

直播平台会为用户提供相应的数据分析工具，帮助用户了解自身的直播表现。在淘宝直播平台，主播可以通过直播中控台、生意参谋、淘宝主播App等获得相关直播数据。在抖音平台，主播可以使用抖音App数据看板、抖音电商罗盘、抖店后台、巨量百应数据参谋等工具进行数据分析。在快手平台，主播可以在直播结束后进行直播截图，获得当场直播的数据记录，为下次直播的优化提供数据支撑。主播还可以在下播后通过"直播键"|"更多"|"主播中心"的路径找到本场直播的数据，从而获得相关数据记录。主播也可以在 PC 端使用"快手小店直播助手"获得直播数据。

2. 第三方数据分析工具

市场上有很多专门提供数据分析服务的第三方数据分析工具，如飞瓜数据、蝉妈妈、新榜等。这些数据分析工具能为用户提供"爆款"商品、直播间监控等数据分析服务，满足账号运营者的账号内容定位、粉丝增长、粉丝画像及流量转化等现实需求。

3. AIGC 工具

许多 AIGC 工具具备数据分析功能，如豆包、ChatExcel、办公小浣熊等，用户通过提示词说明自己的需求，它们就能自动完成数据清洗、分析和可视化等工作，甚至能够生成详细的数据分析报告，让直播数据分析变得更加高效和便捷。

五、使用豆包分析直播数据

豆包具有强大的数据分析功能，能够完成数据清洗、数据计算、多表合并、数据分析、可视化图表制作等任务。

（1）在 PC 端登录豆包账号，单击"深度思考"按钮，开启深度思考模式。单击回形针按钮 ，上传"访客数和下单买家数时段分布"数据表，在对话框中直接输入提示词，例如，"根据我上传的文件，分析直播间访客数和下单买家数时段分布，并根据分析结果给出优化建议。"单击"发送"按钮●，如图 9-8 所示。

图 9-8　上传文件并输入提示词

（2）豆包输出结果，如图 9-9 所示。

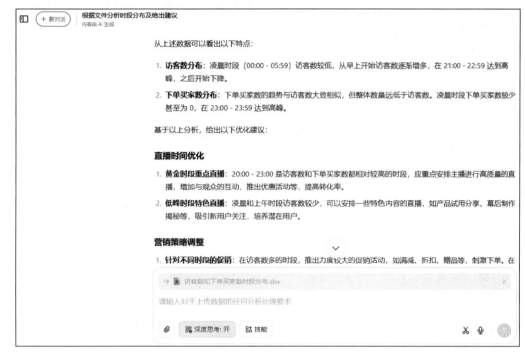

图 9-9 豆包输出结果

项目实训：分析直播数据

1. 实训背景

对直播数据进行深入分析，能够帮助主播和直播运营团队全面了解直播效果，发现直播过程中存在的问题，进而有针对性地调整直播策略，优化直播内容，提升直播效果。

2. 实训要求

学生 3~5 人为一组，以小组为单位进行直播数据分析任务，掌握直播数据分析的步骤和方法，能够灵活运用相关数据分析工具开展数据分析工作。

3. 实训思路

（1）明确目标

小组成员共同讨论，确定数据分析目标，例如，分析直播带货销售额，分析直播间粉丝特点，分析直播间畅销商品等。

（2）收集数据

根据数据分析目标确定需要收集的数据，选择合适的渠道收集数据。在收集数据的过程中，要确保数据的真实性，不能随意篡改数据。

（3）统计数据

使用 Excel 或豆包、ChatExcel、办公小浣熊对收集到的数据进行修正和计算，确保数据的有效性。

（4）分析数据

根据数据分析目标，选用合适的数据分析方法对数据进行分析，可以使用豆包、ChatExcel、办公小浣熊辅助开展数据分析。

（5）提出建议

基于分析结果，提出针对性的改进建议，如调整直播时段、丰富内容形式、增强互动性等。

（6）总结与反馈

以小组为单位，撰写一份详细的分析报告，包括数据收集过程、分析方法、数据分析结果及建议。

项目十
直播合规与风险防范

学习目标

知识目标
➤ 了解合规的概念和直播合规的重要意义。
➤ 掌握直播常见的风险及其防范策略。

能力目标
➤ 能够遵守法律法规的要求，合规直播。
➤ 能够识别并防范直播中的各类风险。

素养目标
培养合规意识，自觉遵守法律法规，自觉规范自己的行为，避免因不当行为引发风险。

引导案例

直播带货，"合规"方能走得更远

扫码看视频

近年来，直播带货对我国社会经济发展的推动作用日益显著。然而，该行业也暴露出诸多问题，如虚假宣传、商品质量参差不齐、价格误导、不文明带货等。这些问题不仅侵害了消费者权益，制约了行业健康发展，还对社会经济秩序造成了不良影响。

为规范直播带货行业，国家层面发布了多项法律法规，为直播带货确立了行为准则，如《网络信息内容生态治理规定》《网络直播营销行为规范》《网络主播行为规范》等。与此同时，各地的监管部门也纷纷针对直播带货发布相关政策。

例如，北京市市场监督管理局发布《北京市直播带货合规指引》，首次将AI虚拟形象纳入监管，细化了"人、货、场"三要素：主播需建立信息审核制度，机构须公示严重违规处罚信息，平台需完善培训考核机制。房地产直播须确保房源信息真实，食品直播禁用暗示疗效的表述，促销活动必须清晰标注比价依据。这些"红线"既回应了"谁在带货""货从何来"的消费关切，也为虚拟主播、数字人等新业态划定了合规边界。

合肥市市场监督管理局发布《合肥市直播带货合规指引（试行）》，分别对直播带货平台、直播间运营者、直播营销人员提出合规要求。深圳市市场监管局发布《深圳市直播带货合规指引》，明确规定了直播营销相关方在资质审核、信息展示、商品质量、售后服务、价格规范、广告合规等方面的要求。

"无规矩不成方圆"，各项法律法规的出台旨在推动直播带货行业健康发展。直播带货各个参与方应严格遵守相关法律规范，避免不当行为，切实维护消费者合法权益，助力直播带货行业从野蛮生长迈向健康可持续发展。

案例讨论： 当前直播带货行业中存在哪些问题？这些问题对消费者权益、行业健康发展及社会经济造成了哪些影响？

随着网络直播的飞速发展，直播平台上违法违规的网络直播行为频发，严重破坏了网络生态，侵害了消费者权益，甚至对青少年健康成长造成了恶劣影响。因此，直播从业者必须了解行业法律风险，做好风险防范，提升直播合规意识，这样才能在直播行业获得长远发展，同时推动直播行业的健康发展。

任务一 直播合规

全民直播的时代已经来临，无论是组织、企业还是个人，要想合规、合法地开展直播业务，就必须了解直播行业的法律法规，做好风险防范，提升直播合规意识，方能在直播的道路上稳步前行。

一、合规的概念

合规（Compliance）指遵循、遵守或满足特定的要求。这些要求通常源于法律法规、法院判决、行政执法机关决定、私人组织内部规章制度、行为守则和社会道德。

合规是企业走向规范经营的系统化过程，简单来说就是合乎规则，合乎规范。它通常包含3层含义。

- 遵守法规，即企业要遵守经营活动所在地的规则性法律，最低限度的要求是符合公共利益。
- 遵守规制，即企业要制定并施行内部规章制度。
- 遵守规范，即企业维持正常经营需确保企业员工遵守相应的职业操守和道德规范。

合规并不是新事物，有规则的地方就必然存在合规与违规的现象。与合规紧密相关的是合规风险，即企业因违反法律法规、内部规章制度和商业道德等，引发法律责任、财产损失或商业信誉损失的风险。

企业的经营风险和收益呈正相关关系，有效地管理和分散风险有助于提高企业总收益。识别、分析和控制企业内部风险，确保风险管理的有效性，是企业风险管理的核心任务。企业员工违法属于企业运营风险，企业可以通过内部建立组织和采取措施来管控合规风险。

尽管建立有效的合规管理体系无法完全杜绝违规行为及风险，但能够降低违规发生的概率，减少不良影响和损失。

企业建立合规管理体系需进行以下环节。

- 评估合规管理体系的现状：确定合规管理的需求与目标，梳理企业经营模式与业务流程。
- 确定合规管理体系的工作范围：进行合规风险的识别、分析与评价，设计合规管理组织结构。
- 编制各项合规管理制度：制定合规风险防范措施，设置合规风险的举报、调查与处罚决定执行机制。

在维护企业合规管理体系的过程中，企业要做到以下几点。

- 制定合规文化基本制度，开展合规培训，进行合规文化宣传。
- 出具企业年度合规报告。
- 评价与改进合规管理体系。

每个企业都应当根据自身情况确定合规目标，并细化具体工作，也可以根据不同发展阶段确定合规工作范围和适用措施，做好合规管理，走向规范化经营与发展。

二、直播合规的重要意义

为规范行业发展，直播监管日趋严格。直播从业者必须清楚地认识自身可能面临的法律风险，最大限度地保证直播活动的合规性，明确相应的法律义务和责任，这是开展直播活动的基础及前提。

直播电商作为新兴行业，发展迅猛。但随着直播营销活动的广泛开展，一些网红主播陷入虚假宣传、销售假货的困境，暴露出直播营销活动及商品生产、销售等环节的漏洞。对此，监管部门密集出台监管政策，如《网络直播营销行为规范》《市场监管总局关于加强网络直播营销活动监管的指导意见》《互联网直播营销信息内容服务管理规定（征求意见稿）》《国家广播电视总局关于加强网络秀场直播和电商直播管理的通知》等，对网络直播和电商直播提出了直播行为的规范和具体的管理细则。

直播间并非法外之地，无论是秀场直播还是电商直播，直播从业者必须以保障消费者权益为前提进行合规经营，提供优质服务，为用户带来良好的体验，确保直播营销活动顺利、有序地开展。直播从业者要在直播选品、广告用语制作、直播文案撰写等各方面进行专业合规性审查、业务流程把关和法律风险控制。

直播从业者只有主动提高选品标准，完善服务流程，切实保护消费者权益，才能赢得消费者信赖。互联网企业在发展直播业务时，更应重视合规价值，这不仅能够赢得消费者口碑，还能赢得商业信誉。

合规管理体系建设对互联网企业运营非常重要。对于管理不规范、抗风险能力弱的企业来说，个别风险事件可能带来致命打击。合规管理体系建设对企业的优化作用不受企业行业属性限制，直播行业引入合规管理体系是企业提高管理水平、防范风险的正确选择，是企业软实力的重要体现，符合企业自身发展的内在需求。

任务二　主播合同风险与防范

很多主播在成名前会依附于直播平台、MCN 机构或直播公会。在直播前，主播与这些合作方会建立劳动关系或商务合作关系，具体是哪种关系取决于合同内容及机构对主播的管理事实。

在合作直播时，机构会担心主播有了知名度后会被别的机构高薪挖走、无法保证主播与指定商家合作直播、直播作品归属等问题；主播则会关心直播收入如何保证，如何在不断扩大粉丝量和人气值的过程中保护自己的合法权益，如何选择合适的直播平台等问题。为了保障各自的权利和义务，签约双方需要在签订合同前排查合同可能存在的风险。

一、主播合同常见风险

主播在与合作方签订直播合同时，应注意防范以下风险。

1. 违约金风险

直播领域的涉诉纠纷中，违约金纠纷占比较大，有些纠纷涉及的违约金高达千万元。因此，直播合同中的违约金问题存在着很大风险。

淮北某公司与刘某在 2018 年 1 月 23 日签订合同，约定淮北某公司为刘某从事演艺事务及网络在线演艺直播活动的指定代理方，双方合作期限为 3 年。

淮北某公司有权根据刘某与第三方签署的相应合同或协议收取合同或协议所标明税前酬金的 40% 作为合作利润分成。合作期限内及期限届满后 2 年内，未经淮北某公司同意，刘某不得从事或变相从事合同约定的合作事务。双方约定，合同履行期间，任何一方违约导致合同无法继续履行或无法实现合同目的，视为根本违约，守约方有权解除合同，并要求违约方赔偿损失，支付 30 万元违约金。双方在履行合同的过程中发生争议，由双方当事人协商解决，也可由有关部门调解，协商或调解不成的，提交淮北仲裁委员会仲裁。

同日，双方又签订了补充协议，再次约定在合作期限内或期限届满后 2 年内，未经淮北某公司同意，刘某不得以任何理由私自从事或变相从事网络在线演艺直播活动，不得就合作事务另行与任何第三方合作，如有违背，承担根本违约的违约责任。

在双方履行合同的过程中，淮北某公司认为刘某未经其同意私自在其他直播平台直播并获得报酬，其行为已经致使合同目的无法实现，构成根本违约，请求仲裁委依法裁决：

（1）解除淮北某公司与刘某签订的合同及补充协议；

（2）刘某支付淮北某公司30万元违约金；

（3）刘某向淮北某公司赔偿因其违约造成的15万元经济损失；

（4）本案仲裁费、律师费、公告费及因仲裁产生的一切费用均由被申请人承担。

【案例争议焦点】

（1）涉案合同是否有效？

（2）涉案合同及补充协议是否应解除？

（3）刘某是否应承担违约责任？

【案例裁决结果】

仲裁庭经审查做出如下裁决：

（1）解除申请人淮北某公司与被申请人刘某2018年1月23日签订的合同（编号：155013）及补充协议；

（2）刘某于本裁决送达之日起15日内向淮北某公司支付违约金20万元及律师费8 000元；

（3）驳回淮北某公司其他仲裁请求。

【相关法律法规解读】

《中华人民共和国民法典》（以下简称《民法典》）第五百六十二条规定："当事人协商一致，可以解除合同。当事人可以约定一方解除合同的事由。解除合同的事由发生时，解除权人可以解除合同。"本条是关于约定解除合同的规定。

第五百七十七条规定："当事人一方不履行合同义务或者履行合同义务不符合约定的，应当承担继续履行、采取补救措施或者赔偿损失等违约责任。"本条规定了违约的基本形态和承担违约责任的种类。违约行为从不同角度可进行多种分类。

按照是否完全违背缔约目的，违约行为可分为根本违约和非根本违约。

按照合同是否履行与履行状况，违约行为可分为合同的不履行和不适当履行。

按照是否造成侵权损害，违约行为可分为一般瑕疵履行和加害履行。

按照迟延履行的主体，违约行为可分为债务人履行迟延和债权人受领迟延。

我国法律规定的承担违约责任的方式主要有：要求违约方继续履行、采取补救措施、停止违约行为、赔偿损失、支付违约金或者适用定金。

《民法典》第五百八十五条规定："当事人可以约定一方违约时应当根据违约情况向对方支付一定数额的违约金，也可以约定因违约产生的损失赔偿额的计算方法。约定的违约金低于造成的损失的，人民法院或者仲裁机构可以根据当事人的请求予以增加；约定的违约金过分高于造成的损失的，人民法院或者仲裁机构可以根据当事人的请求予以适当减少。当事人就迟延履行约定违约金的，违约方支付违约金后，还应当履行债务。"

违约金是指按照当事人的约定或者法律直接规定，一方当事人违约时，应向另一方支付的金钱或金钱以外的其他财产。违约金分为法定违约金和约定违约金。对于违约金的认定，应根据公平原则和诚实信用原则予以衡量，综合考虑合同的履行情况、实际损失、违约方过错程度及预期利益等因素，多方面考量案件具体情形，在法律允许的范围内，维护当事人的合法权益。

2. 主播与合作方关系风险

主播与合作方的关系也存在一定的风险。在直播行业，主播与合作方的关系问题常引发一些纠纷。在纠纷中，对主播与合作方之间法律关系的认定，需要根据合同的具体内容进行具体分析。

2020年，20岁的女孩王某来到湖州市织里镇，与当地一家文化公司签订了为期1年的《艺人经纪合作合同》，正式成为一名带货主播。合同详细约定了王某每天的直播时间不得少于6小时、直播收入超过保底津贴的部分由王某和该文化公司三七分成等权利与义务，同时也约定如一方违约，需要支付10万元违约金。

合同签订后，满心欢喜的王某全身心投入这份喜爱的工作中。然而，工作一段时间后她发现，6小时高强度的直播让她难以承受，每天的日夜颠倒和长时间高声说话让她疲惫不堪，她开始迟到、请假……

这期间，文化公司因王某连续3个月直播时间均不足的问题多次找她谈话，要求其即刻改正并按合同约定开展工作。初入社会的王某一气之下直接请长假离开了直播平台。文化公司两次发函要求王某继续进行直播未果后，将其起诉至法院，要求解除双方签订的合同并主张王某支付违约金10万元。

【案例争议焦点】

双方是劳动关系还是合作关系？

庭审中，王某辩称双方签订的是劳动合同，但文化公司没有为自己缴纳社会保险，是文化公司违约在前，因此自己可以解除劳动合同，无须支付违约金；而文化公司则认为，双方签订的并非劳动合同，王某也不算是公司员工，因此公司并未违约。

【案例裁决结果】

法院审理认为：文化公司是存在于直播平台与网络主播之间的机构，不符合劳动合同关系中关于人身依附性关系的界定；从《艺人经纪合作合同》的内容来看，双方协议同时包含类似劳务、劳动合同、商事合同关系条款，不能简单地据此认定双方为劳动合同关系；王某的收益实质上来源于直播过程中用户的直接打赏，其工作形式及收入分配方式不同于一般基于劳动关系而取得报酬的情形。

因此，法院认为，双方并非劳动关系，而是艺人经纪合作关系，故支持了文化公司的诉请，王某需赔付违约金，但法院对违约金数额进行了调整。庭后，法院组织双方调解，最终王某与文化公司解除了《艺人经纪合作合同》，并支付了1万元违约金。

【相关知识解读】

主播与MCN机构或演艺公司签订直播合同时，应明确双方之间的关系。一般来说，两者之间主要有3种关系。

（1）劳动关系

劳动关系是指主播与MCN机构之间构成管理与从属关系，主播为MCN机构提供劳动，MCN机构向主播支付工资、奖金等报酬。在这种关系下，合同中的条款拟订应体现MCN机构对主播人身的约束性和管理性，主播与MCN机构应依据《劳动法》《劳动合同法》等法律承担相应的责任和义务。

（2）委托关系

委托关系是指委托人授权受托人处理委托人某一项事务或概括处理委托人全部事务的法律

关系。例如，MCN机构委托主播参加直播活动，主播也可能委托MCN机构管理和运营自己的直播账号。在这种关系下，主播与MCN机构之间是平等的法律关系，不存在隶属关系。

委托关系较为松散，主播享有法定的解除委托关系的权利。因此，对于MCN机构来说，如果是短期的委托关系，风险相对可控；而如果是长期的委托关系，由于主播随时可解除关系，MCN机构将面临更大的风险。

（3）合作关系

合作关系即主播和MCN机构之间是一种平等互利的合作关系。主播和MCN机构在拟定合同时，应体现MCN机构主要为主播提供商业资源、账号运营、粉丝管理等服务，主播负责生产和输出直播内容。

在这种关系下，MCN机构在拟订合同时，应避免出现"主播需要遵守MCN机构规章制度"等存在人身依附关系的约定，而要为主播提供一定的自由活动空间；避免使用"底薪""全勤奖""工资"等表述，以免被法院或仲裁委员会认定MCN机构与主播之间构成管理性、从属性的法律关系；避免使用"委托"或"为主播代理某些事务"等表述，以免被法院或仲裁委员会认定MCN机构与主播之间构成委托关系。

二、主播合同风险防范

主播合同风险防范主要包括以下内容。

（1）双方的权利义务

主播和机构的权利义务应划分合理。机构应与主播就业务承接、知识产权归属、竞业限制等权利义务进行细致约定。

主播类型不同，其权利义务的侧重点也有所不同。例如，对于内容类主播来说，双方应侧重关注直播时长、主播形象、直播内容等方面的权利义务条款；对于带货类主播来说，双方应侧重关注账号归属、账号运营、带货商品数量等权利义务条款。

（2）著作权的归属，声、像使用权

合同双方应明确直播作品所有权、著作权的归属及许可使用情况。直播合同会产生直播作品及周边产品的著作权等，合同双方提前约定好其归属问题，有利于明确双方的权利义务。

另外，主播的声、像等权利的授权使用情况应提前明确，例如主播是否授权直播平台或MCN机构使用自己的声、像，以避免侵权和产生不必要的争议。

（3）收益分配及费用承担

主播和合作机构要关注收益的种类、收益结算方式，以及成本承担种类、成本承担方式等内容。

直播的收入、直播外的商业活动收入，以及与直播无关的活动的收入分配问题在合同中要约定清楚。例如，主播个人接受赠与、继承等与直播无关的收益情况在合同中应约定好。直播演艺相关费用支出的承担方也应明确，即分清楚直播相关费用的承担者。

（4）主播行为规范及授权范围

主播在直播中的言行举止影响着直播的效果，也会对合作方的形象产生影响，因此双方在拟订直播合同时要有约束主播行为的条款。

主播与合作方要关注主播授权范围的约定，包括授权的地域、肖像权的使用范围、著作权的归属和授权范围、主播网络形象的定义和使用范围等内容。此外，双方还要关注被授权的主体是否为签约方。

（5）竞业禁止条款

在直播行业，主播跳槽是常见现象，但很多主播是机构花费大量人力、物力培养出来的，主播跳槽会给合作机构造成巨大损失。因此，双方在拟订直播合同时最好设置竞业禁止条款，约定竞业禁止的期限、范围、补偿措施等。

（6）违约责任

违约责任决定了合同双方产生争议后最直接的引用条款，需要在合同中约定清楚。违约条款是保障主播和机构双方利益的有力武器。违约条款一般包括违约行为及对应的违约金计算方式、违约责任等。违约行为可以分为一般违约行为和严重违约行为，根据违约行为的严重程度，合同可约定不同的法律责任。对于一般违约行为，合同可以分别明确约定单次违约行为、多次违约行为和累计违约行为对应的后果。

（7）合同变更和解除

合同的履行可能会出现问题、发生变化，因此双方要有合同变更和解除的约定，以更好地保护双方的权利。

主播和机构可以考虑在直播合同中设置能够解除合同的条款，以保障双方解除合同的权利。在拟订这些条款时，双方要考虑自己无法容忍的情况，以平等协商的方式确定相关条款。

（8）委托、授权和转让条款

一些机构可能因某些原因出现并购、重组的情况，或者将自身的业务进行拆分并委托给第三方公司负责。在这些情况下，主播的业务会发生一些变化。主播可以在合同中与机构约定"若此机构将本合同下的权利义务委托、授权或转让给第三方，应当征得主播的同意"这样的条款，以保障自己的权益。

（9）保密条款

双方在直播合同中签订保密条款，一方面有利于直播平台或机构保护自己的商业机密，另一方面也能保护主播的个人隐私不受侵犯。

任务三　主播带货风险与防范

直播是目前一种非常火爆的新型营销模式。然而，由于多方面的原因，主播在直播过程中可能会侵害消费者的合法权益，同时自身也面临着巨大的法律风险。为了有效防范这些法律风险，各直播主体应当严格要求自己，规范言行举止。

一、主播带货常见风险

随着直播电商的兴起，由直播销售引发的法律纠纷也逐渐增多。由于直播销售门槛较低，网络主播素质参差不齐，行业缺乏明确的标准和规范管理，导致直播销售中虚假宣传、低俗内容、数据造假、假冒伪劣商品、售后服务缺失等乱象丛生，带货主播的"翻车"事件频繁上演，严重威胁着直播电商的可持续发展。

以下列举了直播销售中常见的一些法律风险。

1. 商品质量风险

直播销售作为一种新型的商品营销模式，其生命力的长久维系离不开所售商品的质量保证。然而，由于直播行业发展迅速，直播销售中不同主体之间存在着多重且复杂的法律关系，主体之间可能缺乏联系、沟通和监督，从而导致直播销售的商品可能存在质量问题。

例如，某主播在一场有近 400 万人观看的直播中卖出的阳澄湖大闸蟹被曝并非产自阳澄湖，遭到网友的频频投诉；被众多博主推荐的一款轻便童车，抽样结果显示 100%存在安全风险，且商家无法提供质量检测证明等。

一般来说，合格的商品要具备中文厂名、中文厂址、电话、许可证号、产品标志、生产日期和中文产品说明书等要素。如有必要，还要有限定性或提示性说明。如果缺少以上要素，商品可视为"三无产品"。在直播间购物时，主播展示的商品实物可能与下单链接上展示的商品不一致，可能为假冒伪劣商品。假冒伪劣商品是指在商品中掺杂、掺假，以假充真，以次充好，或者以不合格商品冒充合格商品。

《中华人民共和国产品质量法》（以下简称《产品质量法》）第四十条规定："售出的产品有下列情形之一的，销售者应当负责修理、更换、退货；给购买产品的消费者造成损失的，销售者应当赔偿损失：

（一）不具备产品应当具备的使用性能而事先未作说明的；

（二）不符合在产品或者其包装上注明采用的产品标准的；

（三）不符合以产品说明、实物样品等方式表明的质量状况的。

销售者依照前款规定负责修理、更换、退货、赔偿损失后，属于生产者的责任或者属于向销售者提供产品的其他销售者（以下简称供货者）的责任的，销售者有权向生产者、供货者追偿。

销售者未按照第一款规定给予修理、更换、退货或者赔偿损失的，由市场监督管理部门责令改正。

生产者之间，销售者之间，生产者与销售者之间订立的买卖合同、承揽合同有不同约定的，合同当事人按照合同约定执行。"

《产品质量法》第四十九条规定："生产、销售不符合保障人体健康和人身、财产安全的国家标准、行业标准的产品的，责令停止生产、销售，没收违法生产、销售的产品，并处违法生产、销售产品（包括已售出和未售出的产品，下同）货值金额等值以上三倍以下的罚款；有违法所得的，并处没收违法所得；情节严重的，吊销营业执照；构成犯罪的，依法追究刑事责任。"

《产品质量法》第五十条规定："在产品中掺杂、掺假，以假充真，以次充好，或者以不合格产品冒充合格产品的，责令停止生产、销售，没收违法生产、销售的产品，并处违法生产、销售产品货值金额百分之五十以上三倍以下的罚款；有违法所得的，并处没收违法所得；情节严重的，吊销营业执照；构成犯罪的，依法追究刑事责任。"

2. 发布虚假广告的风险

按照《中华人民共和国广告法》（以下简称《广告法》）的规定，广告不得含有虚假或者引人误解的内容，不得欺骗、误导消费者。广告以虚假或者引人误解的内容欺骗、误导消费者的，构成虚假广告。

在直播过程中，消费者成功提交订单后，网络直播营销主体与消费者之间即构成买卖合同法律关系。若网络直播营销主体在直播过程中发布虚假广告，欺骗、误导消费者，实际提供的产品或者服务与宣传约定不符，依照《民法典》和《中华人民共和国消费者权益保护法》（以下简称《消费者权益保护法》）的规定，网络直播营销主体应承担继续履行、修理、重作、更换、退货、补足商品数量、退还货款、赔偿损失等民事合同违约责任。

根据《广告法》和《民法典》的规定，发布虚假广告，欺骗、误导消费者，使购买商品或者接受服务的消费者的合法权益受到损害的，直播营销者作为广告主应当承担相应的民事侵权责任；作为广告经营者、广告发布者的直播人员，在不能提供广告主信息的情况下，消费者可以要求其先行赔偿；明知或者应知虚假广告仍设计、制作、代理、发布或者作推荐、证明的，应当与广告主承担连带责任；发布关系消费者生命健康的商品或者服务的虚假广告的，均应与广告主承担连带责任。

根据《广告法》的规定，发布虚假广告的，由市场监督管理部门责令停止发布广告，责令广告主在相应范围内消除影响，并处以罚款。2 年内有 3 次以上违法行为或者有其他严重情节的，除处以罚款外，还可以吊销营业执照，并由广告审查机关撤销广告审查批准文件，1 年内不受理其广告审查申请。

广告经营者、广告发布者明知或者应知广告虚假仍设计、制作、代理、发布的，由市场监督管理部门没收广告费用，并处罚款；2 年内有 3 次以上违法行为或者有其他严重情节的，处以罚款，并可以由有关部门暂停广告发布业务、吊销营业执照。

除民事责任和行政责任以外，广告主、广告经营者、广告发布者甚至可能构成《中华人民共和国刑法》（以下简称《刑法》）所规定的虚假广告罪，将面临 2 年以下有期徒刑或者拘役的刑事处罚。

3. 违规使用广告语的风险

直播销售符合《广告法》对广告的定义，受到《广告法》的规制。为了防范违规使用广告语的风险，直播销售主体要了解商品推广过程中不能使用的广告语。

根据《广告法》第九条的规定，广告不得有下列情形：

（一）使用或者变相使用中华人民共和国的国旗、国歌、国徽，军旗、军歌、军徽；

（二）使用或者变相使用国家机关、国家机关工作人员的名义或者形象；

（三）使用"国家级""最高级""最佳"等用语；

（四）损害国家的尊严或者利益，泄露国家秘密；

（五）妨碍社会安定，损害社会公共利益；

（六）危害人身、财产安全，泄露个人隐私；

（七）妨碍社会公共秩序或者违背社会良好风尚；

（八）含有淫秽、色情、赌博、迷信、恐怖、暴力的内容；

（九）含有民族、种族、宗教、性别歧视的内容；

（十）妨碍环境、自然资源或者文化遗产保护；

（十一）法律、行政法规规定禁止的其他情形。

违反以上条款的，由市场监督管理部门责令停止发布广告，对广告主处 20 万元以上 100 万元以下的罚款，情节严重的，可以吊销营业执照，由广告审查机关撤销广告审查批准文件，

1年内不受理其广告审查申请；对于广告经营者、广告发布者，由市场监督管理部门没收广告费用，处20万元以上100万元以下的罚款，情节严重的，可以吊销营业执照。

4. 不正当竞争的风险

《中华人民共和国反不正当竞争法》（以下简称《反不正当竞争法》）是为了促进社会主义市场经济健康发展，鼓励和保护公平竞争，制止不正当竞争行为，保护经营者和消费者的合法权益而制定的法律。

《反不正当竞争法》中提到的不正当竞争行为，在直播销售中常出现以下几种。

（1）混淆行为

《反不正当竞争法》第六条规定："经营者不得实施下列混淆行为，引人误认为是他人商品或者与他人存在特定联系：

（一）擅自使用与他人有一定影响的商品名称、包装、装潢等相同或者近似的标识；

（二）擅自使用他人有一定影响的企业名称（包括简称、字号等）、社会组织名称（包括简称等）、姓名（包括笔名、艺名、译名等）；

（三）擅自使用他人有一定影响的域名主体部分、网站名称、网页等；

（四）其他足以引人误认为是他人商品或者与他人存在特定联系的混淆行为。"

直播销售中的商业混淆行为是指在直播销售时引人误认为被带货商品是他人商品或者与他人存在特定联系，即攀附他人在先具有一定知名度的商誉的行为。例如，主播在直播过程中的商品描述里，明示或暗示带货商品系某厂、某公司、某名人或其他某当红主播出品的商品，或者是与其有联系的商品，但事实并非如此。

这类情形可能构成《反不正当竞争法》第六条规制的商业混淆行为，属于攀附他人商誉、破坏竞争秩序的行为，会承担相应法律责任。

（2）虚假宣传

《反不正当竞争法》第八条规定："经营者不得对其商品的性能、功能、质量、销售状况、用户评价、曾获荣誉等作虚假或者引人误解的商业宣传，欺骗、误导消费者。经营者不得通过组织虚假交易等方式，帮助其他经营者进行虚假或者引人误解的商业宣传。"

在直播销售中，主播推销的商品应与事先发布的商品链接一致，且实时有效。主播不得违规推广商品和服务，不得利用直播发布虚假广告，或对商品和服务进行虚假宣传，欺骗、误导消费者。

《中华人民共和国电子商务法》（以下简称《电子商务法》）第十七条规定："电子商务经营者应当全面、真实、准确、及时地披露商品或者服务信息，保障消费者的知情权和选择权。电子商务经营者不得以虚构交易、编造用户评价等方式进行虚假或者引人误解的商业宣传，欺骗、误导消费者。"因此，主播在直播销售时不能以刷单或者诱导好评的方式销售货物，否则可能会被认定为违反《电子商务法》及《反不正当竞争法》。

（3）违规有奖销售

《反不正当竞争法》第十条规定："经营者进行有奖销售不得存在下列情形：（一）所设奖的种类、兑奖条件、奖金金额或者奖品等有奖销售信息不明确，影响兑奖；（二）采用谎称有奖或者故意让内定人员中奖的欺骗方式进行有奖销售；（三）抽奖式的有奖销售，最高奖的金额超过五万元。"

在直播销售模式下，很多商家和带货主播在直播时谎称有奖，或者以让内部人员中奖的方式欺骗消费者，进而推销质次价高的商品，这种行为无形中破坏了市场的公平竞争，符合违反《反不正当竞争法》的认定标准。

（4）商业诋毁

《反不正当竞争法》第十一条规定："经营者不得编造、传播虚假信息或者误导性信息，损害竞争对手的商业信誉、商品声誉。"

如果带货主播在直播中将自己的带货商品与其他经营者的商品进行对比，且发表的评论明显贬损了其他经营者的商品质量，传播误导信息，影响相关公众（包括经销商、消费者）的决定，损害了其他经营者的商业信誉和市场份额，则构成商业诋毁。近年来，直播销售领域已出现多起该类型纠纷，因此存在竞争关系的经营者在评论对方商品时要谨慎。

（5）掠夺定价

掠夺定价一般是指具有市场主导地位的企业，以击垮和打压竞争对手为目的，将产品以低于成本价格或远低于市场一般价格对外销售的行为。不属于掠夺定价范畴的有销售鲜活产品，处理有效期即将到期的产品或者其他积压产品，季节性降价，因清偿债务、转产、歇业等原因而降价销售产品等。因此，一些商家希望通过主播的承诺来达到掠夺定价的目的，这种行为存在极大风险。

5. 价格欺诈风险

《市场监管总局关于加强网络直播营销活动监管的指导意见》指出："针对网络直播营销中价格违法问题，依据《价格法》，重点查处哄抬价格、利用虚假的或者使人误解的价格手段诱骗消费者进行交易等违法行为。"

在直播营销领域，产品价格虚高是一个常见现象。此前媒体就曾报道某直播平台带货主播因葡萄酒涉嫌价格欺诈被举报的事件。由于产品价格不透明，一些销售商会故意把扫码价做得很高，例如200元/瓶的葡萄酒，折后价为19.9元/瓶，但实际上这款酒的价格本来就是19.9元/瓶。直播销售中的这种乱象导致直播营销的退货率很高，例如服装品类的退货率达到60%～70%。可见，国家市场监督管理总局及时出台这份指导意见，以规范直播营销行为是很有必要的。

6. 广告代言人未经实际使用的风险

实际使用、体验代言的产品或服务，是广告代言人的法定义务。《广告法》第三十八条规定："广告代言人在广告中对商品、服务作推荐、证明，应当依据事实，符合本法和有关法律、行政法规规定，并不得为其未使用过的商品或者未接受过的服务作推荐、证明。"如果广告代言人违反上述规定，将由市场监督管理部门没收违法所得，并处违法所得1倍以上2倍以下的罚款。

对于以上规定，在实践中可能存在争议的是履行义务的程度。以护肤品为例，护肤品是经过长期使用才能产生效果的产品，广告代言人是否要长期使用该产品并获得实际效果后才能进行代言呢？在直播销售模式下，带货主播每次直播要推荐数十种护肤品，按照常理来说，他们不可能长期使用每一种产品，那么他们是否面临被处罚的风险？

从《广告法》的立法目的来看，广告代言人对产品的使用应是具体的、持续的，能够亲身感受到效果，而不是象征性的、偶发性的、无法产生正常使用感受的使用。如果主播在带货时表明自己已经使用并取得实际效果，则对主播履行义务的程度要求更高；如果主播只是做一般性的推荐，其使用行为的义务程度可适当降低。

7. 其他法律风险

主播在直播销售时还会涉及以下法律风险。

（1）侵害他人的知识产权

主播在带货时，只有经过知识产权人的许可，方可在直播节目中展现和传递相应的内容。如果主播侵害他人的知识产权，直播平台在发现后要采取必要措施进行制止，以免被一同追责。直播销售模式下，侵害他人的知识产权主要包括仿冒行为，该行为违反了知识产权相关法律法规，如《中华人民共和国商标法》（以下简称《商标法》）、《中华人民共和国著作权法》（以下简称《著作权法》）、《反不正当竞争法》等，侵权者将承担停止侵权、赔偿损失和赔礼道歉等侵权责任。

（2）侵害他人的人格权

直播销售的场景是十分多元和广泛的，尤其是在公共场所录制时，很可能会将周围的人一同录入，这很容易造成对他人人格权的侵害。例如，主播在餐厅探店直播时，餐厅内邻桌人吃饭的场景很可能会长时间出现在镜头中，且其主体肖像并未被淡化，这样一来就有可能引发肖像权纠纷。

（3）商家与MCN机构合作可能存在的风险

商家在与MCN机构合作直播销售时，有时会遇到MCN机构违反直播平台相关规则的情况，导致账号被平台冻结、下线、删除，甚至清退，致使MCN机构无法继续通过直播平台进行带货。如果MCN机构在直播销售时存在虚假宣传或虚假交易，商家还应承担相应的连带责任。

因此，商家在直播销售时要加强网络直播合规管理，不能因为将直播业务外包给MCN机构便不闻不问，要尽可能保证提供的商品和服务符合国家规定。商家在选择MCN机构前要做好尽职调查，核查其是否存在行政处罚记录。商家在与MCN机构签订合作协议时，双方要约定清楚结算标准、结算方式及违约责任，并在主播直播销售前对直播内容进行严格审核，规范主播的言行。

（4）不保护用户个人信息的风险

《电子商务法》第二十三条规定："电子商务经营者收集、使用其用户的个人信息，应当遵守法律、行政法规有关个人信息保护的规定。"

《电子商务法》第七十九条规定："电子商务经营者违反法律、行政法规有关个人信息保护的规定，或者不履行本法第三十条和有关法律、行政法规规定的网络安全保障义务的，依照《中华人民共和国网络安全法》等法律、行政法规的规定处罚。"

因此，商家和主播在直播销售时要注意保护用户个人信息，尤其要明确个人信息和个人敏感信息在处置上的不同。在实践中，对个人信息的保护有非常复杂和细致的要求，这对商家和直播平台的合规建设提出了非常高的要求。

（5）销售违禁产品的风险

主播在网络直播平台上推销的产品种类繁多，甚至存在销售违禁产品的现象。一些在线下禁止或限制出售的产品，悄然通过网络直播平台流入市场。其主要表现包括：一是某些直播电商违反《中华人民共和国野生动物保护法》，公然销售野生动物；二是直播电商未取得相应资质却随意销售处方药；三是某些直播电商销售假药，直接危害消费者的健康。

二、主播销售风险防范

直播销售涉及的主体较多，通常包括网络直播平台、商家、主播等，有时也包括主播服务机构。在整个直播销售过程中，各参与主体均存在潜在的法律风险。各参与主体可以从主体资质和行政许可、知识产权、合同、个人信息、商品或服务、广告宣传、主播行为等方面防范法律风险。

（1）具备主体资质与经营许可证

直播平台、商家及主播服务机构应依法取得相应经营主体资质，接受相关行政部门监管，并按要求进行登记备案。销售药品、医疗器械、保健食品、特殊医学用途配方食品等特殊商品时，商家应依法取得相应资质或行政许可；如提供专利代理服务或法律服务，也需经相应的行政部门许可。

直播平台、商家及主播服务机构不得在无资质的情况下经营，也不得经营国家禁止或需经行政许可而未经许可的商品或服务。

（2）保护知识产权

知识产权包括专利权、商标权、著作权及相关权、商业秘密等。知识产权风险防范主要包括两方面：一是保护好自己的知识产权，二是不侵犯他人的知识产权。

直播平台、商家及主播服务机构等在运营直播业务前，应规划好商业模式中涉及的知识产权，做好授权、确权工作。例如，可申请专利保护自己开发的新技术，通过版权登记固定自己的视频、音频、美术作品等。

直播平台、商家及主播服务机构等在直播运营过程中，也要尊重他人的知识产权，绝不能为了暂时的商业利益而侵犯他人权益。目前，国家不断加大对知识产权的保护力度，如果主播侵害他人知识产权，将付出巨大代价。例如，未经许可将知名的电竞游戏或体育赛事直播植入自己的直播间，可能侵害他人著作权（信息网络传播权等）。

（3）保障商品质量

商家销售的商品要符合商品本身的用途，并符合《产品质量法》等相关法规要求；不得以严重低于成本的价格销售，以免构成不正当竞争行为。此外，商家还要依法做好商品销售的售后服务工作，按照承诺和法律要求及时处理消费者退换货。商家不得销售以假充真、以次充好的商品，也不得进行违法有奖销售。

（4）合同合规

合同纠纷是直播销售过程中频发的纠纷之一。因此，主播在签订合同时要认真研究合同中约定的权利、义务及违约条款。同时，提供格式合同的直播平台、主播服务机构等在合同中约定的严重损害对方利益的条款也可能在将来被认定为无效条款。

合同签订后，当事各方要按照合同约定认真履行各自的义务。如果合同约定情形发生变化，当事各方可以依法或协商变更原来合同约定的义务。违反法律，损害国家利益、社会公共利益或他人利益的合同属于无效合同。例如，商家与网络公司签订的虚假刷单合同，可能被认定为无效，同时合同双方还可能承担其他的民事和行政法律责任。

（5）依法收集个人信息

直播平台、商家及主播服务机构等应依法收集、获取、使用、处理个人信息，并需要征得信息提供者事先同意，且个人信息的收集应仅限于经营直播销售业务所必需。例如，直播平台和商家收集用户的姓名、身份证号码、住址、联系电话等信息，是为了将商品邮寄给用户，也为了以后出现商品质量问题时便于处理。违法收集、获取、使用、处理个人信息，或者销售收集的个人信息的，将承担民事、行政甚至刑事责任。

（6）规范主播行为

主播在直播时要注意以下事项。

- 不得帮助商家做虚假宣传，诋毁商业竞争对手。
- 不得违反法律、法规和国家有关规定，将其注册账号转让或出借给他人使用。
- 主播的直播间及直播场所应当符合法律、法规和网络直播平台规则的要求，不得在涉及国家及公共安全、影响社会正常生产生活秩序、影响他人正常生活的场所进行直播。

主播的言行应符合社会公认的道德标准，不得违反公序良俗，以免受到行政查处和承担其他责任。

任务四　主播税务风险与防范

在直播行业，商家、直播平台、主播负责不同的服务内容，并承担不同的纳税义务。只有直播各参与者依法履行纳税义务，并共同协调各方的合法税收利益，才能推动直播行业的健康、有序发展。

一、主播所涉税种

直播销售中所涉税种主要有增值税、个人所得税、企业所得税、印花税、城市维护建设税等。

1. 增值税

增值税是以商品（含应税劳务）在流转过程中产生的增值额作为计税依据而征收的一种流转税。增值额是指纳税人在生产、经营或劳务、服务活动中所创造的新增价值，即纳税人在一定时期内销售商品或提供劳务取得的收入大于购进商品或取得劳务时所支付的金额的差额。

凡在我国境内发生销售货物或者提供加工、修理修配劳务，销售服务、无形资产、不动产及进口货物，均属于增值税征税范围。根据直播销售的经济实质，从主播和直播平台的角度看，直播销售属于销售服务；从商家的角度看，直播销售属于销售货物。因此，直播销售这种行为属于增值税征税范围，参与直播销售活动的相关人员应该按照法律规定缴纳增值税。

2. 个人所得税

个人所得税是以个人（即自然人）取得的各项应税所得为征税对象所征收的一种所得税。个人所得税是政府利用税收对个人收入进行调节的一种手段。

有些人认为个人直播销售不需要纳税，这是错误的。根据《电子商务法》的规定，电子商务经营者应当依法履行纳税义务，并依法享受税收优惠；主播作为纳税人不进行纳税申报，不缴或者少缴应纳税款的，由税务机关追缴其不缴或者少缴的税款、滞纳金，并处补缴或者少缴的税款 50% 以上 5 倍以下的罚款。

直播平台管理不规范，主要体现在对网络主播取得的销售佣金等收入未依法履行代扣代缴义务；或者要求网络主播提供等额的"替票"才与之结算。直播平台作为扣缴义务人，应扣未扣、应收未收税款的，由税务机关向纳税人追缴税款，对扣缴义务人处应扣未扣、应收未收税款 50%以上 3 倍以下的罚款。

3. 企业所得税

企业所得税处理的是国家与企业之间的分配关系。在我国现行税制结构中，企业所得税占有重要地位，是企业经营过程中需要缴纳的一种重要税款。企业所得税是对我国企业和其他组织的生产经营所得和其他所得征收的一种税。

《中华人民共和国企业所得税法》（以下简称《企业所得税法》）规定，企业分为居民企业和非居民企业。居民企业指依法在中国境内成立，或者依照外国（地区）法律成立但实际管理机构在中国境内的企业。非居民企业指依照外国（地区）法律成立且实际管理机构不在中国境内，但在中国境内设立机构、场所的，或者在中国境内未设立机构、场所，但有来源于中国境内所得的企业。

居民企业应当就其来源于中国境内、境外的所得缴纳企业所得税。非居民企业在中国境内设立机构、场所的，应当就其所设机构、场所取得的来源于中国境内的所得，以及发生在中国境外但与其所设机构、场所有实际联系的所得缴纳企业所得税。

非居民企业在中国境内未设立机构、场所的，或者虽设立机构、场所，但取得的所得与其所设机构、场所没有实际联系的，应当就其来源于中国境内的所得缴纳企业所得税。

《中华人民共和国企业所得税法实施条例》规定，所得包括销售货物收入、提供劳务收入、转让财产收入、股息红利等权益性投资收入、利息收入、租金收入、特许权使用费收入、接受捐赠收入和其他收入。

如果参与直播活动的市场主体为有限责任公司或股份有限公司（仅考虑居民企业，不考虑境外公司等非居民企业），则需要就其盈利缴纳企业所得税。多数情况下，商家、直播平台或个别头部主播会设立有限责任公司或股份有限公司作为自己经营主体的组成部分。

4. 印花税

印花税是对在经济活动和经济交往中书立、领受具有法律效力的凭证的行为征收的一种税，其因采用在应税凭证上粘贴印花税票作为完税的标志而得名。

根据《中华人民共和国印花税法》的规定，在我国境内书立应税凭证、进行证券交易的单位和个人为印花税的纳税义务人，应当依照本法规定缴纳印花税。在中国境外书立在境内使用的应税凭证的单位和个人，应当依照本法规定缴纳印花税。

直播行业涉及的印花税包括公司制市场主体就其实收资本和资本公积，以及其他营业账簿缴纳印花税；商家就其购销、仓储、运输等行为缴纳印花税。

5. 城市维护建设税、教育费附加、地方教育附加

城市维护建设税，又称城建税，是以纳税人实际缴纳的增值税、消费税税额为计税依据，依法计征的一种税。在中国境内缴纳增值税、消费税的单位和个人为城市维护建设税的纳税义务人，应当依照相关法律规定缴纳城市维护建设税。

教育费附加是由税务机关负责征收，同级教育部门统筹安排，同级财政部门监督管理，专门用于发展地方教育事业的预算外资金。凡缴纳增值税、消费税的单位和个人，均为教育费附加的纳税义务人。

地方教育附加是指根据国家有关规定，为实施"科教兴省"战略，增加地方教育的资金投入，促进各省、自治区、直辖市教育事业发展而开征的一项地方政府性基金。

因此，直播行业的市场主体如果缴纳了增值税或消费税，就需要相应地缴纳城市维护建设税、教育费附加、地方教育附加。

二、主播税务风险防范

在直播销售中，主播及直播主体应做好税务风险防范。主播及直播主体在涉税合规方面应注意以下4点。

（1）网络主播成立的工作室、个人独资企业等应按规定建账。

（2）直播相关主体，包括但不限于网络主播的经纪公司、直播平台、MCN机构等，应及时依法代扣代缴个人所得税。

（3）网络主播身边的助理、经纪人及其他相关人员也应加强自身法治意识，审视自身行为的合法合规性。

（4）网络主播应对自身是否存在滥用税收优惠政策的行为进行自我核查，梳理可能存在的行政处罚和刑事风险，及时主动进行整改。

> 📖**学思融合**
>
> 我们必须筑牢合规意识防线，将法治精神深度融入内容生产全流程。具体而言，需系统学习直播领域相关法律法规，确保直播内容合法合规；定期参加行业合规培训，通过典型案例剖析强化法律敬畏感；主动利用平台合规工具，建立"开播前自查、直播中自律、结束后复盘"的全流程规范机制。

项目实训：讨论直播合规案例

1. 实训背景

随着直播行业的蓬勃发展，一系列合规问题也逐渐浮出水面，包括但不限于内容低俗、侵犯版权、隐私泄露、虚假宣传等。这些问题不仅损害了用户权益，还影响了直播行业的健康发展。因此，加强直播合规管理，确保直播内容符合法律法规要求，成为当前亟待解决的重要课题。

2. 实训要求

对直播合规案例进行讨论和分析，分析案例中涉及的合规问题，探讨规避直播风险的方法和有效的合规措施。

3. 实训思路

（1）理论学习

事先学习关于直播的相关法律法规，包括但不限于《网络安全法》《网络信息内容生态治理规定》《网络直播营销行为规范》《网络直播营销活动行为规范》等，理解直播合规的基本原则和具体要求。

（2）案例准备

学生3~5人为一组，以小组为单位，每组收集2~3个直播合规案例，确保案例具有代表性，覆盖不同类型的违规情况，如内容违规、广告违规、版权问题等。

（3）案例分析

小组内对收集到的案例进行分析，具体分析内容如下。

① 背景分析：概述案例发生的时间、地点、涉及主体等基本信息。

② 违规点识别：依据法律法规，明确指出案例中的违规行为。

③ 处理结果解读：分析监管机构或法律判决的处理结果，理解其背后的法律逻辑。

④ 合规启示：总结案例对直播平台和主播的合规启示，提出改进建议。

（4）总结与反馈

每组展示案例和分析结果，分享学习心得，通过小组互动加深对直播合规的认知，并形成直播风险防范方案。